V&R

Haim Omer / Eli Lebowitz

Ängstliche Kinder unterstützen

Die elterliche Ankerfunktion

Mit 3 Tabellen

2. Auflage

Vandenhoeck & Ruprecht

Aus dem Hebräischen von Miriam Fritz Ami-Ad.

Bibliografische Information der Deutschen Nationalbibliothek

Die Deutsche Nationalbibliothek verzeichnet diese Publikation in der
Deutschen Nationalbibliografie; detaillierte bibliografische Daten sind
im Internet über http://dnb.d-nb.de abrufbar.

ISBN 978-3-525-40218-4

Umschlagabbildung: 106313 / photocase.com

© 2015, 2012, Vandenhoeck & Ruprecht GmbH & Co. KG, Göttingen /
Vandenhoeck & Ruprecht LLC, Bristol, CT, U.S.A.
www.v-r.de
Alle Rechte vorbehalten. Das Werk und seine Teile sind urheberrechtlich
geschützt. Jede Verwertung in anderen als den gesetzlich zugelassenen Fällen
bedarf der vorherigen schriftlichen Einwilligung des Verlages.
Printed in Germany.
Satz: SchwabScantechnik, Göttingen
Druck und Bindung: ♁ Hubert & Co., Göttingen

Gedruckt auf alterungsbeständigem Papier.

Inhalt

Vorwort von Arist von Schlippe 9

Einleitung 12
Der Eltern-Kind-Zusammenhang 12
Elterliche Präsenz – unterstützen und beschützen 13
Ankerfunktion 15
Erlernte Angst 17
Charakterisierung von Angststörungen bei Kindern
und die Mitverantwortung der Eltern 18
Zum Buch 24

Erstes Kapitel
Unterstützen, Beschützen und die Ankerfunktion 26
Der Verlust der Ankerfunktion: beschützende Eltern 27
Übergriff statt Verankerung: fordernde Eltern 30
Übergangsphasen im Leben 34
Eltern als ausführende Instanz der Ängste 38

Zweites Kapitel
Elterliche Unterstützung in Zusammenarbeit
mit dem Kind 41
Wie wirkt Angst? 42
Wie kann vermieden werden, dass eine vorübergehende
Krise zum chronischen Problem wird? 44
Psychotherapie bei Angststörungen 49
Die Entwicklung eines positiven inneren Dialoges 51
Die Aneignung von praktischen Fähigkeiten
zur Überwindung der Angst 59
Systematische Desensibilisierung 67
Hinweise für elterliche Unterstützung 69

Drittes Kapitel
Einseitige Maßnahmen der Eltern 77
Die positiven Stimmen im Kind 78
Einseitigkeit: Die Vorteile eines Nachteils 79
Die elterliche Erwartung, dass das Kind
ihren Handlungen zustimmt 82
Einseitige elterliche Maßnahmen 84
Die Ankündigung 90
Reaktionen auf die Ankündigung 96
»Was nun?« 99
Der Kampf gegen den Nährboden der Angst 100
Die einseitige Desensibilisierung 109
Allmähliche Steigerung des Schwierigkeitsgrades
und Wiederholung 111
Ein Beispiel für eine einseitige Desensibilisierung 112

Viertes Kapitel
Die Zusammenarbeit der Eltern 115
Gängige Differenzen zwischen Eltern 116
Annäherung von Gegensätzen 119
Verheimlichung und Absprache 124
Beschuldigungen mäßigen 128
Wie kann man eine begrenzte Zusammenarbeit erreichen? .. 134
Wenn einer der Eltern die Zusammenarbeit verweigert 136

Fünftes Kapitel
Vom Vermeidungsverhalten zur Kontrollherrschaft 144
Kontrollbedürfnis und Kontrollübernahme 146
Die Tyrannei der Zwangsstörung 148
Die Notwendigkeit des gewaltlosen Widerstandes 152
Erklärungen für die elterliche Unterwerfung 153
Der Preis des Kindes für seine Kontrollübernahme 158
Die positive Bedeutung des elterlichen Widerstandes 162
Prinzipien des elterlichen Widerstandes
gegen die Zwangsstörung 165

Sechstes Kapitel
**Die Auseinandersetzung mit Angststörungen
erwachsener Kinder und deren chronischer Abhängigkeit**   184

Literatur 206

Vorwort

Angst und Furcht gehören zum Menschsein. Es ist eine der wichtigsten Aufgaben eines Menschen, die eigene Angst zu überwinden, sich ihr in angemessener Weise zu stellen, nicht tollkühn und nicht zaghaft. Zugleich ist Angst ein unangenehmes Gefühl. Wir versuchen, diesem Gefühl auszuweichen und es zu vermeiden, falls irgend möglich. Das Fatale ist nur, dass Angst durch Vermeidung nicht geringer wird, sondern größer, bis man schließlich alles Zutrauen verloren hat, sich dem zu stellen, vor dem man sich fürchtet. In Urzeiten hatten die Angst und die dauerhafte Vermeidung des Angstauslösers einen Überlebenssinn, in den komplexen Lebenswelten unserer Gegenwart sind die Situationen selten geworden, wo die Angst ihren ursprünglichen Sinn erfüllt. Wann begegnet man heute noch einem Löwen in freier Wildbahn?

Die alten Spuren unserer Evolution stecken in uns. Kindliche Ängste sind dabei eine besondere Herausforderung, denn Angst und Vermeidung bringen das Kind und oft genug sein soziales Umfeld in einen sich dynamisch verstärkenden Angstzirkel bis hin zur Lähmung. Wer versucht, seinem Kind die Konfrontation mit der Angst zu ersparen, beteiligt sich – sei es aus Liebe, sei es aus Ratlosigkeit – an der Verfestigung der Ängste. Oft genug aber wissen die Eltern gar nicht, wie sie das Kind darin unterstützen können, Ängste durchzustehen und zu verkraften und am Ende gestärkt aus dieser Auseinandersetzung herauszugehen. Dann kann der Angstzirkel sich ausweiten und die Angst kann zu einem »Monster« werden.

In einer schönen, ein bisschen unheimlichen Geschichte beschreibt die Kinderbuchautorin Irina Korschunow, wie eine Familie von einem derartigen Monster heimgesucht wird. Die Familienmitglieder können es sogar leibhaftig sehen: ein »Unugunu« kommt zu Besuch. Es ist eines Tages einfach da und besetzt immer mehr Räume des Familienalltags, ein gieriger und bösartiger Fresssack, der ununterbrochen Essen fordert und damit droht, Giftgas auszustoßen, wenn seine Befehle nicht befolgt werden. Durch die Drohung wird es immer mächtiger, zugleich wird der Bewegungsspielraum für alle Familienmitglieder immer stärker reduziert, Lähmung greift um sich. Der Sohn der Familie ist in dieser Dynamik mit gefangen, doch gibt er sich nicht mit der Anpassung an die Forderungen des Unugunu zufrieden, das hemmungslos verlangt, immer mehr zufriedengestellt zu werden, und zugleich die Beteiligten zwingt, sich vor ihm zu demütigen. Als ihm durch einige Zwischenfälle bewusst wird, dass das Ungeheuer gar nicht so allmächtig ist, wie es tut, heckt er gemeinsam mit einem Freund, dem er endlich alles offenbart, einen Plan zur Vertreibung des Ungetüms aus. Zur Überraschung aller gelingt dies leichter, als alle befürchtet hatten.

Heute müssen Familien und vor allem Eltern sich nicht allein und ratlos fühlen. Das systemische Elterncoaching bietet inzwischen zahlreiche Handlungsmöglichkeiten an, mit dem Ungetüm der Angst, das sich vielleicht schon in der Mitte der Familie breitgemacht hat, umzugehen. Vor allem geht es dabei für die Eltern darum, nicht in eine der beiden großen Fallen zu geraten, die sich hier auftun, nämlich entweder auf der einen Seite der Angst nachzugeben und alles zu tun, um dem Kind unangenehme Gefühle zu ersparen, es zu beschützen, auch da, wo Schutz nicht wirklich notwendig ist, oder andererseits mit übergroßer Härte und Verständnislosigkeit das Kind allein zu lassen bzw. seine Angst noch zu verstärken, in der (irrigen) Hoffnung, es dadurch besser kontrollieren zu können. Beide Wege führen nicht wirklich weiter. Denn in beiden Fällen besteht die Gefahr, dass die Beziehung zwischen Eltern und Kind schlecht wird, dass also das Wichtigste gefährdet wird, was Familie ausmacht. Zugleich verstärken sich die Ängste und steigert sich das damit verbundene Vermeidungsverhalten des Kindes, ob dieses in Form von Rückzug und Passivität auftritt, in körperlichen Reaktionen von Bauchweh bis Schlafstörungen und Herzrasen oder in starken und Besorgnis erregenden Unruhezuständen und Reizbarkeit.

Mit diesem Buch bekommen professionelle Helfer nun ein Instrumentarium an die Hand, das den Eltern helfen kann, sie aus dem Dilemma zu befreien, entweder der Angst mehr und mehr nachzugeben oder sich im ständigen Kampf aufzureiben. Die in diesem Buch vorgestellten Konzepte sind inzwischen breit erprobt. Sie entstammen der Tradition des gewaltlosen Widerstands, sie sind in einer Vielzahl von Problemstellungen für eine große Zahl von Eltern und

Familien hilfreich gewesen. In diesem Buch werden die Konzepte nun für die Situation ängstlicher Kinder konkretisiert. Indem Eltern dem Kind mitteilen und zeigen, dass sie entschieden sind, sich der Angst entgegenzustellen und sich von dem »Monster« nicht mehr bestimmen zu lassen, sind sie auch ein Modell für das ängstliche Kind. Die Erfahrung, dass die Eltern stärker als das Ungetüm sind, hat eine beruhigende Wirkung. Das Kind erlebt die Eltern, auch wenn sie sich kritisch auf sein Verhalten beziehen, als Menschen, die auf eine gute Weise in seinem Rücken stehen. Die Eltern brauchen dazu ebenfalls das Bewusstsein, dass sie ihrerseits von guten Kräften und freundlichen Stimmen begleitet werden. Angst muss keiner allein bewältigen. Er oder sie muss sich ihr zwar allein stellen, aber immer im Bewusstsein, dabei nicht allein gelassen zu werden. Im guten Sinn ist dieses Buch so etwas wie eine gute innere Stimme, die Eltern sich »in ihren Rücken« holen können, wenn sie beginnen, das Monster zu vertreiben.

Ich bin sicher, dass dieses Buch, ähnlich wie die vorhergehenden Bücher von Professor Haim Omer, für Beraterinnen und Berater, für Lehrkräfte und vielleicht auch für betroffene Eltern selbst hilfreich und gewinnbringend sein wird. Da ich an den vorhergehenden Ausgaben der deutschen Fassungen verschiedener Bücher von Haim Omer beteiligt war, freut es mich besonders, nun auch diese Facette des Weges des gewaltlosen Widerstands in Erziehung, Elterncoaching und Familientherapie mit diesem Vorwort begleiten zu dürfen.

Arist von Schlippe

Einleitung

Ängste gehören zur Entwicklung eines Kindes. Kinder, die sich in Übergangsphasen befinden, die in ihrem Leben Erschütterungen erfahren oder Krisen durchleben, können für eine gewisse Zeit Ängste entwickeln. Bei manchen Kindern halten diese Angstzustände jedoch länger an. Manchmal werden diese Ängste zu dauerhaften Begleitern des Kindes oder tauchen im späteren Leben immer wieder auf. Forscher schätzen, dass etwa 10 % bis 15 % aller Kinder unter Angstzuständen leiden. Dies entspricht der Tatsache, dass Angststörungen die häufigste Art psychischer Störungen darstellen. Es besteht die Gefahr, dass die Ängste bis ins Erwachsenenalter andauern, wenn das Problem unbehandelt bleibt.

Der Eltern-Kind-Zusammenhang

Ein entscheidender Unterschied zwischen Angststörungen von Kindern und denen von Erwachsenen besteht darin, dass sich bei Kindern die Ängste nicht nur auf das Kind auswirken, sondern auch seine Eltern mit einbezogen sind: Die Eltern bilden den natürlichen sozialen Kontext des Kindes, der die Existenzbedingungen seiner Ängste bestimmt. Ein Kind, das unter Ängsten leidet, stellt keine autonome Einheit dar. Stattdessen fühlt es sich in den Schoß der Eltern gedrängt und sucht dort Schutz und Hilfe. Deren Reaktion beeinflusst notwendigerweise die Ängste des Kindes. Die Eltern stellen die Schlüsselfigur dar, die dem Kind helfen kann, Ängste abzubauen, Übergangsphasen erfolgreich zu meistern und Krisen durchzustehen. Umgekehrt können Eltern auch unbeabsichtigt zur Verstärkung und zum Fortbestehen der Ängste beitragen. Deswegen kann die Angststörung bei Kindern als ein systemisches Problem definiert werden. Die Reaktion der Eltern ist kein unabhängiger Faktor, sondern wird inhärenter Teil des Problems. Es ist daher schwierig, die Ängste eines Kindes zu verstehen und zu behandeln, ohne nicht auch die elterlichen Reaktionen zu begreifen und zu verändern. Im Unterschied zu anderen Autoren erfassen wir die Angstzustände des Kindes immer im Eltern-Kind-Zusammenhang. Wir zeigen auf, wie die Eltern eine Lösung des Problems erschweren oder aber erleichtern können. Wir sind darum bemüht, sowohl jenen Eltern zu helfen, deren Kind seine Ängste überwinden möchte, als auch jenen Eltern, deren Kind sich weigert, Hilfe anzunehmen. Therapeuten von Kindern mit Angststörungen wissen nur zu gut, dass sich das Kind in vielen Fällen einer Auseinandersetzung mit dem Problem widersetzt und nur Hilfe möchte, um Angst auslösende Situationen zu vermeiden. In einem solchen Fall sind die Eltern oftmals die Einzigen, die an einer Veränderung und einer Bewältigung der Schwierigkeiten interessiert sind. Im Mittelpunkt dieses Buches stehen die Eltern und ihre Reaktionen. Theoretisch sollten die Angststörungen eines Kindes *nicht* als ein Problem verstanden werden, das im intrapsychischen Zusammenhang des Kindes entsteht, also im Innenleben des Kindes unabhängig von seiner Umgebung. Die Ängste wirken stattdessen im Kontext der Familie. Praktisch gesehen gibt es kaum eine Lösung für Angststörungen von Kindern, bei der nicht auch eine Verbesserung der elterlichen Reaktionen angestrebt wird.

Elterliche Präsenz – unterstützen und beschützen

In unseren vorigen Büchern haben wir uns mit Verhaltensauffälligkeiten von Kindern beschäftigt wie Gewalt, Neigung zur Selbstgefährdung, ständige Auseinandersetzungen mit schulischen oder juristischen Instanzen oder antisozialem Verhalten. Wir haben die Verstärkung der elterlichen Präsenz als Möglichkeit vorgestellt, wie die Eltern ihr eigenes Verhalten und die Auseinandersetzung des Kindes mit den Schwierigkeiten verändern können (Omer und von Schlippe, 2002, 2004, 2010). Eltern können sich emotional und praktisch mit dieser therapeutischen Zielsetzung, ihre elterliche Präsenz im Leben des Kindes und zu Hause zu verstärken, identifizieren. Kontrollierte Studien haben erwiesen, dass eine Verstärkung der elterlichen Präsenz den Eltern das Gefühl der Hilflosigkeit nimmt, die Verhaltensauffälligkeiten des Kindes maßgeblich verringert und die Auseinandersetzungen und Wutausbrüche auf beiden Seiten vermindert (Ollefs et al., 2009; Weinblatt und Omer, 2008).

Während der Beratungsgespräche mit Eltern von Kindern, die unter Angststörungen leiden, mussten wir jedoch feststellen, dass der Begriff der elterlichen Präsenz nicht die gleiche positive Resonanz erzeugt wie bei Eltern von Kindern mit Verhaltensproblemen. Eltern antworteten uns: »Aber unsere Präsenz im Leben unseres Kindes ist doch jetzt schon zu groß! Wir sind ständig bei ihm!« Diese Reaktion der Eltern zeigte uns, dass eine einfache Verstärkung der elterlichen Präsenz bei Kindern mit einer Angststörung nicht genügt. Andererseits merken diese Eltern, dass das Kind ihre Präsenz einfordert: »Er braucht mich! Er bricht zusammen, wenn ich nicht hinter ihm stehe und ihm helfe!«

Die Erfahrung lehrt, dass der Versuch, das Kind »ins kalte Wasser zu werfen«, meist problematisch ist und oftmals sowohl für das Kind als auch für die Eltern als unerträglich empfunden wird. Im Dialog mit Eltern von Kindern mit Angststörungen wurde uns klar, dass es eine Art der Präsenz gibt, die das Kind fördert und ihm hilft, und eine andere Art der Präsenz, die das Kind schwächt und es hemmt. Es stellt sich nun die Frage, wie sich diese beiden Arten der Präsenz unterscheiden.

Unsere Antwort ist, dass die elterliche Präsenz *unterstützend* und nicht nur *beschützend* sein sollte. Der Unterschied zwischen diesen beiden Begriffen liegt darin, dass die stets *beschützenden* Eltern für das Verhalten des Kindes Verantwortung übernehmen, während das Kind den Schutz passiv hinnimmt. Eine beschützende Haltung eignet sich für Situationen, in denen sich das Kind in realer, direkter Gefahr befindet, nicht aber für die Auseinandersetzung mit den Ängsten des Kindes. Demgegenüber ermöglichen *unterstützende* Eltern dem Kind, seine Kräfte zu sammeln und das Problem selbständig zu bewältigen. Den unterstützenden Eltern ist bewusst, dass das Kind ihre Hilfe braucht, das heißt, dass das Kind die Ängste noch nicht allein überwinden kann. Ihre Unterstützung ist zur Stärkung der selbständigen Auseinandersetzung mit den Ängsten notwendig. Wir werden sehen, wie dieser Unterschied ausschlaggebend dafür sein kann, ob eine Verschlechterung oder eine Verbesserung des Problems eintritt.

Die Unterstützung der Eltern hat zwei Aspekte. Zum einen müssen Eltern das Leid, das ihr Kind durch seine Ängste erlebt, annehmen und ertragen. Der Versuch, dem Kind jegliches Leid zu ersparen, führt zwangsläufig dazu, dass jeder Versuch der Unterstützung in ein Beschützen ausartet. Zum anderen müssen die Eltern eine Situation schaffen, in der sich die Fähigkeiten des Kindes entfalten können.

Die Unterstützung der Eltern setzt die Erwartung voraus, dass das Kind seinen alltäglichen Verpflichtungen nachkommt. Eltern von Kindern mit Ängsten versagen häufig bei einer dieser beiden Aufgaben. Oftmals fordern die Eltern vom Kind, seine Ängste allein zu überwinden oder sogar zu ignorieren. Sie verkennen dabei, dass das Kind wirklich unter Angst leidet. Andere Eltern hingegen kapitulieren vor den Ängsten ihrer Kinder, so dass kein Umfeld entsteht, in dem das Kind gefördert werden kann. Im ersten Fall fordern die Eltern etwas, ohne das Kind zu unterstützen. Im zweiten Fall geben die Eltern nach und beschützen es vor allem Leid, tragen jedoch so zur Verstärkung der Ängste bei. Oft sehen wir zwischen den Eltern eine Rollenaufteilung, bei der einer zum lediglich fordernden Elternteil und der andere zum lediglich beschützenden Elternteil wird. Solch eine Rollenverteilung kann zu einer regelrechten Lähmung des elterlichen Gespanns führen.

Ankerfunktion

Wenn Eltern ihr Kind unterstützen, ohne dabei auf altersangemessene Forderungen zu verzichten, erfüllen sie eine zentrale Funktion in der Entwicklung des Kindes. Wir nennen dies die *Ankerfunktion* (Omer und von Schlippe, 2011). Eltern fungieren als Anker, wenn sie dem Kind einerseits eine sichere und stabile Beziehung ermöglichen und ihm andererseits zeigen, dass sie imstande sind, problematische Reaktionen seitens des Kindes aufzufangen. Um diese Funktion auszuführen, müssen die Eltern selbst verankert sein. Das bedeutet, dass sie klare Standpunkte und Wertvorstellungen vertreten und ihr eigenes Netz an Freunden und Familie haben, die ihnen ein Gefühl von Halt und Stärke wie verleihen. Dazu kommt, dass die Eltern, wie ein Anker, der mit einem langen Seil an das Schiff geknüpft ist, das

Kind an die »lange Leine« nehmen sollen, damit es selbständig Erfahrungen sammeln und sich weiterentwickeln kann, solange es nicht in gefährliches Fahrwasser gerät. Anders als der lediglich beschützende Vater, der allen Forderungen des Kindes nachkommt, nimmt der unterstützende Vater einen klaren Standpunkt ein und ermöglicht so dem Kind, mit seiner Hilfe das eigene Gleichgewicht zu finden. Im Gegensatz zur lediglich fordernden Mutter, die das Kind zu gewissen Handlungen zwingen will, stellt sich die unterstützende Mutter hinter das Kind und bietet ihm sicheren Halt, damit es selbständig vorankommen kann.

Der Begriff der Ankerfunktion ermöglicht es uns, die therapeutische Elternarbeit mit Familien, in denen Verhaltensprobleme auftauchen, mit jenen Fällen zu verknüpfen, in denen Angststörungen der Grund der Beratung sind. In beiden Fällen besteht die elterliche Aufgabe darin, dem Kind als Anker zu dienen, um ihm einerseits ein Gefühl der Sicherheit zu vermitteln und um ihm andererseits Einhalt zu gebieten, falls es zerstörerische Verhaltensweisen oder Vermeidungsstrategien entwickelt. In beiden Fällen müssen die Eltern ihre Position und ihren Standpunkt bestimmen und dafür einstehen. Sie sind auf eine konstruktive Weise im Leben des Kindes präsent, geben ihm jedoch genügend Freiraum, um Eigenverantwortung und Bewältigungsstrategien zu entwickeln.

Der Begriff der Ankerfunktion bildet eine Brücke zwischen unserer Theorie der elterlichen Autorität und der gängigen Bindungstheorie. Die Bindungstheorie nimmt nicht nur wegen ihrer weit reichenden Forschungsergebnisse einen zentralen Platz unter den Entwicklungstheorien ein. Sie spiegelt deutlich die Überzeugungen und Ziele unserer Generation in Bezug auf Elternschaft wider. Wir übertreiben nicht, wenn wir uns die »Bindungsgeneration« nennen, die unter Elternschaft zuallererst die Aufgabe versteht, eine sichere und warme Bindung aufzubauen, durch die sich das Kind zu einem gesunden und selbstbewussten Erwachsenen entwickeln kann.

Die Ankerfunktion ergänzt zwei elterliche Funktionen, die in der Bindungstheorie als zentral für eine gesunde Entwicklung des Kindes gelten. Das ist zum einen die Funktion der Eltern als *sicherer Hafen*. Der Begriff steht für die warme und schützende Umarmung, die das Kind jederzeit aufsuchen kann, um Trost zu erhalten und aufzutanken. Zum anderen fungieren die Eltern als *sichere Basis*, die dem Kind das Erforschen einer fremden Umgebung und die Entwicklung seiner Selbständigkeit ermöglicht.

Die Ankerfunktion fügt diesen beiden Funktionen den Aspekt der Grenzsetzung hinzu. Diese gewährleistet dem Kind und den Menschen in seiner unmittelbaren Umgebung, einschließlich der Eltern, Schutz. Schließlich können weder ein sicherer Hafen noch eine sichere Basis dem Kind zur Verfügung stehen, wenn es in gefährliches Fahrwasser gerät oder wenn es den Hafen oder die Basis, die ihm Schutz bieten sollen, zerstört. Die Ankerfunktion ergänzt also die Liste der elementaren Voraussetzungen wie Wärme, Feinfühligkeit und Akzeptanz, die eine gesunde und stabile Bindung ermöglichen. Sie betont die Notwendigkeit der elterlichen Stärke und Autorität. Wir glauben, dass das Kind keine sichere und stabile Bindung zu seinen Eltern aufbauen und diese als Modell für zukünftige Bindungen verinnerlichen kann, wenn die Eltern nicht fähig sind, sich selbst, das Kind und die Eltern-Kind-Beziehung durch emotionale Stürme und Krisen zu steuern, die im Laufe der Entwicklung auf alle Beteiligten zukommen. Ein Kind, das unter Ängsten leidet, braucht eine klare und unterstützende Haltung seiner Eltern gegenüber seinen Ängsten, um den Halt gebenden Rahmen der Eltern-Kind-Bindung zu erleben. Diese Erfahrung festigt das Kind gegenüber seinen Ängsten und den damit verbundenen Gefahren. Auf diese Weise kann das Kind eine konstruktive Bewältigungsstrategie verinnerlichen, die ihm auch im späteren Leben zur Verfügung steht, falls die Ängste erneut auftreten sollten.

Erlernte Angst

Angst ist ein für unser Überleben notwendiges Gefühl. Angstreaktionen bringen uns dazu, unmittelbaren Gefahren zu entfliehen und Schutz zu suchen. Grundlage dieser Angstreaktionen angesichts einer realen Gefahr ist ein Alarmsystem, das uns veranlasst, vorsichtig zu sein und rechtzeitig Schutz zu suchen oder für Fluchtmöglichkeiten zu sorgen. Im Laufe unseres Lebens lernen wir, wovor wir uns fürchten und worauf wir Acht geben müssen. Der Angstmechanismus manifestiert diesen Lernprozess. So kann ein Reiz, der normalerweise keine Angst auslöst, durch einen Lernprozess mit Angst verbunden werden. Diese Angst bringt uns dazu, jenem Reiz auszuweichen, um unser Überleben zu sichern. Auf diese Weise entwickeln wir Angstreaktionen, die uns vor gefährlichen Orten, Situationen und Dingen warnen.

Allerdings kann – wie jedes Alarmsystem – auch unser Angstmechanismus einen Fehlalarm auslösen. Angst kann also in einem Übermaß auftreten, das nicht der tatsächlichen Gefahr entspricht. Dies kann unnötiges Leiden verursachen und eine betroffene Person sogar daran hindern, notwendigen Tätigkeiten nachzugehen. Eine Person, die sich vor Autofahrten mit überhöhter Geschwindigkeit fürchtet, reagiert angemessen. Eine Person, die jedoch wegen dieser Angst überhaupt nicht mehr Auto fährt, reagiert disproportional und ist in ihrem Alltag dadurch eingeschränkt. Wir diagnostizieren eine *Angststörung*, wenn die Ängste unverhältnismäßig sind, von den alltäglichen Verpflichtungen des Lebens abhalten und zu einer störenden Konstante im Leben der Person werden. Bei Kindern findet diese Angststörung nicht nur in ihrem Verhalten ihren Ausdruck, sondern auch in den Reaktionen und der Bezugnahme der Eltern auf diese Angst.

Es folgt eine kurze Übersicht über die häufigsten Angststörungen bei Kindern im entsprechenden elterlichen Kontext.

Charakterisierung von Angststörungen bei Kindern und die Mitverantwortung der Eltern

Trennungsängste

Kinder, die unter Trennungsängsten leiden, haben Schwierigkeiten, sich von ihren Eltern zu entfernen. Das Kind kann Angst haben, dass ihm während der Abwesenheit der Eltern etwas Schlimmes passieren könnte oder dass den Eltern etwas zustoßen könnte. Trennungsangst kann sogar bei kürzesten Trennungsphasen auftreten. Eltern sagen in solchen Fällen: »Er hat sogar Angst, allein im Zimmer zu sein, wenn ich in der Küche bin!« Oder: »Ich muss sogar mit ihm auf die Toilette gehen!«

Trennungsängste können mit einem weiten Spektrum von anderen Ängsten einhergehen, wie zum Beispiel Angst vor Einbrechern oder Terroristen, Angst vor der Dunkelheit, vor Ungeheuern, vor Unfällen und anderem mehr. Typischerweise geht jede Trennung von den Eltern mit Weinen, Schreien oder Flehen einher. Bei der Trennungsangst sind die Eltern inhärenter Teil des Problems: Das Weggehen der Eltern ist der Auslöser für die Angst des Kindes.

Gleichzeitig, so wie bei anderen Angststörungen, sind die Eltern die Adressaten, an die sich das Kind in seiner Not wendet. Jeder, der ein Kind mit Trennungsangst beobachtet, wird sich davon überzeugen können, dass das Problem systemischer Art ist: Die Eltern sind untrennbarer Teil des Phänomens. Selbstverständlich liegt der Schlüssel zu diesem Problem auch bei den Eltern. Sie müssen dem Kind zeigen, dass sie nicht von der Angst angesteckt werden und sich nicht vor der Reaktion des Kindes fürchten. Sie müssen dem Kind die Sicherheit geben, dass sie weiter präsent bleiben, auch wenn das Kind sich nicht jeden Moment an ihnen festhalten kann. Die Eltern müssen sich als Anker für das Kind erweisen: nicht durch ihre fortwährende unmittelbare Anwesenheit, sondern durch ihre stabile und tief verwurzelte Bindung zum Kind.

Spezifische Phobien

Kinder, die unter einer spezifischen Phobie leiden, haben extreme Angst vor bestimmten Situationen, wie zum Beispiel Höhenangst, Angst vor geschlossenen Räumen oder vor der Dunkelheit, vor medizinischen Behandlungen oder vor bestimmten Dingen wie Nadeln oder vor Tieren wie Hunden oder Schlangen. Selbst wenn diese Ängste in ihrem Umfang eingeschränkt sind, da sie sich nur auf bestimmte Situationen, Dinge oder Tiere beziehen, können sie doch im Alltag zu einem wesentlichen Störfaktor werden. Ein Kind, das zum Beispiel Angst vor Hunden hat, kann sich weigern, das Haus zu verlassen (»Wie kann ich mir sicher sein, dass ich keinem Hund begegne?«).

Eltern von Kindern, die sich vor dem Zerplatzen von Luftballons oder vor Masken fürchten, erleben, dass ihr Kind sich weigert, zu Feiern zu gehen oder an öffentlichen Festen, zum Beispiel einem Jahrmarkt oder dem Karneval, teilzunehmen. Das Kind kann sich sogar schon Tage vor den eigentlichen Anlässen im Haus verschanzen. Bei spezifischen Phobien fordert das Kind von den Eltern, ihm Schutz zu bieten und es von seinen alltäglichen Pflichten zu befreien. Die Eltern müssen jegliche Bedrohung abwenden wie Ausflüge, Partys und andere Situationen, bei denen die Phobie auftreten könnte. Sie sollen für das Kind ein Umfeld schaffen, das Schutz vor der Angst erzeugenden Situation gewährleistet.

Dies kann weit reichende Folgen haben. Ein Jugendlicher, der sich vor Donner fürchtete, konnte zum Beispiel seine Eltern davon überzeugen, ein Lärmschutzzimmer, wie bei einem Tonstudio, für ihn bauen zu lassen. Bei den spezifischen Phobien wird ein Merkmal der Ankerfunktion deutlich: Die Unterstützung der Eltern kommt nur dann zum Ausdruck, wenn das Kind die Eltern *hinter* sich weiß, nicht aber, wenn sich die Eltern *vor* das Kind stellen, um es vor seinen Ängsten zu schützen. Ein Anker ist kein Regenschirm!

Generalisierte Angststörungen

Bei dieser Angststörung entwickelt das Kind Antennen, die darauf ausgerichtet sind, jede mögliche Gefahr oder Bedrohung schon im Vorfeld wahrzunehmen. Kinder, die unter einer generalisierten Angststörung leiden, machen sich zum Beispiel ständig Sorgen um ihre eigene Gesundheit oder die Gesundheit eines Familienmitgliedes, um die finanzielle Lage der Familie, um Erfolg in der Schule, um die Beziehung zwischen den Eltern, wegen Kriegen, Erdbeben oder anderen Naturkatastrophen. Die Mutter eines Kindes mit einer generalisierten Angststörung sagte uns: »Egal zu welchem Thema, sie muss sich einfach immer Sorgen machen!«

Die Beziehung zwischen Eltern und einem Kind, das unter einer generalisierten Angststörung leidet, wird völlig von diesen Ängsten bestimmt. Die Eltern fühlen sich häufig verpflichtet, die endlosen Fragen ihres Kindes zu beantworten. Da aber die Antworten die Angst nicht mindern können, müssen die Eltern dieselbe Antwort ständig wiederholen. Manche Eltern holen sich die Unterstützung eines Spezialisten oder versuchen Argumente anzuführen, um die Ängste des Kindes zu zerstreuen. Manchmal scheint es, als würde das Kind süchtig werden nach den elterlichen Beruhigungsversuchen und immer größere Dosen benötigen, während gleichzeitig die Effektivität dieser Beruhigungstechnik abnimmt. Eltern können die Ankerfunktion übernehmen, indem sie das Kind und sich selbst von dieser scheinbar leichten Art einer sofortigen Beschwichtigung entwöhnen. In dieser Situation ist es wichtig, dem Kind eine gewichtige und verlässliche Botschaft zu vermitteln: »Auch wenn du Angst hast, ich bin hier, bei dir!«, und nicht das unverlässliche elterliche Piepsen: »Keine Angst, keine Angst, keine Angst, es wird schon nichts passieren!«

Panikstörungen

Eine Panikattacke ist eine heftige Angstwelle, die durch physiologische Symptome wie Herzrasen, Zittern, Atembeschwerden, Schwitzen, Schwindelgefühl und Druck im Kopf oder im Brustkorb gekennzeichnet ist. Hinzu kommt das Gefühl des Kontrollverlustes, der Angst, den Verstand oder das Leben zu verlieren. Eine solche Panikattacke kann einige Sekunden, aber auch mehr als 20 Minuten dauern. Panikstörungen können folgenschwere Auswirkungen auf das Leben haben und beeinflussen nicht nur die Zeitspanne, in denen eine Attacke auftritt. Das Kind entwickelt nämlich *Angst vor der Angst*, das heißt Angst davor, dass eine weitere Panikattacke auftreten kann. Diese doppelte Angst kann das Handeln eines Menschen gänzlich lähmen.

Die Angst wird anfangs mit der Situation verbunden, in der eine Panikattacke aufgetreten ist. Eine Jugendliche, die ihre erste Panikattacke in einem Einkaufszentrum erlebte, sagte: »Ich kann nicht mehr in das Einkaufszentrum gehen! Ich bin mir sicher, dass ich wieder eine Attacke haben werde, wenn ich dahin zurückgehe. Ich könnte auf der Stelle tot umfallen und niemand könnte etwas tun!« So wird allmählich jede Situation vermieden, in der eine Panikattacke auftreten könnte. Manchmal entwickelt sich daraus eine Agoraphobie, das heißt die Angst, sich außerhalb des Hauses aufzuhalten, da einen eine Panikattacke überfallen könnte.

Bei Panikattacken sind die Eltern – ähnlich wie bei einer spezifischen Phobie – involviert, jedoch mit weiter reichenden Konsequenzen: Die Eltern müssen Lebensumstände schaffen, in denen keine Panikattacken auftreten. Diese Aufgabe ist aber unerfüllbar. Panikattacken werden weiterhin auftreten, selbst wenn das Kind das Haus nicht mehr verlässt. Stattdessen schadet diese Vermeidungsstrategie erheblich der Entwicklung des Kindes, während das Problem fortbesteht. Das Dilemma, in dem sich die Eltern befinden, ist groß: Kommen sie der Forderung des Kindes nicht nach, so kann dies zu extremem Leid führen, während ein Nachgeben seiner Entwicklung und seinem Handlungsvermögen im Alltag schwer schadet.

Die Eltern können in dieser Situation nur dann als Anker für das Kind fungieren, wenn sie selbst nicht von der Angst angesteckt werden, ähnlich wie bei den Trennungsängsten. Eine Mutter, die sich von der Angst ihres Kindes anstecken lässt, erzeugt hierdurch einen weiteren Widerhall für dessen Ängste. Am Ende wird das Ausmaß der Angst, die das Kind erlebt, das Produkt von drei Ängsten: die Angst des Kindes, die Angst vor der Angst und die Angst der Eltern. Dies nennen wir *Pakt der Ängste*. In dieser Situation ist das notwendige Gegengewicht der Eltern aufgehoben. Stattdessen werden sie zu Verstärkern der Angst. Grundvoraussetzung für jede positive Veränderung dieser Lage ist, dass die Eltern sich selbst wieder verankern und sich davor schützen, von der Angst des Kindes angesteckt zu werden.

Zwangsstörungen (OCD)

Sie bilden die häufigste Art der Angststörungen. Eine Zwangsstörung liegt dann vor, wenn das Kind von Gedanken oder Gefühlen beherrscht wird, die es zwingen, gewisse Dinge zu tun, um sich von einer inneren Bedrängnis zu befreien. Typische zwanghafte Gedanken sind zum Beispiel die Sorge vor einer Infektion durch Keime oder vor der Ansteckung durch eine Krankheit oder die Sorge, dass ihm selbst oder einem Familienmitglied etwas Schlimmes zustoßen könnte, wenn es nicht gewisse Handlungen durchführt.

Beispiele für zwanghafte Handlungen, die das Kind glaubt ausführen zu müssen, um das Leid zu erleichtern oder das Unglück abzuwenden, sind das Berühren bestimmter Gegenstände, wiederholte Kontrollen (z. B. der Haustür und der Schlösser), Reinigungszeremonien (z. B. lang andauerndes Händewaschen) oder das Zurechtlegen von Gegenständen in einer ganz bestimmten Ordnung. Bei dieser Angststörung müssen die Eltern häufig bestimmte Formeln wiederholen, um das Kind zu beruhigen. Eine Mutter, die bei uns in Therapie war, brachte eine Kassetteaufnahme von einer solchen Zeremonie mit. Es stellte sich heraus, dass ihre Tochter sie an diesem Abend dazu brachte, eine solche Formel 126 Mal aufzusagen!

Oft sind die Eltern auch verpflichtet, aktiv an den beruhigenden Handlungsabläufen teilzunehmen. Die Eltern werden somit zu Mitspielern und das ganze Haus zur Bühne für die zwanghaften Zeremonien des Kindes. Solange die Eltern solche Anpassungen an die Zwangserscheinungen leisten, wird sich das Problem kaum bessern können, sogar wenn das Kind sich einer individuellen oder medizinische Behandlung unterzieht (Garcia et al., 2010).

Eltern können ihre Ankerfunktion übernehmen, wenn sie lernen, dem Kind (und sich selbst) die Botschaft zu vermitteln: »Mein Körper, mein Zimmer, mein Haus – all das steht unter *meiner* Verantwortung!« Um dieser Aufgabe erfolgreich nachkommen zu können, müssen die Eltern selbst fest und sicher verankert sein. Ohne eine wirkliche Verankerung ihrerseits werden die Eltern hinter dem Kind hergezerrt und stellen damit einen zusätzlichen Störfaktor für die Entwicklung des Kindes dar.

Soziale Angststörungen

Die soziale Angststörung ist eine extreme Art der Schüchternheit, die das Kind lähmt und zu einem immer stärkeren Meiden sozialer Kontakte führt. Junge Menschen, die unter einer sozialen Angststörung leiden, glauben, dass sie seltsam oder lächerlich aussehen. Erröten, Zittern und Aufregung können vor jeder erwarteten sozialen Interaktion auftreten. Soziale Ängste können relativ eingeschränkt auftreten, wenn das Kind sich zum Beispiel schämt, vor der Klasse oder in der Öffentlichkeit zu sprechen. Sie können aber auch allgemeinerer Art sein, so dass das Kind Ängste entwickelt, überhaupt in Kontakt mit anderen Menschen außerhalb des engsten Familienkreises zu treten. In ihrer extremsten Form kann die soziale Angst zu einer (fast) gänzlichen Abschottung führen, wie zum Beispiel bei einem Jugendlichen, der das Haus nur in der Dunkelheit verlassen konnte. Bei sozialen Angststörungen bilden die Eltern oft die einzige Verbindung des Kindes mit der Außenwelt. Eltern fürchten, dass sich das Kind gänzlich in sich zurückziehen wird, wenn sie diese Rolle nicht erfüllen.

Die erfolgreiche Auseinandersetzung mit dieser Angststörung umfasst zwei Aspekte der elterlichen Verankerung. Zum einen müssen die Eltern genügend Gewicht haben, um die Verhaltensregeln in ihrem Haus zu bestimmen, damit für das Kind keine virtuelle Welt – geschützt und verschlossen – gebaut wird, die es von der Außenwelt abschneidet. Zum anderen müssen sich die Eltern für die Auseinandersetzung mit dem Kind Unterstützung und Hilfe bei Freunden und Verwandten suchen. Die Verankerung der Eltern in einem Unterstützungsnetzwerk setzt das Haus und das Kind äußeren Einflüssen aus und hebt die vermeintlich schützende Privatsphäre auf, die zum Fortbestehen des Problems wesentlich beiträgt.

Zum Buch

Dieses Buch ist in sechs Kapitel aufgeteilt. Das erste Kapitel *Unterstützung, Beschützen und die Ankerfunktion* beschreibt die beschützende elterliche Haltung im Unterschied zur unterstützenden und befasst sich ausführlich mit der nachlassenden Fähigkeit der Eltern, als Anker zu fungieren.

Das zweite Kapitel *Elterliche Unterstützung in Zusammenarbeit mit dem Kind* behandelt die Hilfestellung für ein ängstliches Kind, das gewillt ist, Hilfe anzunehmen und seinen alltäglichen Verpflichtungen nachzukommen. Kinder sind nicht immer bereit, Hilfe und Unterstützung anzunehmen. Mit einem einfühlsamen und einsichtsvollen therapeutischen Ansatz kann man zwar die Zahl der Kinder, die für Hilfe aufgeschlossen sind, vergrößern. Es wird jedoch immer eine bestimmte Anzahl von Kindern geben, die die Existenz des Problems nicht zugeben wollen oder nicht daran interessiert sind, Hilfe zu bekommen, da sie befürchten, dass dann von ihnen erwartet wird, sich dem Problem zu stellen.

Das dritte Kapitel *Einseitige Maßnahmen der Eltern* befasst sich mit Wegen, auf denen die Eltern ihre Fähigkeit, für das Kind als Anker zu fungieren, wiedererlangen und das Kind aktiv unterstützen können – auch gegen den Widerstand des Kindes. Die ausschlaggebende Frage in diesem Fall ist, wie man die eigene Verankerung als Eltern wiederherstellen und das Kind allmählich zu einer Zusammenarbeit bewegen kann, ohne dass dabei die Beziehung zum Kind in Mitleidenschaft gezogen wird.

Das vierte Kapitel *Zusammenarbeit der Eltern* behandelt die Meinungsverschiedenheiten zwischen den Eltern, die ihr Vermögen schwächen, für das Kind eine Ankerfunktion darzustellen. Es werden Wege zur Überwindung dieser Schwierigkeiten vorgeschlagen. Dabei wird aufgezeigt, wie die Eltern gemeinsam damit umgehen können und wie ein Elternteil unabhängig agieren kann, falls der andere Elternteil nicht zur Zusammenarbeit bereit ist. Therapeutische Strategien werden präsentiert, die die Chancen verbessern können, die Kluft zwischen den Eltern zu überbrücken und zumindest teilweise auf einen gemeinsamen Nenner zu kommen.

Das fünfte Kapitel *Vom Vermeidungsverhalten zur Kontrollherrschaft* beschreibt das Phänomen, in dem Kinder mit einer Angststörung allmählich über das ganze Haus bestimmen und die Eltern und Geschwister all seinen Wünschen und Bedürfnissen nachkommen müssen.

Das sechste Kapitel *Die Auseinandersetzung mit Angststörungen erwachsener Kinder und deren chronischer Abhängigkeit* schildert die Probleme von Eltern, deren erwachsenes Kind wegen seiner Ängste die Auseinandersetzung mit seinen Lebensaufgaben meidet und von seinen Eltern vollkommen abhängig bleibt. Diese Situation führt zu einer *Abhängigkeitsfalle*, in der sowohl die Eltern als auch das erwachsene Kind gefangen bleiben. Das Kapitel zeigt Wege auf, durch die sich die Eltern und das Kind aus dieser sich gegenseitig erstickenden Umklammerung befreien können.

Erstes Kapitel
Unterstützen, Beschützen und die Ankerfunktion

Kinder brauchen Schutz und Unterstützung. Schutz seitens der Eltern ist dann notwendig, wenn das Kind durch äußere Umstände bedroht wird oder selbst unvorsichtig handelt. Ein kleines Kind, das auf die Straße rennt oder von anderen Kindern angegriffen wird, muss beschützt werden. Ein Vater, der sein Kind in seinen Armen hält oder der mit seinem eigenen Körper das Kind vor einer Gefahr schützt, verdeutlicht diese Art des elterlichen Schutzes. Eine solche Geste vermittelt die Botschaft: »Ich stehe vor dir! Sollte jemand verletzt werden, so bin ich das!«

Demgegenüber ist elterliche Unterstützung erforderlich, wenn das Kind nur zögernd einer auferlegten Pflicht nachkommt. Eine Mutter, die hinter ihrem Kind steht, es behutsam vorwärts schiebt und dabei immer weniger stützt, bis es fähig ist, die gestellte Aufgabe selbständig zu bewältigen, veranschaulicht diese Art der elterlichen Unterstützung. Diese Unterstützung vermittelt dem Kind: »Ich stehe hinter dir! Du musst jedoch mit eigenen Kräften vorwärts kommen!«

Eltern müssen ständig abwägen, in welchem Fall Schutz und in welchem Fall Unterstützung angebracht ist. Je größer die reale Gefahr, desto mehr Schutz ist erforderlich. Je mehr es sich um die Schwierigkeiten des Kindes handelt, seine dem Alter und den Fähigkeiten entsprechenden täglichen Pflichten zu übernehmen, desto mehr Unterstützung ist notwendig. Wir bezeichnen Eltern als beschützend, wenn sie ihrem Kind Schutz gewähren in einem Fall, in dem eigentlich Unterstützung angebracht wäre. Die Folge eines solchen elterlichen Verhaltens ist, dass das Kind immer weniger in der Lage ist, seinen alltäglichen Verpflichtungen nachzukommen.

Im Fall eines ängstlichen Kindes ist es besonders schwer, ein gesundes Gleichgewicht zwischen Schutz und Unterstützung zu finden. Das Kind sucht Schutz, sobald es Angst empfindet, und das tut es an dem für ihn sichersten Ort: bei seinen Eltern. Die Angst des Kindes löst bei den meisten Eltern den Beschützerinstinkt aus. Wenn das Kind jedoch den gewährten Schutz als nicht ausreichend empfindet, kann es diesen nachdrücklich einfordern. Oft übernehmen die Eltern freiwillig, um dem Kinde Leid zu ersparen, den Teil seiner Aufgaben, den es wegen seiner Ängste nicht erfüllen kann. Solche Schwierigkeiten können vorübergehen, insbesondere wenn die Unterstützung der Eltern darauf abzielt, ihr Kind zu ermutigen, selbst seinen Pflichten nachzukommen. In dem Maße jedoch, in dem die Eltern ihr Kind beschützen, statt ihm die notwendige Unterstützung zu geben, nehmen ihre Forderungen an das Kind ab. Auf diese Weise können Eltern zum Fortbestehen des Problems beitragen. Mit der Zeit erscheint es immer unwahrscheinlicher, dass das Kind irgendwann einmal seine alltäglichen Aufgaben selbständig bewältigen wird. Eltern und Kind gewöhnen sich an die Situation und nehmen sie als unabwendbar hin. In dieser Konstellation wird die Fähigkeit der Eltern, für ihr Kind als Anker zu fungieren, das heißt, ihrem Kind Halt zu bieten, schwer erschüttert.

Der Verlust der Ankerfunktion: beschützende Eltern

Die Eltern können ihrer Rolle, als Anker für das Kind zu fungieren, nicht mehr gerecht werden, wenn sie die vier Stützpfeiler ihrer eigenen Stärke verlieren:
- ihr »elterliches Gewicht«, das heißt die Selbstverwurzelung in ihrer elterlichen Pflicht, Präsenz und Fürsorge;
- die Schaffung einer Lebensstruktur für die Familie, das heißt die Bestimmung von Verhaltensregeln im eigenen Hause, die Aufrechterhaltung von Grenzen und die Gewährleistung eines gesicherten persönlichen Raums (wo die Eltern sich mit ihren privaten und ehelichen Tätigkeiten befassen können);
- die Verbindung zu einem sozialen Netzwerk, das den eigenen Sichtweisen und Handlungen Legitimität verleiht und gegebenenfalls Unterstützung leisten kann, und
- ihre Selbstkontrolle, das heißt die Fähigkeit, sich von impulsiven und destruktiven Reaktionen abzuhalten und ihre elterlichen Ziele geduldig und beharrlich zu verfolgen.

Diese vier Faktoren bilden die Grundlage für eine eigene »Verankerung« der Eltern. Genau wie der Anker eines Schiffes genügend Gewicht haben muss und an einem festen Standort mit Hilfe seiner Haken angebracht sein muss, um das Schiff zu halten, so benötigen auch Eltern diese Pfeiler zur eigenen Verankerung, um dem Kind Halt geben zu können. Die Eltern können ihre Ankerfunktion nicht angemessen ausüben, wenn sie auf einen eigenen Standpunkt und eigene Bedürfnisse zugunsten der Forderungen des Kindes verzichten; wenn sie dem Kind zu Hilfe eilen, anstatt ihm eine sichere Stütze zu sein; wenn sie sich von den eigenen Gefühlen entfremden und stattdessen zum Widerhall der Gefühle des Kindes werden; wenn sie die Beziehungen zu Familie und Freunden vernachlässigen zugunsten der Forderungen des Kindes und der scheinbaren Notwendigkeit, das Problem zu verheimlichen; wenn sie ihre eigene Privatsphäre aufgeben zugunsten des Bedürfnisses des Kindes nach ständiger Nähe; und wenn sie nicht mehr über ihre eigene Zeit bestimmen können, um immer für das Kind verfügbar zu sein.

Eltern, deren Kind an einer Angststörung leidet, können sich folgende Fragen stellen, um das Ausmaß der Schwächung ihrer Ankerfunktion abzuschätzen:

- Bestimme ich über meine Zeit oder mein Kind mit seinen Ängsten? Sind meine Arbeitszeit oder meine Freizeit beeinträchtigt?
- Wird mein eigener Freiraum durch die Ängste des Kindes eingeschränkt? Schläft unser Kind im Elternschlafzimmer? Kann es uns jederzeit stören? Hat es uneingeschränkten Zugang zu unserem Telefon oder anderen persönlichen Gegenständen?
- Bin ich beunruhigt, dass mein Kind Angst haben könnte? Glaube ich, sofort reagieren zu müssen, wenn mein Kind Angst hat?
- Wird mein Alltag von den Ängsten des Kindes bestimmt? Übernehme ich bestimmte Pflichten meines Kindes?
- Stört mich mein Kind bei Gesprächen oder bei persönlichen Erledigungen, weil es Angst hat und beruhigt werden will?
- Habe ich ein Recht auf meine eigenen Pläne und Bedürfnisse? Nehme ich mir dieses Recht?
- Bin ich bereit, Hilfe von meiner Familie, von Freunden oder anderen Menschen in meinem Umfeld anzunehmen, um die Schwierigkeiten mit meinem Kind zu bewältigen?
- Verliere ich meine Selbstkontrolle, wenn mein Kind Angst spürt?

Neige ich dann dazu, alles andere beiseite zu schieben, um die Angst um jeden Preis abzuwehren und es auf der Stelle zu beruhigen?

Wenn die Ankerfunktion der Eltern verloren geht, ist es schwierig zu unterscheiden, ob die Ängste des Kindes die elterliche Reaktion auslösen oder ob das Verhalten der Eltern die Ängste des Kindes fortbestehen lässt. Meist ist es sicherlich eine Kombination von beidem. Die Angst des Kindes löst eine Reaktion der Eltern aus, während die elterlichen Handlungen die Angst des Kindes verstärken. Manchmal sind Eltern so von der Angst ihres Kindes besessen, dass nicht mehr zu unterscheiden ist, ob es sich um eine ursprüngliche Angst des Kindes handelt oder ob die Ängste des Kindes von den Ängsten der Eltern herrühren. Schließlich lernen Kinder von ihren Eltern, wovor sie sich fürchten müssen. Sie erschrecken sich, wenn sich die Eltern erschrecken. Das Kind fühlt sich also durch die Angst der Eltern in seiner eigenen Angst bestätigt.

Der Prozess der eigenen Verankerung ist für die Eltern selbst wichtig. Es ist ein grundlegendes menschliches Bedürfnis, einen persönlichen Freiraum zu haben und sozial eingebunden zu sein. Um seinen Aufgaben gerecht werden zu können und für das eigene Wohlbefinden ist die Erfüllung dieser Bedürfnisse lebensnotwendig. Eltern von ängstlichen Kindern sind nicht *nur* Eltern dieser Kinder. Sie sind Ehepartner, Eltern weiterer Kinder, Arbeitnehmer und Ernährer einer Familie. Sie sind sozial eingebundene Menschen. Um diese verschiedenen Rollen und Aufgaben erfüllen zu können, bedarf es einer Verankerung. Eltern, die ihre eigene Verankerung verlieren, neigen dazu, die anderen Aspekte ihres Lebens zu vernachlässigen. Sie meinen, ihre allerwichtigste Aufgabe liege darin, ihr Kind zu beschützen und Leid von ihm abzuwenden. Um das Kind unterstützen zu können, müssen sie jedoch ein gesundes Maß an Egoismus entwickeln und für ihre eigene Verankerung sorgen. Wir behaupten, dass ein ängstliches Kind dazu verdammt ist, in seinen Ängsten gefangen zu bleiben, wenn seine Eltern auf ihre eigenen Bedürfnisse verzichten, um ihr Kind vor seinen Ängsten zu beschützen. Die Wiederherstellung der eigenen Verankerung geschieht also nicht auf Kosten des Kindes, sondern zu seinem Wohl. Man kann natürlich nicht erwarten, dass ein Kind mit einer Angststörung seinen Eltern dafür dankt, wenn sie im Sinne der eigenen Verankerung ihren persönlichen Freiraum und das soziale Netzwerk, das sie unterstützt, wiederherstellen wollen. Ähnlich kann man von einem kleinen Kind nicht erwarten, seinen Eltern für die bittere Medizin zu danken, die sie ihm verabreichen. Trotzdem fällt es Eltern leichter, dieser Aufgabe nachzukommen, wenn sie mit Sicherheit wissen, dass dies zum Wohl ihres Kindes passiert und nicht nur für ihr eigenes Wohlbefinden.

Übergriff statt Verankerung: fordernde Eltern

Auch Eltern, die die Gefühle und Erfahrungen des Kindes zu diktieren und seine Ängste autoritär wegzublasen versuchen, können keine konstruktive Unterstützung leisten. Kategorische Aussagen, Ermahnungen, mutig zu sein, oder Überredungsversuche, dass es gar keinen Grund für die Angst gebe, stellen keine Unterstützung für das Kind dar. Eltern werden das Kind auf diese Weise nicht dazu bringen, sich mit seinen Ängsten und deren Überwindung auseinanderzusetzen. Wir können eine beschützende Mutter mit einer Schutzmauer vergleichen, die zwischen der Angst und ihrem Kind steht und dadurch die Auseinandersetzung des Kindes mit seiner Angst verhindert. Umgekehrt können wir den fordernden Vater gleichsetzen mit jemandem, der das Kind vorantreibt, bis es stürzt. Eltern, die nur fordern, ohne die Ängste des Kindes erst einmal anzunehmen und zu respektieren, laufen Gefahr, ihre Ankerfunktion in einem doppelten Sinne zu verraten: Zum einen wird der persönliche Freiraum der Eltern für das Kind undurchdringbar. Die Eltern sind nicht mehr für die Bedürfnisse und Nöte ihres Kindes empfänglich. In dieser Situation erlebt das Kind den elterlichen Anker nicht als Unterstützung, da es nicht imstande ist, an den Anker heranzukommen. Zum anderen greifen die Eltern in den persönlichen Bereich des Kindes ein und versuchen zu bestimmen, wie das Kind zu fühlen, zu denken und zu handeln hat. Auf diese Weise verneinen sie das Recht des Kindes auf seine eigenen Gefühle (»Hier gibt es überhaupt keinen Grund zur Angst!«), seine eigenen Entscheidungen (»Warum schottest du dich so ab? Du musst Teil der Gruppe sein!«) und seine eigenen Reaktionen (»Warum hast du Angst vor ihm? Schlag doch einfach zurück!«).

Die Ankerfunktion wird nur dann erfüllt, wenn der persönliche Raum der Eltern nicht undurchdringbar ist für das Leid und die Bedürfnisse des Kindes und wenn die Sichtweise und die Gefühle des Kindes angenommen und respektiert werden. Eltern, die fordern und drängen statt zu unterstützen, benutzen das Gewicht des Ankers als Hammer und nicht als Halt.

Ähnlich wie beschützende Eltern handeln auch fordernde Eltern aus positiven Beweggründen heraus. Sie erkennen, dass eine beschützende Haltung die Ängste des Kindes fortbestehen lässt, und sehen mit Besorgnis seine Unfähigkeit, seine alltäglichen Aufgaben zu meistern. Das Kind kann jedoch den Forderungen und Erwartungen der Eltern nicht gerecht werden, wenn diese zu weit von seinen momentanen Fähigkeiten abweichen. Wenn wir einen Vergleich zwischen der Auseinandersetzung mit den Ängsten und dem Ersteigen einer Treppe ziehen, so muss man sich vorstellen, dass eine scharf formulierte Forderung der Eltern die Treppe für das Kind noch höher und steiler werden lässt.

Häufig versuchen Eltern, das ängstliche Kind dadurch zu ermutigen, indem sie mit gutem Beispiel vorangehen (»Ich zeige dir hiermit, dass es keinen Grund zur Angst gibt!«). Solches Handeln beweist in den Augen des Kindes jedoch nur den Mut der Eltern, der seine eigene Schwäche noch tiefer betont. Das Kind fühlt sich dadurch noch unfähiger. Das persönliche Beispiel der Eltern erreicht also genau das Gegenteil. Das Kind gelangt so zu der Überzeugung, dass es keine Chance hat, die an ihn gerichteten Erwartungen zu erfüllen.

In dieser Situation wird der fordernde Elternteil zwangsläufig enttäuscht. Aus dem Versagen seines Kindes wird er fälschlicherweise schließen, dass das Kind sich nicht genug bemüht oder die Ängste nicht wirklich überwinden möchte. Er glaubt, das Kind wolle ihn manipulieren, um verwöhnt oder von seinen Pflichten entbunden zu werden. Die Enttäuschung führt zu Zorn, zu verstärkten Forderungen und manchmal sogar dazu, dass der fordernde Elternteil ein Ultimatum setzt: »Entweder fängst du jetzt endlich an, oder ich bin raus aus der Nummer!« Die fordernde Haltung führt also eher zu einem Bruch mit dem Kind, nicht aber zu seiner Unterstützung.

Wenn ein Elternteil eine unnachgiebige fordernde Haltung einnimmt, beeinflusst das auf eine negative Weise auch den anderen Elternteil, besonders wenn dieser zu einer beschützenden Haltung neigt. Angesichts der Kritik, der Frustration und der erhöhten Forderungen, die an das Kind gerichtet werden, fühlt der andere Elternteil sich meist verpflichtet, das Kind noch stärker in seinen Schutz zu nehmen. Die Solidarität mit dem angegriffenen Kind lässt ihm sozusagen keine andere Wahl. Zwischen den Eltern entsteht eine Kluft. Jeder macht den anderen für die Probleme des Kindes verantwortlich: Der beschützende Elternteil versucht dem fordernden Elternteil Flexibilität und Mitgefühl beizubringen. Dieser schließt daraus, dass nur er die Realität wahrnimmt und dass nur er das Kind dazu bringen kann, den Alltag zu meistern. Ähnlich versucht der fordernde Elternteil dem beschützenden Elternteil nahezulegen, Grenzen zu setzen und Forderungen zu stellen. Der beschützende Elternteil wiederum zieht daraus den Schluss, dass nur er den Seelenzustand des Kindes wirklich versteht und nur er dem Kind helfen kann. Der persönliche Raum des einen Elternteils wird also undurchdringlich, während der andere Elternteil vollkommen auf seinen persönlichen Raum verzichtet. Die Angst des Kindes verstärkt sich in solch einer Konstellation. Es fühlt sich einerseits von seinen Eltern abhängiger, andererseits nicht wirklich verstanden.

Eltern, die zu einer fordernden Haltung neigen, können sich folgende Fragen stellen, um zu erkennen, ob sie vielleicht in diese Richtung tendieren:

- Sage ich meinem Kind, dass seine Ängste unbegründet sind und dass es mit dem Unsinn aufhören muss?
- Schimpfe ich mit meinem Kind wegen seiner ängstlichen Reaktionen?
- Denke oder sage ich, dass die Ängste nur Theater sind oder gar eine Manipulation darstellen?
- Glaube ich, dass das Problem sich geben wird, wenn wir streng unsere Forderungen stellen?
- Passiert es häufig, dass ich aufgebe und mich von der ganzen Angelegenheit zu distanzieren suche?

Tom ist 10 Jahre alt, der jüngere von zwei Söhnen. Seine Eltern unternahmen alles, um noch dieses zweite Kind zu bekommen. Seine Mutter Rut war schon immer um ihn besorgt. Von klein auf hatte Tom Schwierigkeiten, sich von ihr zu lösen. Als Rut ihn am ersten Tag in den

Kindergarten brachte, dauerte die Abschiedszeremonie lange und war für beide schwer. Wenn Tom vom Kindergarten bzw. von der Schule heimkehrt, befragt Rut ihn ausführlich: »Wie bist du zurechtgekommen? War es schwierig für dich, allein zu sein? Haben die anderen Kinder dich gehänselt? Wie hat die Kindergärtnerin/Lehrerin dich behandelt?« – Tom kann keinen Moment allein zu Hause bleiben. Er fürchtet sich vor Ungeheuern. Nur nach einer ausführlichen Inspektion seines Zimmers durch die Eltern ist er abends bereit, schlafen zu gehen. Selbst dann hat er das Gefühl, dass Ungeheuer sich im Flur drängeln und nur darauf warten, bis er einschläft, um in sein Zimmer zu kommen.

Wie viele ängstliche Kinder hat Tom eine blühende Phantasie. Er sieht lebhaft vor sich, wie sich die Ungeheuer die ganze Nacht um sein Bett drängeln, ein »Gelage abhalten und allerhand Gruseliges tun«[1]*. Oft flüchtet er sich nachts in das Bett der Eltern und bleibt dort bis zum Morgen. Anton, Toms Vater, empfindet die Situation als abnorm und verlangt, dass Tom in seinem eigenen Bett schläft. Er wirft seiner Frau vor, allen Launen von Tom nachzugeben. Rut wiederum ist überzeugt, dass sie keine andere Wahl hat. Ihr ist lieber, dass Tom bei ihnen schläft, als dass er die ganze Nacht Ängste ausstehen muss. Rut wurde vor kurzem befördert. Sie glaubt jedoch, die neue Aufgabe nicht annehmen zu können, da diese mit Arbeit am Nachmittag und Fahrten außerhalb der Stadt verbunden wäre. In den letzten Monaten hat sich Toms Situation verschlechtert. Er teilte seinen Eltern mit, dass er nicht mehr in die Schule gehen wolle. Er fürchte, dass seinen Eltern etwas passieren könne, und ruft deswegen in jeder Pause seine Mutter an. Die Zahl der Tage, an denen Tom zu Hause bleibt, ist drastisch gestiegen. In den letzten zwei Wochen ging er fast gar nicht mehr zur Schule. Rut befürchtet, dass Toms Ängste seiner Seele dauerhaft schaden werden. Anton versucht verzweifelt, Grenzen zu setzen und*

---

1 Ich selbst (Haim Omer) litt in meiner Kindheit ebenfalls unter Ängsten. Toms Schilderungen über die »Gelage der Ungeheuer und ihre Gräueltaten um sein Bett herum« spiegeln eine ähnliche kindliche Erfahrung von mir wider. Ich war sehr überrascht, als ich einer ähnlichen Angst einflößenden Phantasie in einer Aufführung der Oper »Die Drehung der Schraube« von Benjamin Britten begegnete. Die Aufführung zeigte, wie beim Einschlafen eines Kindes Geister in sein Zimmer kommen und groteske Dinge tun, in die das Kind mit einbezogen wird. Den Alptraum meiner Kindheit auf der Bühne wiederzutreffen war ein bedeutsamer Moment.

Forderungen an Tom zu stellen. Er wirft Rut vor, seinen Standpunkt zu untergraben. Neulich verkündete er, dass er aufgebe. Enno, Toms älterer Bruder, beschwert sich, dass nur Tom die Aufmerksamkeit seiner Mutter erhalte. Er, der »kein Theater spiele«, interessiere sie nicht. Rut gesteht ein, dass Anton und Enno mit ihren Behauptungen Recht haben. Sie erträgt jedoch Toms Leid nicht. Einem Außenstehenden mag es vorkommen, als reagiere sie beinahe noch schneller als Tom: Sie kommt mit ihrer Sorge seiner Angst zuvor.

Diese Beschreibung ist für eine Familie typisch, in der die Ängste des Kindes zu den Ängsten eines Elternteils hinzukommen. Die Ängste beider schaukeln sich gegenseitig hoch. Wir bezeichnen diese Situation als *Pakt der Ängste*. Jede Person, die nicht Teil dieses Paktes ist, wird als Fremde definiert, die nichts versteht oder herzlos ist. Dies ist in unserem Beispiel die undankbare Rolle des Vaters in der Familie. Mit seiner fordernden und distanzierenden Haltung verstärkt er jedoch den Pakt der Ängste.

Übergangsphasen im Leben

Der Übergang von der völligen Abhängigkeit eines Babys zur stetig wachsenden Unabhängigkeit eines Kindes und Jugendlichen verläuft niemals reibungslos. Entwicklungsstufen wie das allein im Bett Schlafen, der Besuch des Kindergartens, die Einschulung oder Klassenausflüge mit Übernachtungen außerhalb des Hauses sind bezeichnende, wenn auch oftmals schmerzvolle Stationen des Älterwerdens. Die Selbständigkeit entwickelt sich natürlich permanent weiter, auch zwischen diesen Stationen. Die Unsicherheit der Eltern aber konzentriert sich häufig und mit Recht auf diese Lebensabschnitte. Die Übergangsphasen sind wichtige Meilensteine, in deren Verlauf sich Schwierigkeiten und Krisen entwickeln können. In diesen Lebensphasen müssen Eltern die Schwierigkeiten auffangen, ihr Kind unterstützen und es in die gewünschte Richtung lenken.

Die Aufgabe als Eltern birgt Spannungen und Gegensätze. Eltern müssen ihr Kind einerseits vor realistischen Gefahren oder für sein Alter unpassenden Herausforderungen schützen, es aber andererseits auch ermutigen, selbständig zurechtzukommen. Jede Mutter und jeder Vater führt einen inneren Dialog mit der beschützenden Stimme und der Stimme, die die Unabhängigkeit des Kindes fördern will. Eltern besprechen sich natürlich auch untereinander. Wenn Eltern ihr Kind in einer gesunden Weise unterstützen wollen, müssen sie ein gutes Gleichgewicht zwischen diesen beiden Stimmen finden: Die beschützende Stimme, die in solchen Situationen eine positive Rolle hat, findet Ausdruck im Trost, in der Ermutigung und der Akzeptanz des Kindes. Die Stimme, die die Unabhängigkeit voranbringen will, erhält dann Gewicht, wenn Bedingungen geschaffen werden, die eine selbständige Auseinandersetzung des Kindes mit seinen Aufgaben fördern. Das elterliche Handeln wird mal von der beschützenden Stimme beeinflusst, mal von der Stimme, die die Unabhängigkeit des Kindes sucht.

Ein richtiges Maß dieser beiden ist der Schlüssel zum Erfolg. Wenn also eine beginnende Fähigkeit wahrgenommen wird, die darauf hinweist, dass das Kind die Aufgabe bewältigen kann, müssen die Eltern ihren Schutz allmählich einstellen. Die Entwicklung des aufrechten Gangs ist ein gutes Beispiel für diesen Prozess. Die Eltern ermutigen ihr Kind nur dann zum Gehen, wenn es schon aufrecht stehen kann. Es wäre sinnlos, das Kind zum Laufen zu bewegen, wenn es noch nicht reif dafür ist. Den meisten Eltern fällt es nicht schwer festzustellen, wann sie loslassen müssen, damit das Kind seine eigenen Schritte wagen kann. So ist es auch mit den anderen Übergangsphasen im Leben.

Bei einem ängstlichen Kind ist dieser Moment jedoch nicht so einfach erfassbar. Eltern fällt es oft schwer zu beurteilen, wann sie ihren Schutz verringern und das Kind zur Selbständigkeit ermutigen müssen. Die Lage wird noch komplizierter, wenn das Kind das Mitwirken der Eltern in Lebensbereichen einfordert, die es eigentlich schon allein meistern sollte. In solchen Situationen müssen die Eltern eine aktive Führungsrolle übernehmen.

Wir alle träumen von einer reibungslosen Entwicklung. Wir wünschen uns, dass das Älterwerden wie von selbst vonstatten geht, mit einer natürlichen Entwicklung von Bedürfnissen und Neigungen. Das Leben entspricht jedoch nur selten diesem Traum. Kinder kommen beispielsweise mit einem bestimmten Alter in den Kindergarten oder in die Schule, ohne dass hierbei ihre individuelle Reife berücksichtigt würde. Meist ist ein gewisses Maß an Unterstützung und an gesellschaftlichem Druck ausreichend, um das Kind zu den für eine gute Anpassung nötigen Anstrengungen zu ermutigen.

Ein Freund der Autoren, dessen Klinik an einen Kindergarten grenzt, erzählt, dass er jedes Jahr zwei laute Wochen bei seiner Arbeit durchmacht: Die ersten beiden Wochen eines neuen Kindergartenjahres sind von viel Weinen begleitet, das erst allmählich mit Ende der zweiten Woche abebbt. Dieses Weinen ist Ausdruck der Schwierigkeiten, die diese Kinder mit ihrem Einstieg in den Kindergarten erleben. Wenn das Weinen am Ende der zweiten Woche abebbt, haben sowohl Kinder als auch Eltern eine beträchtliche Leistung vollbracht. Ihnen allen gebührt dann eine Medaille.

Ein anschauliches Beispiel für das gelungene Zusammenspiel zwischen der spontanen Eigenentwicklung und der erforderlichen elterlichen Unterstützung liefert uns die Kängurumutter. Mit einem gewissen Alter verlässt das Kängurujunge – meist auf eigene Initiative hin – den Beutel der Mutter. Die Kängurumutter wird von nun an immer seltener für das Kängurujunge zur Verfügung zu stehen und seine Rückkehr in ihren warmen und heimeligen Beutel schrittweise erschweren. Es kommt jedoch nicht selten vor, dass das Kängurujunge lieber im Beutel der Mutter bleiben möchte, anstatt sich der rauen Wirklichkeit zu stellen. Die Kängurumutter erträgt anfangs dieses besondere Bedürfnis ihres »ängstlichen« Jungen nach Schutz geduldig. Allmählich wird jedoch das Junge zu groß und zu schwer. Irgendwann kommt der Zeitpunkt, an dem die Kängurumutter ihr Junges an den Ohren (die für diese Situation lang genug sind) aus dem Beutel herauszieht. Manchmal duldet sie noch kurze Aufenthalte ihres Jungen in ihrem Beutel zum »Auftanken«. Allmählich aber wird der Beutel der Kängurumutter zum verbotenen Terrain. Bei den Kängurus wurde noch kein Fall beobachtet, in dem das Kängurujunge über Jahre im Beutel seiner Mutter geblieben wäre. Bei ängstlichen Kindern und deren Eltern sieht das leider anders aus.

Gil hatte sich als Kind immer hinter dem Rock seiner Mutter versteckt. In der Grundschule sprach er kein Wort in der Klasse. Bis heute hat er keine wirklichen Freunde – abgesehen von einem Jungen, der ihn seit der ersten Klasse begleitet. Sobald man ihn anspricht, wird er rot, stottert und schafft es nicht, direkt zu antworten. Zu Hause benimmt er sich und spricht wie ein normaler Jugendlicher. Er scheut sich nicht, auf seinem Standpunkt zu beharren und »eine Szene zu machen«, wenn die Dinge nicht nach seinem Willen laufen. Gil hat Angst, dass er in der Öffentlichkeit etwas Dummes sagen oder lächerlich aussehen könnte. Wann immer er etwas einkaufen muss, begleitet ihn einer seiner Eltern und spricht an seiner Stelle mit dem Verkäufer. Seine Eltern haben das Gefühl, dass sie zu seinem Sprachrohr geworden sind, über das Gil mit der Umwelt kommuniziert.

Beim Eintritt in die Mittelstufe gab es eine weitere Verschlechterung der Lage. Gil saß zwei Tage lang im Klassenzimmer, starrte auf den Boden und ignorierte alle. Wenn sich ein Lehrer an ihn wandte, antwortete er nicht. Als einer der Lehrer daraufhin ungeduldig reagierte, rannte Gil von der Schule weg und weigerte sich, wieder in die Schule zu gehen.

Gil wehrte sich vehement gegen eine Therapie. Erst als ihm versprochen wurde, dass er in einer sehr kleinen Klasse lernen würde, erklärte er sich bereit, die Schule wieder zu besuchen. So fand er sich in einer Sonderschulklasse wieder, in der Kinder mit schweren Verhaltensproblemen oder mit wesentlich geringeren Fähigkeiten lernen.

Man darf das Leid von Gil nicht unterschätzen. Er leidet unter extremen Ängsten und benötigt Hilfe. Sein Unwille, sich mit seinen Ängsten auseinanderzusetzen, rührt jedoch unter anderem daher, dass seine Eltern in diesem Punkt mit ihm kooperieren. Ihr elterlicher Freiraum schwindet damit immer mehr und ihr Vermögen, für ihn als ein Anker zu fungieren, nimmt ab. Hier wird ein zentraler Grundsatz deutlich: Die Bereitschaft des Kindes, sich seinen Ängste zu stellen, entwickelt sich nur dann, wenn seine Umgebung aufhört, seine Aufgaben zu übernehmen. Dementsprechend muss zuerst eine Veränderung bei den Eltern stattfinden, ehe Gil sein Verhalten ändern kann. Den Eltern muss geholfen werden, ihre eigene Verankerung wieder aufzubauen. Solange das nicht geschieht, sind die Chancen gering, dass Gil seine Ängste überwindet.

Eltern als ausführende Instanz der Ängste

Solange die Eltern den unannehmbaren Forderungen ihres Kindes nachgeben, wird ihre Ankerfunktion angegriffen. Nun muss die Frage untersucht werden, welches elterliche Verhalten akzeptabel ist, um das Kind zu beruhigen. Wenn die Eltern ihrem Kind versichern, dass sie auf das Kind aufpassen und die Türen und Fenster vor dem Schlafengehen überprüfen werden, so können sie ihr Kind auf eine gute Weise zumindest teilweise beruhigen, und es wird entspannter schlafen gehen. Die Forderungen eines Kindes, das Beruhigung sucht, können sich jedoch auch uneingeschränkt steigern.

Als Oz zwei Jahre alt war, bemerkten seine Eltern, dass er sich immer nach dem Spielen im Sandkasten gründlich reinigte. Anders als seine älteren Geschwister hatte Oz nie Läuse. Sophie, seine Mutter, erzählte, dass ihre älteren Kinder dem Vater in ihrer Laxheit in Bezug auf Hygiene ähnlich waren. Oz war jedoch wie die Mutter, die wegen ihres großen Reinlichkeitsbedürfnisses von der Familie »die Sterile« genannt wurde. Mit beginnender Pubertät fing Oz an, seine Hände lange und ausgiebig zu waschen. Einmal machte seine Schwester darauf aufmerksam, dass Oz schon seit 20 Minuten seine Hände wasche. Sophie schaute nach ihm und fand ihn wie hypnotisiert vor dem Waschbecken stehen, mit verlorenem Blick vor sich hin starrend und seine Hände rigoros waschend. Als sie versuchte, ihn zu unterbrechen, und seine Hände in ihre nahm, schrie er sie an: »Siehst du, was du angerichtet hast! Jetzt muss ich noch einmal von vorne anfangen!«, und fing an zu weinen.

Oz entschied, dass die Nahrungsmittel, die sie im nahe gelegenen Supermarkt kauften, gesundheitsgefährdend sein könnten. Er hatte dort den Ladenbesitzer einmal dabei beobachtet, wie er mit Händen, die Oz nicht sauber genug erschienen, die Brotlaibe auf das Regal legte. Seine Eltern waren deshalb gezwungen, ihre Einkäufe bei einem weiter entfernten Supermarkt zu tätigen und alle Nahrungsmittel in verschlossenen Tüten im Kühlschrank aufzubewahren. Oz gab sich schon bald nicht mehr damit zufrieden, dass die Türen und Fenster der Wohnung nachts geschlossen waren, sondern forderte von allen Familienmitgliedern, die Fenster auch im Laufe des Tages geschlossen zu halten. Wenn jemand es wagte, ein Fenster nur kurz zu öffnen, brach Oz in

Schimpftiraden aus oder wurde gewalttätig. Außerdem verpflichtete er seine Eltern, ihn 5 Mal nachts bei einer Inspektion um das Haus zu begleiten, um sicher zu gehen, dass alles gut verschlossen war.

Auch das Betreten des Hauses war mit einer Zeremonie verbunden. Alle Familienmitglieder mussten ihre Schuhe 16 Mal auf der Fußmatte vor der Tür abtreten, den Eingangsbereich durchqueren, zurückkehren und noch weitere 8 Male ihre Schuhe abtreten. Nur nach diesem Ritual und begleitet von Oz' kritischem Blick durften die Familienmitglieder das Haus betreten.

Alle Eltern handeln anstelle ihrer Kinder, insbesondere wenn diese noch jung sind. Bei einer normalen Entwicklung lernt ein Kind, immer mehr selbst zu tun und schrittweise Verantwortung zu übernehmen. Die Übernahme der Verantwortung kann mit Problemen einhergehen, insbesondere wenn das Kind auch bei anderen alltäglichen Verpflichtungen Schwierigkeiten hat. In diesem Fall müssen die Eltern viel Zeit investieren, um dem Kind die Dinge beizubringen. Sie müssen sich zurückhalten, dem Kind diverse Gefallen zu tun, die einem selbstverständlich vorkommen könnten. Sie müssen das Unbehagen, die Forderungen oder das Leid des Kindes, das Schwierigkeiten hat, Aufgaben selbständig zu meistern, in Kauf nehmen. Solche Szenarien kennen wir vor allem bei ängstlichen Kindern. Häufig beobachten wir, dass die elterlichen Hilfestellungen nicht abnehmen, sondern sich mit zunehmendem Alter immer weiter ausdehnen. Solch ein Prozess vollzieht sich in Familien mit Kindern wie Oz, die ihre Eltern zu aktiven Teilnehmern der Angst vermindernden Rituale machen. Eltern werden so zu Lieferanten eines »Beruhigungsmittels« in Form der Hilfestellungen, die sie ihrem Kind leisten. Häufig entdecken Eltern, dass sie dieses Beruhigungsmittel in immer höheren Dosen liefern müssen.

Wenn Eltern zu aktiven Teilnehmern der Angst vermindernden Rituale werden, kommt darin ein deutlicher Verfall ihrer elterlichen Ankerfunktion zum Ausdruck. Die Gewohnheit, anstelle des Kindes zu handeln, verfestigt sich, so dass Eltern sich manchmal gar nicht mehr dessen bewusst sind, dass sie dem Kind besondere Hilfestellungen leisten. Ein kleiner Hinweis reicht aus, um sie zum Handeln zu bewegen. Die »geübten« Eltern entwickeln oft ein Feingefühl, das beinahe wie Telepathie wirkt. Die Reaktionen der Eltern auf das kleinste Anzeichen von Leid sind manchmal so schnell, dass das Kind seine Ängste noch gar nicht explizit zum Ausdruck bringen konnte. In anderen Fällen reagieren die Eltern erst, wenn das Kind dies ausdrücklich fordert.

Häufig versuchen Eltern frustriert, die Rolle der ausübenden Instanz von sich abzuschütteln. Sie weigern sich plötzlich, die gewünschten Handlungen auszuführen. Das Kind, das an die regelmäßigen Hilfestellungen der Eltern gewöhnt ist, kann auf solche Versuche mit heftigem Protest, mit Gewalt oder aber mit übersteigerter Angst reagieren. Ohne entsprechende Vorbereitung ist es für Eltern schwierig, solch eine Situation zu meistern. In den meisten Fällen enden solche Versuche damit, dass die Eltern die Rolle der ausführenden Instanz wieder übernehmen. Sie sind davon überzeugt, dass die Angelegenheit nicht anders gehandhabt werden kann. Der Verfall der eigenen Verankerung kann manchmal so ausgeprägt sein, dass die Eltern sich nicht einmal mehr vorstellen können, sich den Forderungen ihres Kindes zu widersetzen.

Die Bereitschaft eines ängstlichen Kindes, Hilfe anzunehmen, hängt davon ab, ob es überzeugt ist, dass es keine andere Wahl hat, als sich den Ängsten zu stellen. Manchmal wächst die Angst und beendet den positiven Versuch, selbst wenn der Wille des Kindes zur Selbständigkeit geweckt wurde und es die besten Absichten hat. In den nächsten Kapiteln werden wir sowohl Fälle besprechen, in denen das Kind bereit ist, Hilfe anzunehmen, als auch Fälle, in denen es jegliche Hilfe ablehnt. In den meisten Fällen schwankt das Kind zwischen diesen zwei Positionen. Wenn die Eltern es schaffen, aus der Rolle der ausführenden Instanz der Ängste ihres Kindes herauszukommen, können sie ihre Ankerfunktion für das Kind wieder einnehmen und damit seinen erwünschten Entwicklungsgang fördern.

Zweites Kapitel
Elterliche Unterstützung in Zusammenarbeit mit dem Kind

Dieses Kapitel befasst sich mit elterlicher Unterstützung in Zusammenarbeit mit dem Kind. Das nächste Kapitel wird einseitige elterliche unterstützende Maßnahmen behandeln.

Es besteht ein Kontinuum zwischen elterlicher Unterstützung mit Einverständnis des Kindes und in Zusammenarbeit mit ihm und einseitiger elterlichen Unterstützung, wenn das Kind in keine Zusammenarbeit einwilligt. Das Erlernen des Fahrradfahrens ist ein gutes Beispiel dafür, wie Eltern ihr Kind unterstützen und gleichzeitig mit ihm zusammenarbeiten: Der Vater hält das Fahrrad fest und hilft dem Kind, das Gleichgewicht zu halten und in Schwung zu kommen. Nach und nach verringert er den Halt, bis er irgendwann ganz loslässt. Er wird jedoch jederzeit wieder helfend eingreifen, falls das Kind das Gleichgewicht verlieren sollte. Dagegen ist der Beginn des Kindergartenbesuchs ein Beispiel für eine einseitige elterliche Unterstützung. Bei einem Kind, dem die Trennung von den Eltern schwerfällt, müssen die Eltern zu einem bestimmten Zeitpunkt »Tschüss« sagen und gehen, selbst wenn das Kind nicht damit einverstanden ist. Wir werden sehen, dass dieses »Tschüss«-Sagen und Weggehen eine wichtige elterliche Unterstützung darstellen können.

Die Sorge, dass ihr Kind Schaden nehmen könnte, falls sie ihre beschützende Haltung aufgeben, ist ein wesentliches Hindernis für Eltern, die ihr ängstliches Kind unterstützen wollen. Es fällt Eltern schwer, ihr Kind seiner Angst ausgesetzt zu sehen, weil das Kind in diesen Situationen meist heftig reagiert. Die Eltern befürchten, dass die Erfahrung extremer Angst bei ihrem Kind ein Trauma auslösen und nachhaltige Folgen haben könnte. Diese Sorge hören wir von vielen Eltern. Forschungsergebnisse zeigen jedoch, dass die Erfahrung der Angst dem Kind nicht schadet, insbesondere wenn die Umstände der Angst auslösenden Situation kontrolliert werden können, sondern es im Gegenteil stärkt (Craske und Barlow, 2007).

Das Kind lernt, dass es die Angst auslösende Situation durchstehen kann. Diese Erfahrung macht das Kind stolz und stärkt seine

Fähigkeiten, mit der Angst umzugehen. Demgegenüber können die Kapitulation vor der Angst und die systematische Vermeidung von Angst auslösenden Situationen oftmals Ursache für eine Entwicklungsverzögerung beim Kind und für das Entstehen von lang anhaltenden psychischen Störungen sein. Die Vermeidungsstrategie trägt zum Fortbestehen der Ängste bei und lässt ein vorübergehendes Problem chronisch werden. Die gute Absicht, das Kind vor der Angst zu beschützen, führt zu ungut Familienverhältnissen, die die Hilflosigkeit des Kindes verstärken und die ganze Familie in den Dienst der Angst stellen.

Wie wirkt Angst?

Der Alptraum eines jeden ängstlichen Menschen und aller Eltern von ängstlichen Kindern ist die Vorstellung, dass die Angst grenzenlos bis zum psychischen und physischen Zusammenbruch anschwellen wird. Erwachsene, die unter einer Angststörung leiden, stellen sich eine Angstattacke wie eine immer höher ansteigende Welle vor. Sie fürchten, dass diese riesige Welle über ihnen zusammenbrechen und dann zum Amoklauf, zum Verlust des Verstandes oder zu einem Herzinfarkt führen wird. Kinder haben nicht so detaillierte Vorstellungen, verspüren aber das drängende Bedürfnis, sofort zu fliehen und Schutz zu suchen.

Glücklicherweise hat jedoch selbst die schlimmste Panikattacke einen ganz anderen Verlauf. Forschungsergebnisse zeigen, dass die Angst nicht ins Unermessliche wächst, sondern wie eine Welle bis zu einem bestimmten Grad ansteigt und dann wieder von allein abebbt (Austin und Richards, 2001; Craske und Barlow, 2007). Diesen wellenartigen Verlauf bestimmt das physiologische Kontrollsystem. Der physiologische Angstmechanismus basiert auf dem Prinzip des Rücklaufes. Dies bedeutet, dass ab einem bestimmten Angstpegel automatisch ein entgegengesetzter abschwächender Mechanismus in Kraft tritt. Ähnlich führt das Zusammenziehen eines Muskels zu einem Reflex, der den Muskel entspannen lässt, ein erhöhter Herzschlag zu einer Verlangsamung des Herzschlages oder die Ausschüttung von Hormonen, die den Körper anregen (wie Adrenalin oder

Noradrenalin), zur Ausschüttung von Hormonen mit beruhigender Wirkung. Hierdurch ist der wellenartige Verlauf einer Angstreaktion festgelegt: Ihr Anfang sagt auch ihr Ende voraus.

Weswegen sind sich aber Menschen, die unter Ängsten leiden, dieser Tatsache nicht bewusst? Warum halten sie an der kontraproduktiven Vorstellung fest, dass die Angst immer weiter zunimmt bis zum vollkommenen Zusammenbruch? Die Erklärung hierfür liegt im Vermeidungsmechanismus. Menschen und Kinder, die unter Ängsten leiden, erleben meist nicht den wellenförmigen Charakter der Angst, weil sie vor der angstbesetzten Situation fliehen oder sie systematisch vermeiden. Die Erleichterung, die sie dadurch erfahren, bestärkt sie in dem Glauben, dass ihre Situation sich immer weiter verschlimmert hätte, hätten sie sich ihr nicht entzogen. Demgegenüber lernen Menschen, die eine Erklärung für ihre Angst erhalten und die darin unterstützt werden, ihr Vermeidungsverhalten zu überwinden und die Angst zu ertragen, dass die Angst tatsächlich diesen Wellencharakter hat und spontan wieder abnimmt. Diese Erfahrung macht ihnen deutlich, dass ihr Alptraum unrealistisch ist. Ein Kind, das seine Angststörung überwunden hat, ist nicht frei von Ängsten. Es hat jedoch gelernt, die Angst zu ertragen, und weiß um ihren wellenförmigen Verlauf. Die Angst wird also überwunden, indem das Kind lernt die Angst auszuhalten. Dadurch entwickelt das Kind einen neuen Umgang mit der Angst und leidet fortan nicht mehr unter einer Angststörung. Der Wunsch, dass die Angst von allein vergeht, ohne dass das Kind sie erleben und sich mit ihr auseinandersetzen muss, ist irreführend. Diese Vorstellung lässt die Angst fortbestehen und enthält dem Kind die stärkende Erfahrung vor, den Ängsten standhalten zu können.

Diese Information hilft Eltern, statt einer beschützenden Haltung eine unterstützende Haltung einzunehmen. Die meisten problematischen Reaktionen von Eltern rühren daher, dass sie sich – ähnlich wie das Kind – von der Angst überwältigt fühlen. So wie das Kind glaubt, der Angst einflößenden Situation schnellstmöglich entkommen zu müssen, so meinen auch die Eltern, dass sie ihr Kind so schnell wie möglich aus der unerträglichen Situation retten müssen. Eltern und Kind stehen daher einer ähnlichen Herausforderung gegenüber. Sie müssen lernen, die Situation auszuhalten und sich innerlich von davon zu distanzieren. Eine solche Reaktion ermöglicht eine Auseinandersetzung mit dem scheinbar überwältigenden Gefühl, das durch die Angst ausgelöst wird. Die Eltern müssen diesen Prozess anleiten. Es liegt in ihrer Verantwortung, ihre beschützende Reaktion aufzugeben und zu einer unterstützenden Haltung zu finden. Die Eltern dürfen dem Kind nicht länger vermitteln, dass die Angst etwas Schlimmes sei, dem das Kind um jeden Preis entkommen müsse. Sie sollten sich neu verankern und sich in Selbstkontrolle und Beharrlichkeit üben. Sie müssen ihren Freiraum als Eltern, als Paar und als unabhängige Individuen schützen und sich ein Unterstützungsnetzwerk aufbauen. Diese Schritte helfen den Eltern, ihr Gleichgewicht wiederzufinden und das Gefühl des Überwältigtwerdens zu überwinden. Sie werden nicht mehr so leicht von den Ängsten des Kindes mitgerissen und können dem Kind als stabile Stütze – als Anker – dienen.

Wie kann vermieden werden, dass eine vorübergehende Krise zum chronischen Problem wird?

Kontinuität im Alltag

Es ist einfacher, die täglichen Pflichten und Aufgaben völlig auszusetzen, als diese Routinehandlungen wieder aufzunehmen, wenn sie erst einmal zum Erliegen gekommen sind. Besondere Vorsicht ist bei Situationen geboten, in denen scheinbar »keine andere Wahl« besteht, als das Kind zu Hause lassen. Zum Beispiel kann ein Kind, das eine schwierige Erfahrung in der Schule gemacht hat, Ängste entwickeln und von seinen Eltern fordern, zu Hause bleiben zu dürfen. Es kann körperliche Symptome entwickeln, seiner Not auf verschiedenen Wegen Ausdruck verleihen oder sich ausdrücklich weigern, in die Schule zu gehen. Die Eltern müssen herausfinden, was dem Kind widerfahren ist, es ermutigen und unterstützen. Gleichzeitig müssen sie darauf bestehen, dass das Kind weiterhin am Unterricht teilnimmt, wenn auch anfangs vielleicht nur für einige Stunden am Tag. Eine sporadische Anwesenheit ist immer einer völligen Abwesenheit von der Schule vorzuziehen. Auch wenn das Kind vorübergehend zu Hause bleibt, müssen die Eltern ihm deutlich machen, dass es weiterhin die Schule besuchen muss. Deswegen sollte sich das Kind über die Hausaufgaben informieren und allen schulischen Verpflichtungen nachkommen. Diese Forderungen verdeutlichen die elterliche Erwartung, dass das Kind so bald wie möglich wieder regulär in die Schule zurückkehren wird. Der Kontakt zu Lehrern und Mitschülern spielt hierbei eine wichtige Rolle. Die Eltern sollten diesen Kontakt initiieren.

Mit dieser Haltung verfolgen die Eltern mehrere Ziele, die alle die Aufrechterhaltung des Alltags gewährleisten sollen:
- Die Kontinuität der alltäglichen Verpflichtungen: Das Kind bleibt weiterhin ein Schüler und muss seinen schulischen Verpflichtungen nachkommen.
- Die Kontinuität des schulischen Rahmens: Das Kind bleibt mit der Schule in Kontakt, auch wenn es für einige Stunden oder Tage zu Hause bleibt.
- Die Kontinuität der sozialen Kontakte: Das Kind bleibt mit seinen Freunden und Lehrern in Kontakt.
- Die Kontinuität der Identität als Schüler: In den Augen seiner Umgebung und in seinen eigenen Augen bleibt das Kind ein Schüler.

Das Bewahren einer Kontinuität im Alltag auf den verschiedenen Ebenen bietet die besten Voraussetzungen dafür, dass das Problem vorübergeht und nicht chronisch wird. Jede elterliche Reaktion, die diese Kontinuität untergräbt, kann die Situation verschlechtern und zur Verschlimmerung des Problems beitragen. Das Kind sollte nicht unbeschäftigt zu Hause zu bleiben, sich den Rahmenbedingungen der Schule entziehen oder seine Kontakte zu Freunden und Lehrern vernachlässigen. Die Eltern sollten das Kind außerdem nicht auf eine Weise benennen, die seiner Identität als Schüler widerspricht (z. B. »Unser Kind kann nicht in die Schule gehen. Es hat ein psychisches Problem!«).

Ein Mensch, der eine schwierige Erfahrung hinter sich hat, profitiert davon, in seiner gewohnten Umgebung zu bleiben. Dies gilt insbesondere dann, wenn es sich um eine Institution handelt, in der die Zusammenarbeit mit anderen Menschen gefordert ist. Ein Soldat, der wegen traumatischer Kriegserfahrungen unter Schock steht, ist weniger gefährdet, eine chronische posttraumatische Belastungstörung (PTBS) zu entwickeln, wenn er in seiner Einheit verweilt und nicht versetzt oder in ein Krankenhaus gebracht wird. Außerdem wird sich seine Lage schneller verbessern, wenn er so bald wie möglich wieder Aufgaben zugeteilt bekommt, die er in seiner Verfassung meistern kann. Die bekannten Rahmenbedingungen, die Aktivitäten und der Kontakt zu seinen Kameraden helfen einem Soldaten dabei, das Trauma besser zu verkraften.

Oft wird einer psychologischen Befragung zum Trauma besondere Bedeutung beigemessen, um die traumatischen Erfahrungen loszuwerden oder eine mögliche Verdrängung zu vermeiden. Die Effektivität einer solchen Maßnahme konnte aber durch die Forschung nicht bestätigt werden (van Emmerik et al., 2002). Menschen, die eine traumatische Erfahrung gemacht haben (z. B. Opfer eines Unglücks oder eines Anschlags) und die von Therapeuten dazu befragt wurden, um so eine PTBS zu vermeiden, entwickelten nicht seltener eine PTBS als diejenigen, die keiner solchen Befragung unterzogen worden waren. Demgegenüber konnte gezeigt werden, dass Menschen, die ihr normales Umfeld und ihren Alltag beibehalten, deutlich weniger dazu neigen, unter einer PTBS zu leiden (Omer und Alon, 1994). Das folgende Beispiel eines 18-jährigen Jugendlichen, der eine erschütternde Kriegserfahrung machte, ist auch für jüngere Kinder relevant.

Daniel war Jeepfahrer, als der Yom-Kippur-Krieg[1] ausbrach. In dem Chaos, das in den ersten Tagen des Krieges herrschte, fand sich Daniel als Fahrer in einem neuen Bataillon wieder, das sich aus Teilen seines alten Bataillons und anderen Einheiten zusammensetzte. Bei einem Einsatz wurde sein Jeep durch eine Explosion zur Seite geschleudert. Daniel wurde herauskatapultiert. Daraufhin geriet er in Panik, brach in unkontrolliertes Weinen aus und lief wie ein Wahnsinniger umher. Dann trat eine Amnesie ein: Daniel konnte sich nur noch an seinen Namen erinnern. Sein Vorgesetzter brachte ihn zu einer improvisierten Kaserne, in der Soldaten von verschiedenen aufgelösten Einheiten gesammelt wurden. Dort wurde er vom psychologischen Team begrüßt, einem Offizier und zwei Untergebenen. Der Offizier beauftragte seine

---

1 Dieser arabisch-israelische Krieg begann am 6. Oktober 1973, dem höchsten jüdischen Feiertag Yom Kippur.

Untergebenen, Daniel ausführlich zu befragen, mit dem Ziel, Bruchstücke seiner Erinnerungen zum Ablauf des Hergangs ins Gedächtnis zurückzurufen und damit seine allgemeine Amnesie zu beheben. Die Befragung dauerte eine Stunde, war jedoch erfolglos: Daniel konnte sich an gar nichts erinnern.

Die Psychologen wandten sich an den Verantwortlichen für den Küchendienst und baten ihn, Daniel zu beaufsichtigen und ihn nicht allein zu lassen. Der gab den Befehl an einen seiner Soldaten weiter, Daniel nicht aus den Augen zu lassen und ihn bei den Küchenarbeiten mit einzubeziehen. Daniel und der andere Soldat machten sich sofort an die Arbeit, einen großen Berg Kartoffeln zu schälen. Einige Stunden später kamen die Psychologen, um nach Daniel zu schauen. Sie stellten zu ihrer Überraschung fest, dass er sich wieder an alle Details seines Lebens und an alle Ereignisse erinnerte. Er konnte sich jedoch nicht an den Unfall und an seine Panikattacke erinnern. Zudem sah er viel erholter aus. Als sie ihrem vorgesetzten Offizier Bericht erstatteten, waren sie von seinem Lob überrascht: »Sie haben gute Arbeit geleistet!« Die zwei hatten nicht den Eindruck, etwas geleistet zu haben, und fragten ihren Vorgesetzten, was er meine. Der antwortete, die lange Befragung habe Daniel offensichtlich geholfen. Es sei nicht sicher, ob er sonst wieder zu sich gefunden hätte. Die jungen Psychologen wussten jedoch nur zu gut, dass Daniels wirkliche »Therapeuten« das Küchenteam und der Berg der zu schälenden Kartoffeln gewesen waren.

Mit ihrem Bemühen, die Routine im Alltag zu wahren, bieten die Eltern dem Kind einen unersetzbaren Halt. Sie vermitteln dem Kind dadurch die Botschaft: »Wir sorgen dafür, dass das Leben in seinen gewohnten Bahnen weitergeht!« Hierdurch zeigen sie dem Kind (und sich selbst), dass sie fähig sind, das Leben des Kindes zu stabilisieren, trotz der starken Ströme, die das Kind aus seiner gesunden Entwicklungsbahn hätten reißen können.

Aufrechterhaltung der Kontakte außerhalb der Familie

Ein Kind, das in Anwesenheit seiner Eltern seinen Ängsten nachgibt, wird dies möglicherweise nicht in Anwesenheit anderer Personen tun. Menschen außerhalb der Familie können daher den Eindruck erhalten, dass das Kind weniger unter Angst leidet, als seine Eltern meinen. Dies ist kein Wunder, da das Kind tatsächlich in ihrer Anwesenheit weniger Angst verspürt! Dafür gibt es zwei Gründe: Zum einen fühlt sich das Kind in Anwesenheit seiner Eltern meist »klein«. Es erlaubt sich, abhängiger zu sein als in Anwesenheit anderer Menschen. Zum anderen verstärken Eltern diese Abhängigkeit dadurch, dass sie dem Kind Schutz in Situationen gewähren, in denen andere Menschen das nicht tun würden.

Dies ist der Grund dafür, warum ein Sich-Abschotten so großen Schaden mit sich bringt. Die Angst verstärkt sich, wenn sich das Kind zu Hause abschottet, da dies eine Vermeidungsstrategie darstellt. Darüber hinaus kommt durch dieses Verhalten kein Kontakt zu Menschen außerhalb der Familie zustande. Diese jedoch könnten dem Kind ein Gefühl der Stärke vermitteln, wenn die Eltern dazu nicht in der Lage sind.

Jaime (dies ist der portugiesische Vorname von Haim Omer) fürchtete sich als 10-Jähriger sehr vor tiefem Wasser. Seine Eltern waren jedoch überzeugt, dass Schwimmen eine gesunde Sportart für den Jungen sei, und ließen ein Schwimmbecken bei ihrem Sommerhaus bauen. Allerdings konnten sie ihrem Sohn nicht helfen, seine Angst zu überwinden. Sie engagierten drei Schwimmlehrer, von denen keiner Jaime dazu bewegen konnte, den Schwimmbeckenrand ohne Schwimmflügel zu verlassen.

Jaime freundete sich mit einem Mädchen aus der Nachbarschaft an, in deren Mutter, eine höchst attraktive Frau, er halb verliebt war. An einem Sommertag nahm sie Jaime in ein öffentliches Schwimmbad mit. Sie wurden von einer weiteren Nachbarin begleitet, die in der Gegend den Ruf genoss, eine außerordentlich mutige Frau zu sein. Sie war die Enkelin des »Lampião«, eines heldenhaften Banditen in der Geschichte Brasiliens. Die zwei Frauen nahmen Jaime in ihre Mitte und durchquerten das Schwimmbecken, wobei sie ihn zwischen sich hin und her reichten. So zwischen der Schönen und der Heldin zu schwimmen machte die Angst für Jaime erträglicher, auch wenn er manchmal für einen kurzen Moment ohne die stützenden Arme einer der Frauen im Wasser schwamm. Als sie die andere Seite des Schwimmbeckens erreicht hatten, erschwerten die Frauen die Übung. Jaime hielt sich am Schwimmbeckenrand fest und eine der Frauen ermutigte ihn, zu ihr zu schwimmen. Sie entfernten sich schrittweise von ihm, erst einen Meter, später zwei Meter – und so weiter. Noch am selben Tag durchquerte Jaime das Schwimmbecken ohne fremde Hilfe, während er von den zwei Frauen an seiner Seite begleitet wurde. Man kann sich keine schönere Art und Weise erträumen, seine Ängste zu überwinden.

Eltern müssen Zugeständnisse machen, um solche Prozesse zuzulassen. Sie müssen bereit sein, einen Schritt zurückzutreten und anderen zu ermöglichen, ihr Kind an ihrer Stelle und in ihrem Namen zu unterstützen. Mit solch einer Maßnahme dehnen die Eltern ihren Handlungsspielraum aus. Eltern sagen sich in solch einer Situation: »Es ist besser für mein Kind, wenn ich es mit Abstand begleite, als wenn ich immer in seiner Nähe bin, sobald es Angst hat.«

Zum Beispiel können Eltern, deren Kind nicht allein in seinem Bett schlafen kann, eine Reise unternehmen. Sie können gute Bekannte einladen, die während dieser Tage mit dem Kind zu Hause zu bleiben. Die Chancen stehen gut, dass das Kind unter diesen Umständen einwilligen wird, in seinem Bett zu schlafen. Durch diese Erfahrung kann es Vertrauen in seine eigenen Kräfte entwickeln. Bei ihrer Rückkehr haben die Eltern die wichtige Aufgabe, einen Rückschlag zu verhindern. Wenn das Kind es jedoch geschafft hat, dank der Unterstützung durch andere Personen in seinem eigenen Bett zu schlafen, ist es einfacher, diese Errungenschaft beizubehalten.

Eltern, die es anderen Menschen ermöglichen, ihr Kind an ihrer Stelle zu unterstützen, wann immer ihre eigene Unterstützung ineffektiv ist, vernachlässigen nicht ihre Ankerfunktion. Im Gegenteil, sie zeigen dem Kind, dass sie gut in ihrem sozialen Netzwerk verankert sind und dass dieses Netzwerk fähig ist, das Kind zu umsorgen und zu unterstützen, selbst wenn die Eltern nicht vor Ort sind. Die Helfer werden zu Repräsentanten des elterlichen Ankers und verleihen dem Anker hierdurch mehr Gewicht und Festigkeit.

Psychotherapie bei Angststörungen

Nur die wenigsten Kinder mit Angststörungen erhalten eine Psychotherapie. Die meisten Kinder brauchen keine Therapie, da sie selbständig oder mit Hilfe ihrer Eltern und weiterer Unterstützung in ihrem gewohnten Umfeld mit dem Problem umzugehen lernen. Manche Kinder weigern sich sogar, eine Therapie in Anspruch zu nehmen, oder sind angesichts der damit verbundenen Anforderungen nicht zu einer Zusammenarbeit mit einem Therapeuten bereit. Unabhängig davon, ob das Kind eine Therapie mitmacht oder nicht: Es kann für die Eltern sehr hilfreich sein, die Grundlagen einer Psychotherapie bei Angststörungen zu kennen. Manchmal können die Eltern selbst einige der therapeutischen Techniken anwenden. Zudem kann das Wissen um die Vorgehensweise einer Therapie bei Angststörungen den Eltern helfen, sich selbst neu zu verankern.

Der Ansatz der kognitiven Verhaltenstherapie (CBT) hat sich bei der Behandlung von Angststörungen als der wirksamste erwiesen (James et al., 2005). Im Verlauf der Therapie lernt das Kind, wie es mit den für ihn typischen negativen Gedanken und Schreckensszenarien mit Hilfe eines positiven inneren Dialoges umgehen kann. So können die Ängste in ein realistischeres Licht gerückt werden. Außerdem lernt das Kind Techniken, die ihm helfen, die physiologischen Reaktionen einzudämmen. Es erstellt mit Hilfe des Therapeuten einen Plan, bei dem es schrittweise seine Vermeidungsstrategien einschränkt und sich seiner Angst stellt. Der letzte Schritt besteht darin, dass das Kind sich den Lebenssituationen aussetzt, die bei ihm Angst auslösen.

Im Rahmen der kognitiven Verhaltenstherapie kommt den Eltern eine aktive Rolle zu. Sie lernen, dem Kind zu helfen, eine angstbesetzte Situation durchzustehen und den inneren Dialog zu verbessern. Das Mitwirken der Eltern hilft sowohl ihnen selbst als auch dem Kind. Je besser sie verstehen, mit den Ängsten umzugehen, desto besser können sie sich davor schützen, von den Gefühlen des Kindes überwältigt zu werden. Auf diesem Wege verstärken sie ihre Ankerfunktion.

Im Verlauf der Therapie machen die Eltern mit dem Kind einen wichtigen Lernprozess durch: Ähnlich wie das Kind lernt, seine ängstlichen Reaktionen und seine Vermeidungsstrategien aufzuschieben, so lernen auch die Eltern, ihre hastigen beschützenden Reaktionen einzudämmen. So wie das Kind lernt, einen positiven inneren Dialog gegen seine Alptraumszenarien zu setzen, so lernen auch die Eltern, einen solchen inneren Dialog zur Mäßigung ihrer Befürchtungen zu führen. Genau wie das Kind lernt, die Situation besser zu bewältigen, anstatt seine Abhängigkeit zu vergrößern, so lernen auch die Eltern, ihre beschützenden Reaktionen durch sinnvolle Unterstützung zu ersetzen. Selbst Eltern, die dazu neigen, unentwegt Forderungen an ihr Kind zu stellen, lernen durch die Therapie, maßvoller mit dem Kind umzugehen. Denn die Therapie ermöglicht es dem Kind, in seinem eigenen Tempo voranzukommen, während gleichzeitig darauf geachtet wird, dass immer kleine Schritte unternommen werden. Hierdurch lernen die Eltern, dass ein langsames Vorankommen fruchtbarer ist als unnachgiebige Forderungen, die meist nur dazu führen, dass das Kind sich eingeschüchtert zurückzieht.

Die wesentlichen Bestandteile einer effektiven Psychotherapie bei Angststörungen sind:
- die Entwicklung eines positiven inneren Dialoges,
- die Aneignung von praktischen Fertigkeiten, die bei der Überwindung der Angst helfen können, und
- die Aufstellung eines systematischen Aktivitätsplans, der eine graduelle Auseinandersetzung des Kindes mit Angst auslösenden Situationen vorsieht (systematische Desensibilisierung).

Wenn die Eltern sich mit diesen Komponenten vertraut machen, kann das für sie hilfreich sein, ihre Ankerfunktion besser zu erfüllen.

Die Entwicklung eines positiven inneren Dialoges

Das Wort »kognitiv«, das Bestandteil der Therapiebezeichnung CBT ist, bezieht sich auf die Veränderung der automatisch auftauchenden negativen Gedanken und der Versagerhaltung eines ängstlichen Kindes. Das Kind *fühlt* die Angst nicht nur. Die Angst wird von einem negativen inneren Dialog begleitet, der es von der Unerträglichkeit der Angst überzeugt. Die Pioniere im Bereich der kognitiven Verhaltenstherapie wollten dem Kind dabei helfen, diesen negativen inneren Dialog kennenzulernen und einen alternativen positiven inneren Dialog zu entwickeln. Die klinische Erfahrung hat erwiesen, dass die Veränderung dieses inneren Dialoges die Fähigkeit des Kindes verbessert, seine Angst zu meistern, und die Angst wesentlich erleichtert.

Zu Beginn hilft der Therapeut dem Kind, sich seiner typischen negativen Gedanken bewusst zu werden. Diese automatischen Gedankengänge wiederholen sich im Kopf des Kindes wie bei einer Schallplatte mit Sprung und verstärken das Gefühl der Angst und die Dringlichkeit, der Situation entfliehen zu müssen. Nachdem der Therapeut und das Kind einige Gedankengänge dieser Art in der Therapiestunde kennengelernt haben, wird das Kind aufgefordert, im Laufe des Tages seine negativen Gedanken aufzuschreiben. Beispiele für solche Gedanken können sein: »Das wird ganz schrecklich sein!«, »Das ist mein Ende!«, »Ich muss hier weg!« oder »Ich werde noch verrückt!« Danach entwickelt der Therapeut zusammen mit dem Kind eine Liste alternativer Gedanken wie zum Beispiel: »Das wird unangenehm sein, aber erträglich!«, »Dass bringt mich nicht um!«, »Ich habe einen Plan, wie ich damit umgehen kann!«, »Ich kann tief einatmen und meine Muskeln entspannen!«, »Die Angst steigt an, aber sie ebbt auch wieder ab!«

Diese alternativen Gedanken lassen zwar die negativen Gedanken nicht verschwinden, wie man früher glaubte, sie sind vielmehr gleichzeitig vorhanden. Doch stehen sie in Konkurrenz zu den positiven Gedankengängen, so dass ihr Einfluss verringert wird. Mit dieser Übung wird die uneingeschränkte Macht der negativen Gedanken eingetauscht gegen ein inneres Pingpong-Spiel, bei dem das Kind sich zwischen den negativen Gedanken und den mäßigenden Gedanken hin- und herbewegt. Dieses Hin-und-Her eröffnet einen Spielraum, der vorher nicht vorhanden war und der dabei hilft, die automatische Fluchtreaktion zu verhindern, die durch die vorherrschenden negativen Gedanken praktisch unabwendbar war.

Ein weiteres Mittel, den inneren Dialog zu üben, besteht darin, sich der Schreckensszenarien bewusst zu werden und sich alternative Szenarien auszumalen. Die am meisten verbreitete Vorstellung besteht darin, dass die Angst immer weiter ansteigt, bis man den Verstand verliert. Viele Kinder stellen sich dabei auch das schreckliche Schamgefühl vor, das mit einem vollkommenen Kontrollverlust in Anwesenheit anderer einhergeht.

Eine gute Möglichkeit, alternative Szenarien zu entwickeln, bietet eine angeleitete Meditation. Das Kind wird aufgefordert, sich die angstbesetzte Situation vorzustellen. Dabei darf es der Situation nicht entfliehen. Der Therapeut bittet das Kind, sich die physiologischen Symptome vorzustellen. Dem stellt das Kind dann den positiven

Die Entwicklung eines positiven inneren Dialoges

inneren Dialog entgegen, den es zuvor gelernt und geübt hat. Während der angeleiteten Meditation tritt die Angst auf, stabilisiert sich jedoch und ebbt allmählich wieder ab.

Dieses Training innerhalb einer angeleiteten Meditation hat sich für die Auseinandersetzung mit der tatsächlichen Angstsituation als hilfreich erwiesen. Mittels des positiven inneren Dialogs erscheint die Realität dem Kind jedoch nicht plötzlich in rosigen Farben. Man sollte dem Kind nicht sagen »Fühle dich einfach wohl!« oder »Du wirst überhaupt keine Angst verspüren!«. Ängstliche Kinder können mit solchen verallgemeinernden optimistischen Aussagen nichts anfangen, da für sie das Erlebnis der Angst unbestreitbar ist. Die Betonung liegt auf der Auseinandersetzung und Bewältigung der Angst und nicht auf ihrem gänzlichen Verschwinden.

Humor und Phantasie werden ebenfalls bei der Auseinandersetzung mit der Angst eingesetzt. Der Therapeut und das Kind können zum Beispiel ein Phantasie-Ungeheuer erfinden wie Dr. Drossler, dessen Ziel es ist, sich in das Bewusstsein von Kindern einzuschleichen, sich ihrer Unabhängigkeit zu bemächtigen und sie mit Hilfe der Angst zu seinen Sklaven zu machen. Die Aufgabe des Kindes ist es, diese teuflischen Pläne von Dr. Drossler zu entschlüsseln und zu durchkreuzen. Man kann sich zum Beispiel folgende Befehle des Dr. Drossler vorstellen: » Du bist vollkommen hypnotisiert! Du bist in meiner Gewalt! Du hast keine Wahl, als dir immerfort zu sagen: *Ich bin so arm dran! Ich fühle mich schlecht!* Wiederhole diese Sätze, bis sie zu deiner einzigen Realität werden! Du hast keine Wahl, als ihnen Glauben zu schenken! Deine Gedanken gehören mir, mir, mir! Hahahahaha!«

Sobald nun die negativen Gedanken im Verlauf eines Tages auftauchen, kann sich das Kind das rollende Lachen von Dr. Drossler vorstellen. Dieses Bild lässt eine emotionale Distanz zu den automatischen Gedanken entstehen. Mit Hilfe dieser Technik kann der Betroffene schrittweise eine innere humorvolle Distanz zu seiner eigenen Angst entwickeln. Die Phantasie, der Humor und die Absurdität der Situation lassen einen Schutzfilter entstehen, der es dem Kind ermöglicht, die Geschehnisse zu betrachten und zu beobachten. So kann es sich zwischen der Angst und dem Bedürfnis zu lachen hin und her bewegen, wodurch einer Fluchtreaktion oder einer Vermeidungsstrategie entgegengearbeitet wird.

Es folgt ein Text, der von einem Jugendlichen, der unter Flugangst litt, und von dessen Therapeuten geschrieben wurde. Der Text lässt das Horrorszenario des Jugendlichen zu einer Komödie werden. Die Horrorszene wird so weit ins Extreme geführt, dass sie absurd und damit unwirksam wird. Der Jugendliche hat den Text dann auf Band gesprochen, so dass er die Kassette während des Fluges hören konnte:

»Ich sitze in meinem Sitz im Flugzeug vor dem Abflug. Ich spüre, wie mein Herzschlag immer schneller und heftiger wird. Bum-Bum-Bum-Bum! Sicherlich können meine Sitznachbarn das auch hören! Was für ein Glück, dass das Getriebe des Flugzeugs so laut ist, dass es hoffentlich meinen Herzschlag übertönt. Das Flugzeug wird immer schneller, und mein Herzschlag steigt noch schneller an als das Flugzeug. Mir ist jetzt schon klar, dass ich keine Chance habe. Das Flugzeug hat abgehoben, es liegt schief in der Luft! Ich versuche aufzustehen, aber ich bin ja angeschnallt! Ich bleibe also sitzen, und die Panik übermannt mich. Ich schreie nach der Stewardess. Ich werde seltsam angeschaut. Niemand kommt. Sie müssen wieder landen und mich von Bord gehen lassen. Ich öffne die Schnalle meines Sicherheitsgurtes, trete versehentlich auf den Fuß meiner Mama. Sie gibt einen schrillen Schrei von sich. Ich nehme ihn nicht zur Kenntnis und renne durch den Korridor. Ich muss zum Cockpit gelangen und den Piloten davon überzeugen, sofort zu landen. Ich erreiche den vorderen Teil des Flugzeuges. Ein Steward hält mich auf. Ich versuche, ihm auszuweichen, aber er lässt mich nicht durch zum Cockpit. Ich sehe den Notausgang und laufe auf ihn zu. Ich fange an zu schreien: ›Sofort landen! Türen öffnen! Hilfe!‹ Ich schlage mit meinen Fäusten auf die Tür ein und schreie. Zwei Stewardessen versuchen, mir Einhalt zu gebieten. Ich schlage einer mit meinem Ellenbogen in die Nierengegend. Sie fliegt halb ohnmächtig nach hinten. Die zweite bleibt auf Distanz. Andere Passagiere sammeln sich um mich herum, schauen mich an, werfen sich Blicke zu und machen Vorschläge, wie ich zu bändigen sei. Ich hämmere weiter mit aller Wucht auf die Tür ein und schreie, schreie und schlage wie im Rausch. Ich trete gegen den Notausgang, stemme mich mit der Schulter gegen die Tür. Ich habe Blut an meinen Fingern, meine Schulter schmerzt, aber das ist mir egal. Ich schlage hysterisch weiter. Die Hälfte der Passagiere hat sich von den Sitzen erhoben und schaut mir zu. Mein Gesicht ist tränenüberströmt und mit Schweiß und Blut verschmiert. Die Panik steigt an, und ich

schlage weiter um mich mit unmenschlichen Kräften und in einem wahnsinnigen Tempo. Ich fange an, die Erschöpfung zu spüren, aber die Angst ist größer als die Erschöpfung. Schlagen, schlagen, bis ich mein Bewusstsein verliere oder sie sich davon überzeugen lassen, dass sie landen müssen.

Langsam aber nimmt die Erschöpfung zu, und ich falle in mich zusammen. Meine Beine fühlen sich an wie Gummi, mein Körper schlägt gegen die Tür, und ich falle. Ich sinke neben dem Notausgang in mich zusammen wie ein ausgewrungener Lappen in einer Pfütze aus Schweiß, Tränen und Blut. Da stelle ich fest, dass ich eigentlich noch in meinem Sitz sitze und die Kassette anhöre. Ich bin gar nicht aufgestanden. Ich kann sogar die Ereignisse, die ich im Kopf durchgegangen bin, nutzen und mich ganz der Erschöpfung überlassen. Ich bin müde, mein Körper ist müde, die Angst ist müde, die Panik ist müde. Der Körper ist vollkommen entspannt, und ich kann im Sitz versinken, tief einatmen und mich an der Tatsache erfreuen, dass die Angst nicht weiter angestiegen ist, sondern jetzt abebbt. Und ich weiß, dass ich mir diese Kassette noch einmal von vorne anhören kann, um diese angenehme Entspannung zu verstärken.«

Diese Übung ist deswegen so effektiv, weil sie nicht von vornherein dem Schreckensszenario des Kindes entgegenzuwirken versucht, sondern dem Gedankenstrom folgt und ihn so übertrieben aufbläht, dass er absurd wird. Der Therapeut kann dem Kind erklären, dass dies ein sehr guter Weg sein kann, die Angstwelle durchzustehen: sich nicht dagegen zu wehren, sondern mit ihr zu schwimmen. Auf ähnliche Weise gibt man sich einer Welle im Meer hin. Man wird von der Welle hochgehoben und dann wieder herunter, bevor sie verebbt. Viele Kinder ziehen solche absurden Übertreibungen anderen Übungen vor, die auf einer viel realistischeren Einschätzung der Lage basieren. Egal wie, das Kind erhält ein alternatives Szenario zu seiner Schreckensvorstellung. Dadurch entsteht ein Freiraum, der zu einer besseren Auseinandersetzung mit der Angst verhilft.

Wenn Eltern wissen, dass im Rahmen der Psychotherapie daran gearbeitet wird, einen positiven inneren Dialog zu entwickeln, können sie dem Kind auf ähnliche Weise helfen. Besonders jüngere Kinder sind froh, wenn sie von ihren Eltern lernen können. Die Fähigkeit der Eltern, ihr ängstliches Kind bei der Ausarbeitung eines erfolgreichen inneren Dialoges zu unterstützen, ist jedoch von zwei Voraussetzungen abhängig: Erstens müssen die Eltern einen inneren Dialog vorschlagen, der nicht der spontanen Angsterfahrung widerspricht. Zweitens müssen die Eltern sicherstellen, dass sie nicht selbst von der Angst des Kindes überwältigt werden.

Die erste Voraussetzung erfordert die Einsicht der Eltern, dass der Angst nicht einfach durch entschiedene Aussagen beizukommen ist. Die Angst eines Kindes verschwindet nicht, wenn man ihm sagt: »Du hast keinen Grund zur Angst!«, »Das ist vollkommener Quatsch!«, »Sei stark!«, »Schau, ich fürchte mich auch nicht!« Oder: »Wage den Sprung ins Wasser!« Stattdessen sind Sätze angemessener wie: »Ich weiß, dass du Angst hast. Ich stehe dir zur Seite, bis du merkst, dass die Angst nachlässt!«, »Ich hatte auch Angst vor Ungeheuern, aber man wird mit der Zeit immer stärker!« Oder: »Wenn du dir sagst, dass das alles ganz furchtbar ist, dann wird die Angst absurderweise stärker. Vielleicht kannst du versuchen, dir zu sagen: ›Das macht mir Angst, aber ich kann es aushalten!‹«

Solche Aussagen respektieren einerseits die subjektive Wahrnehmung des Kindes und bieten andererseits eine mögliche positive Alternative. Dies vergrößert die Chancen, dass das Kind die Unterstützung der Eltern annimmt. Die Struktur dieser Aussagen spiegelt zwei Grundbedingungen für die elterliche Unterstützung wider. Unterstützung kann nur dann gewährt werden, wenn der Helfer das Leid der Person respektiert und auffängt. Nur dann kann er versuchen, das Kind zu ermutigen und es anzuleiten. Man kann behaupten, dass sich der Helfer nur durch die Annahme und Akzeptanz des Leids das Recht verdient, Ermutigungen auszusprechen und das Kind in die Richtung einer Auseinandersetzung mit der Angst zu führen.

Die zweite Voraussetzung, die es den Eltern ermöglicht, ihr Kind zu unterstützen, erfordert von ihnen, selbst eine Alternative zu ihrem eigenen negativen inneren Dialog zu entwickeln. Hier einige Beispiele für weit verbreitete Gedanken von Eltern: »Er ist so sensibel, das hält er bestimmt nicht aus!«, »Wenn ich ihr nicht sofort helfe, passiert sicherlich etwas Schlimmes!«, »Ich muss ihn aus dieser Lage retten!«, »Man kann ein kleines Kind doch nicht so leiden lassen!« Diese Gedankengänge zeigen, wie die Grenzen zwischen Eltern und Kind verwischen. Dieser Umstand erschwert es dem Kind, mit der Angst umzugehen. Hier nun einige alternative Sätze: »Er ist sehr sensibel, aber er hat auch viel Widerstandskraft!«, »Wenn ich sofort hinrenne, helfe ich ihr damit gar nicht. Im Gegenteil!«, »Wenn ich versuche, ihn ganz und gar zu beschützen, lade ich meine Angst zusätzlich zu seiner Angst auf ihm ab!«, »Wenn ich meine Reaktion unter Kontrolle habe, gebe ich ihm die Chance, auch seine Reaktion besser in den Griff zu bekommen!« Mit Hilfe dieser alternativen Aussagen können Eltern eine Art Pingpong-Spiel zwischen ihren negativen und positiven Gedanken entwickeln. Dadurch wird die Vorherrschaft der negativen Gedanken eingedämmt. Der Pakt der Ängste, der bisher die Beziehung zwischen Eltern und Kind gekennzeichnet hat, kann dadurch von einem *Pakt der Auseinandersetzung* abgelöst werden.

Die Schreckensvorstellungen vieler Eltern sehen oft nicht viel anders aus als die übertriebenen Szenarien ihres ängstlichen Kindes. Eltern sehen vor ihren Augen, wie das Kind unter der ansteigenden Angst zusammenbricht. Sie stellen sich vor, welche Narben die Angstzustände bei dem Kind hinterlassen werden. Sie glauben, dass ihr Kind so stark von der Angst beherrscht sein wird, dass es nicht für sich sorgen können wird. Wenn sich Eltern solcher Horrorszenarien bewusst werden und diesen alternative Szenarien entgegensetzen, können sie sich neu verankern. Bei den alternativen Szenarien steigt die Angst des Kindes nicht immer weiter an, sondern erreicht einen Höhepunkt und ebbt dann wieder ab. Das Gefühl der Dringlichkeit, das die Eltern glauben lässt, sie müssten ihr Kind sofort retten, nimmt ab und lässt Raum entstehen für zurückhaltende und verzögerte Reaktionen. Hierdurch lernen die Eltern, ihre beschützende Haltung aufzugeben und schrittweise einen unterstützenden Standpunkt einzunehmen.

Wenn sich Eltern auf den eigenen inneren Dialog konzentrieren, können sie meist noch eine weitere Frustrationsquelle in ihrer Beziehung zum ängstlichen Kind überwinden. Oft stellen Eltern fest, dass ihr Versuch, die Gedanken des Kindes in eine gemäßigte und positivere Richtung zu lenken, gerade das Gegenteil bewirkt: Ihr Kind verbarrikadiert sich in seinen negativen Gedanken, wehrt sich gegen die Vorschläge der Eltern und beharrt auf seinem Standpunkt. Diese Erfahrung machen besonders Eltern von Jugendlichen, sie kommt aber auch bei jüngeren Kindern vor.

In diesen Fällen schlagen wir den Eltern vor, dem Kind nicht länger beizubringen, wie es »richtig« denken solle. Sie können stattdessen dem Kind erzählen, wie sie lernen, mit *ihren* eigenen Sorgen anders umzugehen. Beispiele hierfür sind: »Ich habe begriffen, dass ich mich täusche, wenn ich dich für zu sensibel und nicht für stark genug halte, die Angst zu ertragen!«, »Ich habe gelernt, dass ich mich zurücknehmen kann und deiner Angst nicht nachgeben muss!«, »Ich habe entdeckt, dass meine Anspannung, und vielleicht auch deine, nicht immer nur zunimmt, sondern dass sie anfangs ansteigt und dann auch wieder abebbt!« Diese Aussagen sollten in einem unterstützenden Tonfall gesagt werden und nicht auf eine beschuldigende oder besserwisserische Art und Weise. Anstatt zu predigen (Predigten lösen Widerstand aus!), zeigen die Eltern hiermit, wie sie selbst mit ihren Schwierigkeiten umgehen. Eltern liefern damit ein persönliches Beispiel, wie sie sich mit der Angst auseinandersetzen und sich selbst verankern, anstatt von dem Strom der Angst mitgerissen zu werden. Sie geben dem Kind so die Gelegenheit, sich vom elterlichen Anker halten zu lassen, ohne dabei das Kind zu drängen, sich zu beruhigen oder einen optimistischeren Standpunkt einzunehmen. Dies spiegelt den Grundsatz der Ankerfunktion wider: Die Eltern versuchen nicht, die Gefühle des Kindes zu bestimmen, sondern sie geben ihm die Möglichkeit, aus freiem Willen heraus die angebotene Unterstützung anzunehmen. Es ist auch nicht notwendig, diese Aussagen ständig zu wiederholen, da das im Kind das Gefühl auslösen könnte, es handele sich um eine versteckte Belehrung. Natürlich sollten die Eltern sich entsprechend ihren Aussagen verhalten. Auf diesem Wege bringen sie am deutlichsten ihre eigene Verankerung zum Ausdruck.

Vielen Eltern fällt es schwer zu akzeptieren, dass sie das Kind nicht überzeugen können, auf seinen negativen inneren Dialog zu verzichten. Eltern meinen oft, ihre Aufgabe bestehe darin, das Kind zu erziehen und es anzuleiten, insbesondere, wenn dies mit der Absicht geschieht, das Leid des Kindes zu verringern. Die Eltern versuchen das Kind zu überzeugen, weil sie glauben, das Problem löse sich von allein, wenn das Kind positiv denkt! Das Bedürfnis der Eltern, dies dem Kind zu verdeutlichen und dadurch sein Leid zu verringern, erklärt den Enthusiasmus ihrer Überzeugungsversuche. Dieser Enthusiasmus kann aber die elterliche Unterstützung zunichte machen.

Solche Überzeugungsversuche der Eltern stoßen beim Kind meist auf Widerstand oder führen zu endlosen Diskussionen. Diese entkräften wiederum die Forderung an das Kind, sich mit der Situation auseinanderzusetzen. Es ist allgemein bekannt, dass unaufhörliche Diskussionen die eigentlichen Forderungen verwischen. Das Kind begreift nur zu gut, dass die gestellten Forderungen nicht gelten, solange die Eltern ihre Erörterungen und Überzeugungsversuche fortführen. Es ist daher im Interesse des ängstlichen Kindes, das seine Vermeidungsstrategie beibehalten möchte, die Gespräche mit den Eltern in die Länge zu ziehen. Unter diesen Umständen sollten Eltern es anderen Helfern überlassen, den inneren Dialog des Kindes zu verbessern (z. B. ihrem Unterstützungsnetzwerk oder dem Therapeuten), und sich auf den Aufbau ihres eigenen inneren Dialoges konzentrieren. Eltern, die ihrem Kind die Botschaft vermitteln: »Ich kann deine Reaktionen und dein Handeln nicht bestimmen, aber ich kann über meine Reaktionen entscheiden!«, erfüllen für das Kind weiterhin die Ankerfunktion.

Die Aneignung von praktischen Fähigkeiten zur Überwindung der Angst

Auf die Konfrontation mit der Angst bereitet man sich nicht nur gedanklich vor, sondern auch praktisch. Im Rahmen einer Therapie erlernt das Kind Fähigkeiten, die sein Handlungsvermögen in den angstbesetzten Situationen vergrößern. Ziel ist, das Ausmaß der Angst zu verringern und die Fähigkeit, die Angst zu ertragen, zu verbessern.

Entspannungsübungen

Entspannungsübungen waren bis vor nicht allzu langer Zeit ein zentraler Bestandteil der Techniken, die im Verlauf einer Therapie erlernt wurden. Die Forschung hat jedoch inzwischen gezeigt, dass die Entspannungsübungen dem Kind nicht wesentlich bei seiner Auseinandersetzung mit der Angst helfen (Taylor et al., 2003). Entspannungsübungen, die üblicherweise in der Psychotherapie von Angststörungen eingesetzt werden, sollen die ängstliche Person so weit bringen, in der Angst auslösenden Situation keine Angstreaktion zu zeigen. Man dachte, dass die Entspannung die Angst neutralisieren könne. Die fortschreitende Erfahrung im Bereich der Angsttherapie hat jedoch gezeigt, dass die Idee einer vollkommenen Aufhebung der Angst unrealistisch ist.

Diese Idee kann sogar einen Störfaktor darstellen. Denn wenn eine erfolgreiche Auseinandersetzung mit der Angst bedeutet, dass man überhaupt keine Angst mehr verspürt, dann bedeutet jeder Schimmer einer Angstreaktion, sei er noch so klein, dass man versagt hat. Somit könnte ein ängstliches Kind, das sich als Ziel setzt, die Angst ganz verschwinden zu lassen, jedes kleinste Anzeichen von Angst als Beweis seines Versagen und der Nutzlosigkeit seiner Anstrengungen ansehen: »Ich habe immer noch Angst. Ich habe versagt!« Diese Erkenntnis hat zu einer Veränderung in der Arbeit mit Kindern geführt. Das Ziel der Therapie ist also jetzt, die Angst so weit wie möglich einzudämmen und das Vermögen des Kindes zu verbessern, die verbleibende Angst zu ertragen, so dass es seinen Verpflichtungen weiterhin nachkommen kann.

Eine einfache und nützliche Alternative zu den Entspannungsübungen sind Atemübungen. In Angstzuständen neigen Menschen zur Hyperventilation, also zu einer schnellen Atmung, die Schwindel und Kribbeln in den Gliedmaßen verursacht und das Herz schneller schlagen lässt. All diese Symptome verstärken die Angst. Das Schwierige an Angstsituationen ist nicht nur das Gefühl von Angst, sondern auch die Angst der Person vor seiner Angstreaktion. So entsteht ein Teufelskreis, in dem wir nicht nur unter Angst leiden, sondern auch unter der Angst vor der Angst. Sobald das Kind die ersten physiologischen Symptome verspürt, die die Angst ankündigen, erschrickt es und sagt sich im Stillen: »Oh, nein! Ich habe Angst! Das wird furchtbar werden!«

Wenn nun das Kind die Geschwindigkeit seiner Atemzüge steuern kann, hat es einen Ausweg aus dem Teufelskreis: Anstatt sich von dem schnellen, keuchenden Atem und seinen Folgen erschrecken zu lassen, kann es jetzt seine Atmung regulieren und das Tempo verlangsamen. Im Rahmen der Therapie wird dem Kind erklärt, warum es zu schnell atmet und dass als Folge die Angst wie eine rollende Lawine immer größer wird.

Um die Lawine zum Stillstand zu bringen, muss man ganz

besonders langsam ein- und ausatmen. Die langsame Atmung wird zunächst in der Therapiestunde geübt, dann soll das Kind mehrmals täglich zu Hause üben. Viele Kinder schaffen es tatsächlich, dieses kontrollierte Atmen während einer Angstattacke anzuwenden. Diese kleine Veränderung hat einen doppelten Nutzen: Das Kind verbessert tatsächlich seine Atmung und gleichzeitig befreit es sich von der Hilflosigkeit.

Zusätzlich wurde eine neue Art von Übungen entwickelt, die darauf basieren, dass eine *teilweise* Kontrolle der Angst und eine Verbesserung der Bewältigungsstrategien angestrebt wird und nicht das vollkommene Verschwinden der Angst. Das Kind lernt, wie es absichtlich und kontrolliert die physiologischen Symptome der Angst auslösen kann. Das nimmt ihm die Angst vor den physiologischen Reaktionen. Zum Beispiel lernt das Kind, sein Herz schneller schlagen zu lassen, indem es immer wieder auf einen Stuhl steigt und wieder runterspringt. Es lernt das Hyperventilieren, in dem es in eine Plastiktüte ein- und ausatmet. Das Schwindelgefühl lässt sich durch Drehen um die eigene Achse hervorrufen. Sobald die physiologische Reaktion auftritt, wird das Kind gebeten, noch eine Weile weiterzumachen, um die Reaktion auf kontrollierte Art und Weise zu verschärfen. Danach wird es gebeten, aufzuhören und das schrittweise Abebben des unangenehmen Gefühls zu beobachten.

Besonders effektiv ist es auch, alle Muskeln im Körper gleichzeitig für kurze Zeit anzuspannen. Aufgrund einer Reflexreaktion des Körpers stellt sich nach der Anspannung der Muskeln eine automatische Entspannung ein. Diese automatische Reaktion führt also zu einer Entspannung des Körpers. Diese Übungen verringern die Angst vor der Angst und vergrößern das Gefühl der Selbstkontrolle und der Fähigkeit, die Angst zu ertragen. Das Kind lernt, die Angst vor der Angst zu beherrschen. Es löst selbst die physiologischen Symptome der Angst aus und kann gleichzeitig durch den eintretenden Reflex der körperlichen Anspannung entgegenwirken. In einer Angstsituation soll das Kind also die Muskeln nicht entspannen, sondern absichtlich alle Körperteile für eine kurze Zeit noch stärker anspannen. Solch ein Anspannen des ganzen Körpers ist in extremen Angstsituationen leichter zu erreichen, da es bedeutet, mit dem Strom zu schwimmen, also die schon vorhandene körperliche Anspannung zu steigern, und nicht gegen den Strom, also die körperliche Anspannung zu verringern, während der Körper dazu neigt, sich anzuspannen. Der Umstand, dass das Kind weiß, was es während einer Angstattacke tun kann, verringert wiederum sein Gefühl der Hilflosigkeit. Kinder lernen diese Übungen mit Leichtigkeit und sind dankbar, sie in Situationen der Angst anwenden zu können. Es folgt eine kurze Anleitung zu einer Übung, die Eltern und Kinder zu Hause machen können:

»Ich zähle jetzt bis 3. Sobald ich bei ›3‹ ankomme, spannst du alle deine Muskeln im Körper an, als ob du eine unter Spannung stehende Sprungfeder bist. Du musst die Hände zu Fäusten ballen, die Arme anspannen und steif werden lassen, die Augen fest schließen, die Zähne aufeinander beißen, den Bauch fest anspannen und einziehen und die Beine von oben bis unten ganz fest anspannen, als ob sie zu einer Eisenstange werden. 1, 2, 3! Spann alles an: Hände, Arme, Augen, Mund, Gebiss, Bauch, Beine! Jetzt zähle ich bis 20, dann kannst du alles loslassen! 1, 2, 3, ... 20! Lass jetzt los!«

Eltern können ihrem Kind diese Übungen beibringen, ihm eine Kassettenaufnahme zum selbständigen Üben geben oder zusammen üben. Außerdem hilft dieses Wissen den Eltern, ihre eigene panische Reaktion zu mäßigen und ihre Auseinandersetzung mit der Angst zu verbessern. Wie schon erwähnt, wird das Ausmaß der Angst des Kindes nicht nur von der ursprünglichen Angstreaktion bestimmt, sondern auch von der Angst vor der Angst. Man könnte sagen, dass das Ausmaß der Angst sich aus der Multiplikation der ursprünglichen Angst und der Angst vor der Angst ergibt. Wenn wir nun noch die Angstreaktion der Eltern dazurechnen, so lässt sich die endgültige Angst des Kindes errechnen, indem wir die ursprüngliche Angst mit der Angst des Kindes vor der Angst und mit der Angst der Eltern vor der Angst multiplizieren.

Angst ist wirklich wie eine Lawine, die an Ausmaß immer weiter zunimmt. Wenn wir nun die Angst vor der Angst von Seiten der Eltern eindämmen und zusätzlich auch beim Kind die Angst vor der Angst mäßigen, dann wirkt sich das wesentlich auf die Gleichung aus. Die Fähigkeit der Eltern, ihre Angst vor der Angst zu meistern, demonstriert die elterliche Verankerung. Wenn Eltern lernen, auf die Angst des Kindes nicht voreilig selbst mit Angst zu reagieren, dann stellen sie ihre Ankerfunktion wieder her und beeinflussen maßgeblich die Angstgleichung des Kindes. Das Wissen um die verschiedenen Übungen ermöglicht es den Eltern, dieses Ziel zu verfolgen. Eltern können sich sagen: »Das Erlebnis der Angst ist nicht überwältigend, wir stehen der Angst nicht hilflos gegenüber. Wir können durch entsprechende körperliche Vorbereitungen die Angst aufschieben, verzögern und eindämmen. Auch wenn ich nur meine eigene Angstreaktion beeinflussen kann, leiste ich einen wichtigen Beitrag zur Bewältigung der Angst meines Kindes!« Ein innerer Dialog dieser Art ist ein wichtiger Schritt in der Auseinandersetzung mit der Angst, selbst wenn das Kind kein Interesse an den Übungen zeigt.

Prinzip des Aufschubs

In anderen Publikationen, die sich mit impulsiven Verhaltensweisen bei Kindern und Erwachsenen beschäftigt (Omer und von Schlippe, 2010), haben wir den Begriff *Prinzip des Aufschubs* geprägt. Das *Prinzip des Aufschubs* kennen wir von Redewendungen wie »Einmal tief durchatmen, bevor du reagierst!« oder »Zähle erst bis 10!«. Wir haben folgende Redewendung eingeführt, um uns das Prinzip des Aufschubs einzuprägen: »*Schmiede das Eisen, solange es kalt ist!*« Die Übungen, die wir vorgestellt haben, sind eine gute Möglichkeit, dies zu erreichen. So können Eltern ihre impulsiven Reaktionen auf die Angst des Kindes aufschieben. Der Aufschub ihrer Reaktion ist eine wichtige Strategie, um ihre Verankerung zu erneuern und damit dem Weiterrollen der Lawine der Angst vorzubeugen. Mit dem Aufschub vermitteln Eltern die Botschaft: »Ich werde von deiner Angst nicht mitgerissen!« Dies genügt schon, damit das Kind sich weniger von Anzeichen umzingelt fühlt, die seine Angst schüren.

Ein Junge, dessen Eltern bei uns in Therapie waren, fragte diese häufig: »Ihr erschreckt euch aber nicht, nicht wahr?!« Seine Eltern nickten jedes Mal bestätigend, was wesentlich zur Beruhigung des Kindes beitrug. Im Kontext der Metapher der Ankerfunktion können wir die Frage des Kindes als Vergewisserung verstehen, ob der Anker auch wirklich sicher und fest platziert ist. Das Nicken der Eltern bestätigt dies.

Unterstützung durch Helfer

Die Übungen zur Veränderung der physiologischen Reaktionen sind nicht die einzigen Bewältigungsstrategien, die ein ängstliches Kind erlernen kann. Tatsächlich kann jede Reaktion, die dem Kind ermöglicht, in der Angst auslösenden Situation zu verbleiben und ihr nicht zu entfliehen, die Auseinandersetzung mit der Angst verbessern. Ein Beispiel hierfür ist die Fähigkeit des Kindes, in einer Angst einflößenden Lage andere Personen um Hilfe zu bitten[2], um in der Situation weiter ausharren zu können. Dadurch ergreift das Kind eine aktive Strategie zur Bewältigung seiner Angst. Diese veränderte Haltung des Kindes seiner Angst gegenüber kann beachtliche Folgen haben. Deshalb ist es wichtig, Helfer zu haben, die im Notfall telefonisch abrufbar sind. Wenn das Kind die Unterstützung dieser Helfer annimmt, kann ihm dies helfen, viele Situationen zu meistern, die ihm vorher als zu schwierig erschienen.

Im dritten Kapitel stellen wir ein Dokument vor, das den möglichen Helfern die Lage des Kindes und ihre Rolle dabei erklären soll. Dieses Dokument können Eltern fotokopieren und unter Freunden und Familienmitgliedern verteilen. Außerdem verbessert die Zusammenarbeit von Helfern, die nicht Teil der Kernfamilie sind, die elterliche Ankerfunktion auf zweierlei Weise: Zum einen verankern sich die Eltern und stärken ihren Standpunkt dank der Helfer. Zum anderen befreit das Miteinbeziehen anderer Helfer die Eltern von ihrer Aufgabe des scheinbar »einzigen Retters«. Dies dämmt den Angststrudel ein, dem die Eltern ausgesetzt sind.

Rosi ist 12 Jahre alt. Nach einem fehlgeschlagenen Einbruch in der Wohnung ihrer Eltern hatte sie Angst, allein in der Wohnung zu bleiben. Zwei Jahre lang verlangte sie von ihren Eltern, Ruth und Yoel, ihre Ängste geheim zu halten. Sie waren verpflichtet, ihr beständig Schutz zu gewähren. Die Eltern konnten das Haus nicht ohne Rosi verlassen. Ihre abendlichen Ausgänge als Paar und ihr jährlicher Urlaub ohne die Kinder wurden abgesagt.

Anfangs dachten die Eltern, dass sich die Lage beruhigen würde. Nach zwei Jahren mussten sie jedoch feststellen, dass Rosis Ängste

---

2 Im folgenden dritten Kapitel behandeln wir die Rolle der Helfer ausführlich.

sich weiter ausdehnten. Sie mied nun auch Aktivitäten außerhalb des Hauses, die sie in der Vergangenheit noch allein unternommen hatte. Als die Eltern das Gefühl hatten, dass auch ihre Paarbeziehung unter der Situation auszuarten drohte, entschlossen sie sich, das Schweigen zu brechen und sich an ein paar Freunde der Familie zu wenden: Mira und Lara, die ein gutes Verhältnis zu Rosi hatten. Anfangs war Rosi auf ihre Eltern wütend, dass sie ihr Geheimnis preisgegeben hatten. Mira schaffte es jedoch, die Atmosphäre während eines gemeinsamen Kochtages mit Rosi zu beruhigen. Lara kam auch hinzu und brachte Nachtisch mit. Die Eltern vereinbarten mit den neuen Helfern eine Reihe von Ausgängen. Anfangs blieb entweder Lara oder Mira mit Rosi zu Hause, während die Eltern außer Haus waren. Später leisteten sie telefonisch Unterstützung. Diese Übungsreihe wurde von einem dreitägigen Urlaub gekrönt, den die Eltern allein unternahmen. Lara und Mira besuchten Rosi und ihren älteren, 21 Jahre alten Bruder in dieser Zeit regelmäßig. Rosi nahm im Verlauf der Zeit auch bei Aktivitäten außerhalb des Hauses die Hilfe von Lara und Mira an, bei denen sie sich zu fürchten begonnen hatte.

Angst-Tagebuch

Eine weitere Strategie, die dem Kind bei der Überwindung seiner Ängste helfen kann, ist ein *Angst-Tagebuch*. Das Kind wird gebeten, seine Gefühle und Gedanken während der Angstattacken zu notieren. Es ist wichtig, mit dem Kind das Aufschreiben der Gefühle und Gedanken zu üben, wenn es entspannt ist. Erst dann lernt das Kind, auch Notizen im Verlauf einer Angstattacke aufzuschreiben. Die Aufzeichnungen im Angst-Tagebuch dienen zwei Zielen: Erstens reagiert das Kind auf eine Angst auslösende Situation anders als sonst üblich, wenn es seine Gefühle und Gedanken im Angst-Tagebuch notiert. Dadurch lernt es, in der Angstsituation auszuharren. Außerdem werden Beispiele für den inneren Dialog geliefert, den das Kind führt, so dass eine bessere Vorbereitung auf zukünftige Vorfälle möglich ist. Es ist hilfreich, wenn das Angst-Tagebuch in Spalten eingeteilt wird, die verschiedene Überschriften tragen, wie zum Beispiel »Beschreibung der Angst«, »Angst einflößende Gedanken«, »positive Gedanken«, »Ausmaß der Muskelanspannung (von 1 bis 10)« und so weiter. Am unteren Rand jeder Seite gibt es ein Kästchen für eine Zusammenfassung. Hier kann das Kind zu einem späteren Zeitpunkt weitere Notizen eintragen. Es kann zum Beispiel sein Verhalten im Verlauf der Angstattacke beschreiben und Verbesserungsvorschläge für die Zukunft machen. Auch wenn das Kind keine Psychotherapie bekommt, können die Eltern ihrem Kind solch ein Angst-Tagebuch vorschlagen und mit ihm die Benutzung üben.

Der 18-jährige Alex fürchtete sich vor geschlossenen Orten und vor Flügen. Er wandte sich an einen Therapeuten, nachdem er einen Preis für sein Klavierspiel gewonnen hatte, der es ihm ermöglichte, eine Fortbildung im Ausland zu besuchen. Seine Ängste waren mit Beginn der Pubertät aufgetreten. Bisher hatte er einfach jegliche Angst auslösenden Situationen vermieden. Er ertrug jedoch den Gedanken nicht, aufgrund seiner Ängste diese Fortbildung nicht besuchen zu können. Daher willigte er in eine Therapie ein. Die Ausgangssituation war schwierig, da er nur 10 Tage Zeit hatte, sich auf den Flug vorzubereiten. Angesichts der kurzen Zeitspanne trafen sich Alex und der Therapeut jeden zweiten Tag. Am Ende der ersten Woche sollte ein gemeinsamer Testflug nach Eilat unternommen werden. Während des Rückfluges würde Alex allein sitzen. Eine der therapeutischen Aufgaben bestand darin, dass der Therapeut Alex in einem Raum einschloss, während er selbst hinter der Tür wartete. Dabei wurde die Zeitspanne immer länger ausgedehnt. Alex lernte ein Angst-Tagebuch zu führen. In jeder Minute des Wartens sollte Alex einige Stichworte unter den verschiedenen Überschriften notieren. Anfangs schloss der Therapeut Alex für nur 5 Minuten in ein Zimmer ein. Die Wartezeiten wurden immer länger, bis die Zeitspanne am Ende 45 Minuten betrug, in denen der Therapeut das Haus verließ. Während der Wartezeit schrieb Alex seine Gedanken in die verschiedenen Spalten des Angst-Tagebuches. Durch diese Übung sank die Angst nach einigen Tagen auf ein sehr niedriges Niveau. Am Ende der Woche standen der Therapeut und Alex mit den Tickets für den Flug nach Eilat in der Hand am Flughafen. Da in dieser Zeit viele Terroranschläge verübt wurden, erweckten die beiden das Misstrauen des verantwortlichen Sicherheitsoffiziers am Flughafen. Wer fährt schon nach Eilat und fliegt mit dem nächsten Flieger noch am selben Tag zurück? Deswegen wurden Alex und sein Therapeut aufs Genaueste befragt, was der Zweck dieser seltsamen Reise sei. Endlich konnte der

Flug mit den zwei »verdächtigen« Passagieren starten. Als die Maschine abhob, wurde Alex bleich und meinte zu seinem Therapeuten: »Das wird schrecklich!« Der Therapeut hatte noch nicht geantwortet, da zog Alex schon sein Angst-Tagebuch aus dem Rucksack und begann seine Gefühle und Gedanken zu notieren. Dann zog er einen Strich unter die Notizen und schrieb »Gute Reise!« in großen Buchstaben mit drei großen Ausrufezeichen. Er lächelte den Therapeuten an und konnte den Rest der Reise entspannt genießen. Einige Tage später flog er ohne größere Schwierigkeiten zu der Fortbildung ins Ausland.

Das Angst-Tagebuch ermöglicht es dem Kind, eine beobachtende Haltung in Bezug auf seine Gefühle und seine Handlungen einzunehmen. Diese Haltung schützt es davor, von seinen Gefühlen überwältigt zu werden. Vielen Eltern fällt es natürlich schwer, solch eine Haltung in Bezug auf das Leid ihres Kindes einzunehmen. Sie können aber von diesem therapeutischen Kniff lernen, um eine beobachtende Haltung gegenüber ihren eigenen Reaktionen zu entwickeln. Dies wird Eltern leichter fallen, wenn sie sich sagen können: »Ich verlange von mir damit nicht weniger als von meinem Kind!« Eine beobachtende Haltung gibt den Eltern die Möglichkeit, ihr Kind zu unterstützen, mit persönlichem Beispiel voranzugehen und die notwendige Zurückhaltung zu erlernen, die für die Wiederherstellung der elterlichen Verankerung erforderlich ist.

Systematische Desensibilisierung

Die Annäherung des Kindes an Situationen, die bei ihm Angst auslösen, und die Konfrontation mit ihnen sind zentrale Komponenten in jedem effektiven Therapieprogramm für Angststörungen. Dieser Prozess, in dem das Kind lernt die Angst zu ertragen, nennt sich Desensibilisierung. Die Desensibilisierung muss systematisch und stufenweise erfolgen und von maximaler Unterstützung begleitet werden. Der Umstand, dass die Konfrontation graduell erfolgt und von Unterstützung begleitet wird, ermöglicht eine reziproke Abnahme der Angst und eine Zunahme des Selbstvertrauens des Kindes in seine eigenen Kräfte. Die Bereitschaft des Kindes zur Zusammenarbeit, wenn auch nur in kleinen Schritten, setzt einen positiven Kreislauf in Gang. Je größer das Gefühl beim Kind, dass es die Situation meistert, desto größer ist seine Bereitschaft zu weiterer Zusammenarbeit.

Um die Zusammenarbeit des Kindes zu gewinnen, ist es wichtig, ihm zu vermitteln, dass eine Veränderung im Bereich des Möglichen liegt. Viele Kinder weisen eine Zusammenarbeit zurück, weil sie nicht glauben, dass sie den Aufgaben und Forderungen gewachsen sind. Deswegen ist es wichtig, dem Kind zu verdeutlichen, dass der Fortschritt an sein persönliches Tempo angepasst wird. Der Schlüssel zu einer erfolgreichen Therapie bei Angststörungen ist das richtige Tempo. Das Kind muss spüren, dass der Therapeut es beim Erreichen seiner selbst gesetzten Ziele unterstützt.

Meist wird in den ersten Wochen der Therapie keine direkte Konfrontation mit der Angst angestrebt. Die Zeit wird genutzt, um ein Vertrauensverhältnis zwischen Therapeut und Kind aufzubauen. Außerdem wird der innere Dialog positiv besetzt, das Führen des Tagebuches wird geübt, physische Entspannungsübungen werden erlernt und ein Plan mit einer gestaffelten Aufgabenstellung – vom Leichten zum Schweren – wird erstellt. Im therapeutischen Sprachgebrauch wird diese graduelle Konfrontation mit der Angst »Hierarchie der Angst« genannt. Die Erstellung einer solchen Hierarchie ist in sich schon ein Angst vermindernder Schritt, weil das Kind lernt, seine Ängste zu differenzieren und sie in kleine Handlungseinheiten zu unterteilen.

Die Angst wird dadurch nicht wie ein undurchdringbares, umnebeltes und geheimnisvolles Etwas erlebt. Es ist bekannt, dass Ungewissheit die Angst schürt, während Klarheit, Differenziertheit und Fassbarkeit die Angst verringern. Nicht umsonst benutzen Horrorfilme eine nebelige und dunkle Atmosphäre, in denen Angst einflößende Wesen anfangs nur andeutungsweise gezeigt oder nur von blassem Licht beleuchtet werden. Die Filmproduzenten wissen nur zu gut, dass der Horroreffekt schnell verpuffen würde, wenn sie schon zu Beginn des Filmes das Ungeheuer direkt mit allen Details zeigen würden. Die Therapie bei Angststörungen basiert auf dem gegenteiligen Prinzip. Sie versucht, die Angst einflößenden Situationen im Detail und auf greifbare Weise kennenzulernen und das Geheimnisvolle durch eine gute Beleuchtung zu verringern.

Das richtige Tempo zu finden ist für Eltern, die ihrem Kind ohne professionelle Unterstützung helfen wollen, eine echte Herausforderung. Eltern eines Kindes, das unter einer Schulphobie leidet, fühlen sich unwohl, sowohl wenn sie das Kind drängen, so schnell wie möglich wieder zur Schule zu gehen, als auch wenn sie nachgeben und ihm erlauben, zu Hause zu bleiben. Im ersten Fall müssen die Eltern die Angstreaktionen des Kindes ertragen, im zweiten Fall müssen sie eine mögliche Beeinträchtigung des Schülerstatus ihres Kindes in Kauf nehmen. Es ist daher nicht verwunderlich, dass sich viele Eltern bei diesem Dilemma ineffektiv zwischen den beiden Polen hin- und herbewegen: Entweder üben sie Druck aus oder sie geben dem Drängen des Kindes nach. Dieses Hin und Her verschärft jedoch das Problem. Der Druck der Eltern vergrößert den Widerstand des Kindes, während das Nachgeben seine Vermeidungsstrategie verstärkt. Es folgen einige Handlungsrichtlinien, die den Eltern helfen sollen, das richtige Tempo und eine unterstützende Haltung zu finden.

Hinweise für elterliche Unterstützung

Anerkennung der Glaubwürdigkeit der Gefühle des Kindes, aber nicht seiner Schlussfolgerungen

Die Eltern müssen deutlich machen, dass sie dem leidenden Kind Glauben schenken, dass dessen Ängste gewaltig sind. Ohne eine solche Haltung wird die Unterstützung nicht gelingen. Die Angst des Kindes ist real, selbst wenn keine wirkliche Gefahr vorliegt. Eltern sollten deswegen jede Bemerkung vermeiden, die das Empfinden der Angst leugnet. Ausdrücke der Geringschätzung oder Verachtung der Angst schaden dem Vertrauensverhältnis zwischen Eltern und Kind. Das Kind fühlt sich nicht verstanden und wird seinen Widerstand gegen die elterliche Haltung verstärken.

Die Anerkennung der Gefühle des Kindes bedeutet aber nicht, dass die Eltern auch die Vermeidungsstrategie des Kindes akzeptieren müssen. Die elterliche Botschaft enthält zwei Komponenten: »Deine Angst ist echt, aber du musst trotzdem deinen Pflichten nachkommen!« So können Eltern eines Kindes, das unter einer Schulphobie leidet, zum Beispiel sagen: »Wir glauben dir, dass du Angst hast und dass du mit großen Schwierigkeiten kämpfst. Aber das entbindet dich nicht von deiner Schulpflicht!« Einem Kind, das nicht allein in seinem Bett schlafen kann, können Eltern vermitteln: »Wir verstehen, wie schwer es dir fällt, allein zu schlafen! Das rechtfertigt aber nicht, dass du weiter in unserem Bett schläfst!«

Solche Aussagen geben beiden Komponenten der elterlichen Unterstützung Ausdruck und tragen wesentlich zur Wiederherstellung der elterlichen Verankerung bei. Die Respektierung der Gefühle des Kindes, ohne hierbei seine Schlussfolgerungen gutzuheißen, positioniert die Eltern in einer neuen Stellung, nah und doch getrennt vom Kind. Hierdurch erhält der elterliche Anker Standfestigkeit und Rechtfertigung.

Das Prinzip des kleinsten Fortschrittes (allmähliche Steigerung des Schwierigkeitsgrades)

Ein langsames Vorankommen in Richtung Ziel ist wesentlich besser als eine statische Situation, in der das Kind sich hinter seiner Vermeidungsstrategie verbarrikadiert. Deswegen sollten Eltern das Kind davon überzeugen, sich in kleinen Schritten mit der Angst auseinanderzusetzen. Der Versuch, das Tempo zu beschleunigen und mehr zu fordern, könnte die Bereitschaft des Kindes zur Mitarbeit ersticken. Das Prinzip des kleinsten Fortschrittes basiert auf der Einsicht der Eltern, dass der Prozess langwierig sein kann und einen langen Atem benötigt.

Dieses Prinzip respektiert den persönlichen Freiraum des Kindes. Es spiegelt die Erkenntnis der Eltern wider, dass sie das Kind nicht dazu bringen können, in ihrem Tempo und auf ihre Art und Weise zu handeln. Das Prinzip des kleinsten Fortschritts ist ein guter Leitfaden für die elterliche Unterstützung. Jeder Versuch der Eltern, einseitig das Tempo zu steigern, bedeutet eine Vernachlässigung der Unterstützung und den Übergang zu einer fordernden Haltung.

Hierbei muss jedoch betont werden, dass Eltern einseitige Maßnahmen ergreifen sollten, wenn das Kind überhaupt keine Bereitschaft zeigt, sich mit dem Problem auseinanderzusetzen. Diese Sachlage werden wir im folgenden Kapitel ausführlich behandeln.

Konstruktive Verarbeitung von Fehlschlägen

Eltern sind verständlicherweise frustriert, wenn ihr Kind einer Aufgabe nicht nachkommt, wie es versprochen hat. Wenn sie jedoch dieser Frustration allzu deutlich Ausdruck verleihen, kann dies dem Prozess schaden und den Widerstand des Kindes verstärken. Deswegen sollten die Eltern im Voraus auf Fehlschläge und mögliche Weigerungen vorbereitet sein. Eine impulsive Reaktion ihrerseits könnte zu einer Eskalation führen oder die Verweigerungshaltung des Kindes verhärten. Außerdem wird ein solches elterliches Verhalten das Gefühl des Kindes verstärken, dass es allein und unverstanden ist, was wiederum sein Gefühl der Inkompetenz intensiviert.

Eltern sind jedoch auch nur Menschen und werden sich nicht immer im Griff haben. Wie können sie nun mit der Weigerung des Kindes oder dem Brechen seines Versprechens umgehen, ohne zornig zu werden? Die Antwort liegt in der Vorbereitung. Eltern müssen sich im Vorfeld darauf einstellen, dass sie Frustrationen erleben werden und eine gemäßigte und konstruktive Reaktion vorbereiten. Die beste Art der Eltern, auf eine plötzliche Verweigerung des Kindes zu reagieren, besteht darin zu sagen: »Irgendetwas hat hier nicht nach Plan funktioniert! Wir müssen das überprüfen und uns überlegen, was zu tun ist!« Die verzögerte Reaktion ermöglicht den Eltern, die Situation zu analysieren und sich von neuem vorzubereiten.

Oft wird sich das Kind bereitwillig an der Überprüfung der Situation beteiligen, insbesondere wenn die Eltern es in konstruktiver Weise darum bitten, ohne es zu kritisieren. Sie können zum Beispiel sagen: »Es gab sicherlich Gründe, dass du die Aufgabe, die du erfüllen solltest, nicht erfüllen konntest. Lass uns zusammen herausfinden, was die Lage für dich erschwert hat. Dann können wir dich beim nächsten Mal besser unterstützen!« Ein solcher Appell kann die Zusammenarbeit verbessern. Das Ziel der Eltern sollte sein, die nicht erfüllte Aufgabe neu zu planen, dieses Mal mit zusätzlicher Unterstützung. So kann zum Beispiel ein Kind, dessen Aufgabe es war, für eine Stunde allein zu Hause zu bleiben, weitere Unterstützung erhalten, indem andere Helfer während dieser Zeit ein kurzes Telefonat mit ihm führen oder für einen Moment vorbeischauen, um so die Aufgabe meistern zu können. Diese zusätzliche Unterstützung bedeutet nicht, dass das Kind die Aufgabe nicht bewältigen soll.

Vielmehr trägt es der Einsicht Rechnung, dass unter den gegebenen Umständen die Erfüllung der Aufgabe noch zu schwer für das Kind war. Durch die Klärung der Situation wird das Kind von jeglicher Schuld am Fehlschlag »freigesprochen«.

Der Fehlschlag wird als Ergebnis einer falschen Planung betrachtet. Dadurch kann er zum Ausgangspunkt für einen Lernprozess darüber werden, welche Bedingungen für die Verbesserung der Auseinandersetzung notwendig sind. Diese Art der Betrachtungsweise kann das Bündnis zwischen Eltern und Kind stärken, trotz der ursprünglichen Verweigerung des Kindes, mit den Eltern zusammenzuarbeiten.

Eine präzise Analyse des Vorfalls kann auch zeigen, dass das Kind die Aufgabe zumindest teilweise erfüllt hat. Als Beispiel können wir wieder den Fall eines Kindes betrachten, das sich bereiterklärt hat, eine Stunde lang allein zu Hause zu bleiben, das aber nach einer viertel Stunde die Eltern zu Hilfe gerufen hat. Die Eltern können sich auf das halbvolle Glas konzentrieren, also auf die viertel Stunde, in der das Kind die Aufgabe bestanden hat. Sie können sagen: »Wir haben wohl die Schwierigkeit dieser Aufgabe falsch eingeschätzt! Aber wie hast du es trotzdem geschafft, eine viertel Stunde durchzuhalten? Welche Hilfsmittel hast du benutzt? Was genau hat dir die Kraft dazu gegeben?« Auf diese Weise wird der Erfolg des Kindes herausgestellt und nicht der Fehlschlag.

Eine solche Art der Befragung ist für Therapeuten typisch, die eine problemlösungsorientierte Psychotherapie betreiben. Dieser Ansatz basiert auf der Annahme, dass die Lösung für ein Problem im Verhalten des Klienten selbst enthalten ist, wenn auch verborgen oder nur ansatzweise. Wir müssen also diese verborgenen Lösungsansätze erschließen und zum Wachsen bringen, indem wir uns auf sie konzentrieren, sie fördern und unterstützen. Dieser Ansatz ermöglicht es den Eltern, auf das teilweise Versagen des Kindes dadurch zu reagieren, dass sie sich auf das Prinzip des kleinsten Fortschrittes berufen. Diese Sichtweise lässt den Fehlschlag zu einem kleinen Fortschritt werden, der das Kind langsam, aber sicher an sein Ziel bringt. Zum Beispiel hat ein Kind mit einer Schulphobie, das sich in der Schule für 10 Minuten aufhalten kann, nachdem es eine Weile gefehlt hat, einen wesentlichen Schritt in die Richtung seines Zieles getan. Wir müssen untersuchen, was ihm die Kraft gegeben hat und was erforderlich ist, um die Zeitspanne in der Schule auf 15 Minuten auszudehnen, dann auf 20 Minuten, 30 Minuten und so weiter. Mit dem Prinzip des kleinsten Fortschrittes wird das Kind innerhalb weniger Wochen wieder einen ganzen Tag in der Schule bleiben können.

Einschränkung des eskalierenden Geredes

Ein zentraler Faktor, der die Zusammenarbeit zwischen Eltern und dem ängstlichen Kind erschwert, ist das eskalierende Gerede von Eltern. Beispiele für solch eskalierendes Gerede sind Moralpredigten oder nutzlose Überzeugungsversuche, wiederholte Erklärungen, offene oder verschlüsselte Drohungen, Schimpfen oder beleidigende Worte. Eltern müssen das für sie typische Gerede erkennen lernen und es so weit wie möglich einschränken. Moralpredigten und Überzeugungsversuche enthalten Aussagen wie: »Was soll aus dir werden, wenn du so weitermachst?!«, »Verstehst du nicht, dass dir das schadet?!«, »Bündele deine Kräfte und überwinde endlich die Angst!«, »Ich hatte auch Angst, aber ich bin damit fertig geworden!« Das Kind erlebt diese Art von Aussagen als Beweis seines Versagens.

Auch Versuche der Eltern, ihren Standpunkt rational zu erklären, können schnell zu eskalierendem Gerede ausarten. Die Eltern sehen, dass ihre rationalen Erklärungen das Kind nicht überzeugen. Sie glauben deswegen, Druck ausüben zu müssen, um das Kind zur Vernunft zu bringen. Eltern sollten einmal darauf achten, in welchem Tonfall sie in solchen Situationen sprechen, dann werden sie den Prozess der Eskalation deutlich erkennen können. Vermutlich sprechen sie anfänglich in ruhigem Ton. Wenn das Kind aber nicht positiv auf ihre Erklärungen reagiert, gehen sie zu einem eindringlicheren Tonfall über. Im Verlauf solcher Gespräche wird der Tonfall der Eltern oft auch drohend: »Wenn du nicht eine Therapie anfängst, wird deine Lage sich nur weiter verschlechtern!«, »Wenn du nicht in die Schule gehst, werden wir dafür zur Rechenschaft gezogen!« Diese eskalierenden Worte führen zu einer angespannten Atmosphäre, verschlechtern die Zusammenarbeit und vertiefen das Gefühl der Aussichtslosigkeit.

Häufig ist das Gefühl der Hilflosigkeit der Grund für dieses Gerede. Die Eltern fühlen sich durch die Lage des Kindes bedroht und hilflos. Sie glauben, nicht anders reagieren zu können. Sobald aber das Gefühl der Hilflosigkeit der Eltern abnimmt und sich ihre eigene Verankerung verstärkt, eröffnen sich ihnen neue Handlungsmöglichkeiten. Sie können dann ein Eskalieren ihres Geredes verhindern. Eltern fragen uns mit Staunen: »Sie erwarten von uns, dass wir angesichts der schrecklichen Lage einfach schweigen?« Wir antworten darauf: »Solange Sie nicht wussten, wie Sie angemessen auf die Situation reagieren können, konnten Sie nicht anders als reden, reden, reden. Jetzt, da Sie lernen, wie Sie sachlich auf die Situation reagieren können, ist es wichtig, das schädliche Reden so weit es geht einzuschränken!«

Die Selbstkontrolle der Eltern, die sich dadurch ausdrückt, dass sie angesichts ihrer und der Angst des Kindes und des Drucks von Seiten des Kindes standhaft bleiben und ihr eigenes Mundwerk in Schach halten, verleiht den Eltern neues Gewicht: Sie werden nicht vom Strom der Angst mitgerissen, plustern sich nicht auf wie ein Hahn, verlieren sich nicht in nichtigen Aussagen und explodieren nicht vor Wut. Das Kind wird sicherlich von dieser Veränderung überrascht sein und wird diese Selbstkontrolle als ein Zeichen ihrer Stärke und Festigkeit ansehen. Dies verleiht dem Kind den Freiraum, seinen eigenen Standpunkt zu ändern und die angebotene Hilfe der Eltern als einen möglichen Anker anzusehen.

Definition der alltäglichen Pflichten als Notwendigkeit

Eine der Ursachen für den Verschleiß der elterlichen Verankerung ist die Tatsache, dass die täglichen Verpflichtungen des Kindes auf subjektive Weise wahrgenommen werden. Eltern sagen zum Beispiel: »Wie kann *ich* das von *meinem* Kind verlangen?«, »Wie kann *ich mein* Kind leiden lassen?« Dieser persönliche Standpunkt erscheint auch bei den Forderungen an das Kind: »*Du* musst zur Schule gehen, ob *du* magst oder nicht!«

Die Formulierung des Problems als persönliche Konfrontation zwischen Kind und Eltern trägt wesentlich dazu bei, dass sich ein Machtkampf zwischen Eltern und Kind entwickelt. Ganz anders sieht es aus, wenn Eltern lernen, die Forderungen an das Kind als vorgegebene *Notwendigkeit* zu definieren. Nicht die Eltern als Einzelpersonen verlangen vom Kind, sich mit dem Problem auseinanderzusetzen. Sie haben bei diesem Thema überhaupt keinen Entscheidungsfreiraum. Die Eltern können die Situation definieren als »wir haben keine andere Wahl!«. Dies verstärkt ihre eigene Verankerung und vermindert die Gefahr einer möglichen Eskalation. Die Eltern hören auf, in ihrem eigenen Namen zu sprechen, und werden Vertreter der objektiven Realität. Dieser Prozess geschieht ganz von selbst, wenn das Kind unter einer schweren Krankheit leidet, die unangenehme Behandlungen erfordert. Die meisten Eltern – auch diejenigen, die normalerweise nicht dazu fähig sind, effektiv Forderungen zu stellen – können in solch einer Lage das Kind dazu bringen, die Behandlung über sich ergehen zu lassen, auch wenn das Kind sich wehrt.

Die elterliche Haltung wird durch ihr Gefühl, dass es keine andere Wahl gibt, ganz klar und entschieden. Nicht die Eltern entscheiden, fordern und führen die Behandlung durch, sondern die Notwendigkeit der Situation verlangt danach. Jede gegensätzliche Forderung des Kindes verliert dadurch an Bedeutung, da es den Eltern nicht erlaubt ist, die notwendige Behandlung zu vernachlässigen. Bei der Arbeit mit Eltern von ängstlichen Kindern streben wir dieses Gefühl der Notwendigkeit an, in dem sie keinen Entscheidungsspielraum haben.

Man sollte die Situation betrachten, als gäbe es »keine andere Wahl«. Der Schulbesuch des Kindes wird also als unvermeidbar definiert: »Es gibt keine andere Wahl! Kinder müssen in die Schule gehen!«, oder: »Es gibt keine Wahl! Das Gesetz schreibt es vor!« Ähnlich kann man das Ende des gemeinsamen Schlafens im Elternbett nicht als persönliche Forderung der Eltern formulieren, sondern als Bedingung für den normalen Entwicklungsverlauf des Kindes: »Es gibt keine andere Wahl! Ein siebenjähriges Kind kann nicht mehr bei seinen Eltern schlafen!«

Wenn zusätzlich Helfer eingebunden werden, um diese Botschaft von »keine Wahl!« zu vermitteln, erhält sie zusätzliches Gewicht. Wenn das Kind diese Tatsache nicht nur von seinen Eltern gesagt bekommt, sondern auch von anderen Personen, verstärkt sich das Gefühl der Objektivität und der Notwendigkeit der Lage. Eltern verstärken ihre Verankerung, wenn sie zu Repräsentanten dieser Notwendigkeit werden. Sie stehen nun nicht mehr den Forderungen des Kindes hilflos gegenüber.

Die Stellungnahme, dass es keine andere Wahl gibt, bedeutet

nicht, dass das Kind von nun an jede elterliche Forderung erfüllen wird, ohne sich zur Wehr zu setzen. Es kann sehr gut sein, dass es sich weiter widersetzen wird. Je stärker Eltern jedoch davon überzeugt sind, dass ihre Haltung der vorgegebenen Notwendigkeit entspricht, desto stärker ist ihre Fähigkeit, ihre Ankerfunktion zu erfüllen und einer Eskalation entgegenzuwirken.

Drittes Kapitel
Einseitige Maßnahmen der Eltern

Viele Kinder, die unter Ängsten leiden, verweigern die Zusammenarbeit mit einem Therapeuten oder mit den Eltern, die ihnen helfen wollen, die Ängste in den Griff zu kriegen. Der Grund hierfür liegt in der Angst selbst und in der Überzeugung der Kinder, dass die Angst unüberwindlich ist. In diesem Fall nehmen die Eltern häufig eine extrem beschützende oder eine sehr fordernde Haltung ein. Die erneuerte Verankerung der Eltern ermöglicht es ihnen, eine unterstützende Haltung einzunehmen, so dass das Kind durch ihre Kraft und Standfestigkeit gestärkt wird. Auch wenn das Kind jede Zusammenarbeit verweigert, müssen die Eltern trotzdem die erforderlichen Maßnahmen von ihrer Seite aus unternehmen.

Die einseitigen Maßnahmen der Eltern werden nicht sofort zu einem Ergebnis führen. Meist wird sich das Kind gegen die elterliche Initiative wehren. Die Eltern müssen sich innerlich darauf vorbereiten, trotz des Widerstandes des Kindes standhaft zu bleiben und weiterzumachen, ohne die Situation eskalieren zu lassen. Dadurch gewöhnt sich das Kind allmählich an die neue Lage. Die Haltung der Eltern wird dann Früchte tragen, wenn sie ohne Moralpredigten, ohne Kritik und ohne übertriebene Forderungen handeln. Die elterliche Botschaft sollte lauten: »Ich akzeptiere und respektiere dein Leid, aber ich kann deine Vermeidungsstrategie nicht länger unterstützen und zulassen, dass du den alltäglichen Verpflichtungen nicht nachkommst!« Diese Botschaft wird nicht nur durch Worte vermittelt, sondern auch – und vor allem – durch Taten.

Viele Eltern fragen uns: »Wird das die Angst unseres Kindes verringern?« Die Antwort auf diese Frage hängt mit der Vermeidungsstrategie zusammen, die eine ausschlaggebende Rolle im Teufelskreis der Angst spielt. Durch die wiederhergestellte Ankerfunktion der Eltern nimmt das Vermeidungsverhalten des Kindes ab. Dadurch wird der Grundstein für eine Verringerung der Ängste gelegt. Demgegenüber erhält eine beschützende oder fordernde Haltung der

Eltern das Vermeidungsverhalten aufrecht und lässt somit auch die Angst des Kindes fortbestehen.

Die positiven Stimmen im Kind

Eine der schwersten Herausforderungen für Eltern besteht darin, angesichts der fehlenden Bereitschaft ihres Kindes zur Zusammenarbeit einseitige Maßnahmen zu ergreifen. Diese Aufgabe fällt Eltern leichter, wenn sie wissen, dass die Zielsetzung ihres Handelns auch den inneren Bedürfnissen ihres Kindes gerecht wird. Man muss sich vor Augen halten, dass im ängstlichen Kind viele Stimmen wohnen: Manche Stimmen bitten darum, jede Angst einflößende Situation zu vermeiden. Andere Stimmen sehnen sich danach, die Ängste zu überwinden. Die Stimmen, die eine Auseinandersetzung mit der Angst befürworten, sind vielleicht anfangs sehr leise. Sobald sich die Eltern aber neu verankern, werden diese Stimmen allmählich lauter. Das Wissen, dass im Kind verschiedene Stimmen gegeneinander konkurrieren, lässt Eltern auch kleinere Veränderungen wahrnehmen. Manchmal versucht das Kind, diese positiven Anzeichen vor den Eltern geheim zu halten, um die elterlichen Handlungen nicht zu unterstützen. Oft gibt das Kind diesen Stimmen aber auch offen Ausdruck und nimmt allmählich eine aktivere und kooperativere Haltung ein.

Ron ist 20 Jahre alt. Seit drei Jahren hat er sich von der Außenwelt abgeschnitten. Er brach die Schule ab, nachdem er wegen seiner Prüfungsangst die schulinternen Abiturprüfungen nicht so gut wie erhofft absolviert hatte. Allmählich vernachlässigte er den Kontakt zu seinen Freunden und verließ das Haus nur noch kurz, um sich ein Eis oder Kuchen zu kaufen. Wie viele junge Erwachsene in seiner Lage schlief er tagsüber und verbrachte die nächtlichen Stunden am Computer oder vor dem Fernseher.

Nachdem Überredungsversuche, seine außerhäuslichen Aktivitäten wieder aufzunehmen oder in eine Therapie zu gehen, fehlschlugen, kamen die Eltern zu dem Schluss, dass sie einseitige Maßnahmen ergreifen müssten. Sie teilten Ron mit Unterstützung von anderen

Helfern mit, dass sie nicht länger dulden würden, dass er den Tag zu Hause verbringe. Sie fingen an, ihn morgens zu wecken. Als er sich vehement dagegen wehrte, nahmen sie die Hilfe eines Nachbarn und anderer Familienmitglieder in Anspruch, die abwechselnd morgens vorbeikamen, um ihn zu wecken. Sie kündigten ihren Vertrag mit der Internetfirma und mit dem Kabelfernsehen, die Ron ein einfaches, abgeschottetes Leben ermöglicht hatten.

Ron verbrachte zunehmend morgens einige Stunden außer Haus. Er ging in die Bibliothek und in ein Fitnessstudio. Er traf sich immer häufiger mit anderen Familienmitgliedern und verbrachte sogar einige Tage bei einem Cousin. Ron beschwerte sich lauthals bei seinen Eltern, dass ihre Maßnahmen grausam seien und sowieso nicht helfen würden. Einigen Verwandten vertraute er jedoch an, dass ihm die Initiative seiner Eltern Hoffnung verleihe. Dieses Geständnis ermutigte seine Eltern, da es die positiven Stimmen in Ron widerspiegelte.

Langsam änderte sich Rons Tagesrhythmus: Er war wieder tagsüber wach und schlief nachts. Nach drei Monaten nahm er einen Teilzeitjob an. Außerdem bat er um eine Therapie, um seine Prüfungsängste zu überwinden. Die Eltern wussten, dass sie noch einen langen Weg vor sich hatten, waren aber glücklich, dass der Abgrund, der sich vor ihnen aufgetan hatte, überbrückt worden war und dass sie einen Ausweg aus der so aussichtslosen Lage gefunden hatten.

Einseitigkeit: Die Vorteile eines Nachteils

Die Bereitschaft der Eltern, einseitige Maßnahmen zu ergreifen, ist das Ergebnis einer wichtigen Einsicht: *Eltern haben nur auf ihr eigenes Handeln direkten Einfluss, nicht aber auf die Reaktionen des Kindes!* Es steht außerhalb ihrer Kraft, die gewünschten Vorgänge im Kind zu bewirken, ihre Erwartungen und Hoffnungen in sein Bewusstsein zu infiltrieren oder es dazu zu verleiten, sich nach ihren Vorstellungen zu verhalten. Entsprechende Versuche von Eltern bewirken oft das Gegenteil. Das Kind wehrt sich dagegen, dass ihm sein Verhalten vorgeschrieben wird. Es folgen einige wesentliche Punkte, an denen die Grenzen des elterlichen Einflusses besonders deutlich werden:

- Meist können die Eltern ihr Kind nicht davon überzeugen, dass es »nichts zu fürchten gibt«. Viele Eltern machen die frustrierende Erfahrung, dass ihr Kind immer stärker von der Berechtigung seiner Ängste überzeugt ist, je mehr sie es beruhigen wollen.
- Eltern scheitern häufig damit, ihr Kind zu einer Auseinandersetzung mit den Ängsten zu bewegen. Energische Überzeugungsversuche und Druck verstärken meist nur den Widerstand des Kindes.
- Oft schaffen die Eltern es nicht, ihr Kind zu einer Therapie zu motivieren. Wenn das Kind nach gelungenen elterlichen Überredungskünsten endlich in eine Therapie einwilligt, empfindet es die Therapie oft als aufgezwungen. Es empfindet, dass die Therapie nur im Interesse der Eltern liegt und nicht seinen eigenen Interessen dient. Eltern nehmen also durch ihre Überzeugungsversuche das Kind meist gegen eine Therapie ein.

Diese Einschränkungen liegen *nicht* an einer falschen Zielsetzung der Eltern. Der Wunsch der Eltern ist durchaus verständlich, das Kind von seinen Ängsten zu befreien, es zu einer Auseinandersetzung mit seiner Angst zu bewegen oder ihm zu erklären, dass eine Therapie zu seinem Besten dient. Die Möglichkeiten jedoch, die Eltern zur Verfügung stehen, um diese Ziele zu verfolgen, sind sehr begrenzt. Wenn sie mit Takt und Mitgefühl handeln, können sie vielleicht die Chance verbessern, die gewünschten Ergebnisse zu erzielen. Es gibt aber keine Garantie dafür. Es gibt keinen sicheren Weg, auf dem die Eltern die ersehnten Veränderungen erreichen können. Energische Versuche erzielen oft das Gegenteil des Gewollten. So können ernsthafte Bemühungen, das Kind zu beruhigen, die Ängste schüren oder eindringliche Überzeugungsversuche den Widerstand des Kindes verhärten. Gute Absichten können also zu schlechten Ergebnissen führen.

In unserem Buch »Feindbilder – Psychologie der Dämonisierung« (Omer, Alon und von Schlippe, 2007) haben wir die Überzeugung, andere dazu bringen zu können, entsprechend unseren Vorstellungen zu handeln, zu denken und zu fühlen, die *Illusion der Kontrolle* genannt. Der Verzicht auf diese Illusion ist für die Eltern gleichzeitig schmerzhaft und erleichternd. Die Einsicht der Eltern, dass sie ihr Kind nicht vor seiner Angst bewahren können, dass sie seine Ängste nicht ausreißen oder Mut in das Herz ihres Kindes einpflanzen können, ist schwer und enttäuschend.

Eltern äußern immer wieder die gleichen Fragen: »Wie kann ich mein Kind aus dieser Lage herausholen?«, »Wie kann ich ihm Selbstsicherheit vermitteln?«, »Wie kann ich es beruhigen?« Unsere Antwort auf diese elterlichen Nöte ist die enttäuschende, aber auch ernüchternde Wahrheit: »Sie können nur Ihren Teil tun. Das Ergebnis ist aber nicht von Ihnen allein abhängig!« Langsam, aber sicher akzeptieren die Eltern die Diskrepanz zwischen ihren Wunschvorstellungen und der realistischen Einschätzung der Situation. Sie machen die schmerzvolle Erfahrung, dass die subjektive Wahrnehmung ihres Kindes nicht immer für sie zugänglich oder durch sie zu beeinflussen ist. Wenn Eltern aus dieser Einsicht heraus handeln, stärken sie den elterlichen »Standpunkt«, ihre Verankerung. Hierdurch signalisieren sie dem Kind: »Ich erfülle meine elterliche Pflicht aus ehrlicher Sorge um dich! Ich kann dir aber nicht vorschreiben, wie du dich zu fühlen und was du zu denken hast!« In dieser Aussage spiegelt sich deutlich die elterliche Verankerung wider: »Hier stehe ich! Du bist frei zu wählen, ob du meine Hilfe annehmen möchtest oder nicht!«

Der Verzicht auf die Illusion der Kontrolle ist jedoch nicht nur enttäuschend. Die Erkenntnis, dass wir keine Kontrolle über andere haben und nur (begrenzte) Kontrolle über unser eigenes Handeln, ist auch entlastend. Diese Einsicht befreit die Eltern von dem frustrierenden Versuch, dem Kind vorzuschreiben, wie es zu fühlen und zu denken hat. Gleichzeitig hören die Eltern auf, den Reaktionen des Kindes übertriebene Aufmerksamkeit zu schenken, da ihr eigenes Handeln nun nicht mehr von den Reaktionen ihres Kindes abhängig ist.

Solange die Eltern glauben, dass es im Bereich ihrer Möglichkeiten liegt und sogar ihre Pflicht ist, die Gefühle ihres Kindes in die gewünschte Richtung zu lenken, bleiben sie in ihrer eigenen Erfolglosigkeit gefangen. Sie wiederholen immerzu die frustrierende Feststellung: »Er weigert sich, rauszugehen!«, »Er klammert sich an mich wie an einen Rettungsring!«, »Er will die Situation gar nicht ändern!« Diesen Sachverhalt haben wir im Buch »Feindbilder – Psychologie der Dämonisierung« als *negative Hypnose* bezeichnet, in der die Eltern nichts Anderes wahrnehmen als die negativen Reaktionen und Erfahrungen ihres Kindes.

Je mehr die Eltern nun die Illusion der Kontrolle aufgeben, desto schwächer wird der Einfluss dieser negativen Hypnose. Die Erfahrungen und Gefühle ihres Kindes schmerzen sie natürlich, aber die Eltern lassen sich nicht mehr völlig davon vereinnahmen. Diese Veränderung in der elterlichen Wahrnehmung lässt sie keinesfalls zu passiven Zuschauern werden. Ganz im Gegenteil: Die Eltern fühlen sich dadurch zum konstruktiven Handeln ermutigt. Das Kind wird versuchen, die Eltern davon zu überzeugen, dass ihre Maßnahmen nichts erreichen werden. Die Eltern sollten dann auf ihrer Einstellung beharren: »Es kann sein, dass meine Schritte nichts bewirken, aber es ist meine Pflicht, so zu handeln!« Auf diese Weise betonen die Eltern ihren elterlichen Standpunkt und ihre eigene Verankerung. Dadurch wird die Beziehung zum Kind von der gegenseitigen negativen Einflussnahme befreit. So entsteht in der Beziehung zwischen Kind und Eltern ein Bewegungsspielraum: als ob sich die allzu dicht verbundenen Zahnräder voneinander gelöst hätten. Die Bewegung jedes Einzelnen wird nicht mehr von der Bewegung des Anderen automatisch bestimmt.

Die Befreiung der Eltern aus der Illusion der Kontrolle führt zu einer weiteren positiven Veränderung: Die Unabhängigkeit des Kindes vergrößert sich. Nicht nur die Eltern werden entlastet, sondern auch das Kind. Sobald die Eltern sich von ihrer Pflicht befreit fühlen, das Kind zu beeinflussen und ihm Dinge vorzuschreiben, wird das Kind vom Druck erlöst, den die Eltern ausüben, und von dem Gefühl, diesem Druck Widerstand leisten zu müssen. Dadurch verbessern sich die Chancen, dass das Kind sich auf eine Auseinandersetzung mit der Angst einlässt. Wenn dieser Prozess in Gang gekommen ist, merken die Eltern oft, wie sehr ihre Bemühungen eine regelrecht erdrosselnde Wirkung hatten und wie sehr sie es dem Kind erschwert haben, seinen eigenen Mut zu entdecken.

Die elterliche Erwartung, dass das Kind ihren Handlungen zustimmt

Viele Eltern trauen sich nicht, ohne Zustimmung ihres Kindes zu handeln. Das Bemühen, jede elterliche Handlung vom Kind absegnen zu lassen, bedeutet jedoch, die elterliche Verantwortung abzugeben. In einer solchen Situation ist jedes Tun der Eltern von der Zustimmung des Kindes abhängig. Die Erwartung der Eltern, dass das Kind ihren Handlungen zustimmt, widerspricht nicht nur der elterlichen Pflicht, sondern oftmals auch dem unausgesprochenen Wunsch des Kindes. Wir haben vorher ein Kind mit einer Zwangsstörung zitiert, das sich danach sehnte, dass seine Eltern ihm die Durchführung seiner Zeremonien verbieten. Es konnte ihnen das aber nicht direkt sagen, da es das Verbot nicht von sich selbst abhängig machen konnte. Nur ein Verbot, das nicht von seinem Willen abhängig ist, könnte ihm den Rückhalt und die Sicherheit bieten, die es so dringend braucht. Viele Kinder haben eine ähnliche Erwartungshaltung.

Eine 16-Jährige, die die Schule wegen ihrer Ängste abgebrochen hatte, verbrachte fast die ganze Zeit zu Hause. Sie gestand ihrem Psychologen: »Wenn meine Mama mir nicht alles geben würde, sogar Geld für Zigaretten, müsste ich etwas unternehmen und arbeiten gehen. Das sag ich ihr natürlich nicht. Das wäre ja wie ein Schuss ins eigene Tor! Wenn sie das nicht selbst begreifen kann, dann soll es halt so weitergehen!«

An diesem Beispiel werden die verschiedenen inneren Stimmen im Kind deutlich: die Stimmen, die eine Auseinandersetzung suchen, und jene, die den Status Quo bevorzugen. Die positiven Stimmen hätten gern, dass die Mutter die Initiative ergreift und nicht länger die Lebensbedingungen liefert, die das Fortbestehen der Vermeidungsstrategie ermöglichen. Die anderen Stimmen sind hingegen bereit, weiter isoliert und ohne Beschäftigung zu leben, solange die Mutter keine Veränderung anstrebt.

Manchmal erwarten Eltern sogar die Zustimmung ihres Kindes, das Opfer der Misshandlungen eines Geschwisterkindes wurde, um zu seinem Schutz handeln zu können.

Der 15-jährige Olaf erlegte seiner kleinen Schwester Angela viele Verbote und Vorschriften auf, die mit seiner Zwangsstörung zusammenhingen. Wann immer seine Schwester seine Vorschriften missachtete, reagierte Olaf mit Beleidigungen und Beschimpfungen und belegte sie mit einem Bann – oft für mehrere Tage. Den Eltern war klar, dass Angela darunter litt. Sie wagten jedoch nicht, etwas zu unternehmen, da Angela dies ausdrücklich verbot. Sie vergötterte ihren Bruder und wollte ihm mehr als alles andere helfen und ihm gefallen. Wann immer die Eltern dazwischentraten, schrie Angela sie an: »Mischt euch nicht ein! Das ist nicht eure Angelegenheit!« Den Eltern war bewusst, dass sie eingreifen müssten, wenn Olaf seiner gegenüber Schwester handgreiflich würde. Da er aber nie physisch gewalttätig wurde und Angela seine Forderungen akzeptierte, beobachteten sie hilflos die Situation und schwiegen.

Man kann sich vorstellen, dass die kleine Schwester durchaus erleichtert wäre, wenn die Eltern trotz ihres ausdrücklichen Verbotes etwas unternähmen. Das wäre für sie die beste Lösung: Sie verbietet ihren Eltern, sie in Schutz zu nehmen, und zeigt damit ihrem Bruder, dass sie auf seiner Seite steht. Die Eltern handeln aber energisch zu ihrem Schutz, sozusagen gegen ihren Willen.

Einseitige elterliche Maßnahmen

Im Folgenden wird aufgezeigt, welche einseitigen Maßnahmen die Eltern ergreifen können, um den Pakt der Ängste zu durchbrechen, das Vermeidungsverhalten einzuschränken und die Chancen einer Auseinandersetzung mit der Angst zu verbessern.

Gesprächsthema Angst

Ein wichtiger Schritt der Eltern sollte die offene Thematisierung der Angst und des Vermeidungsverhaltens sein. Viele Kinder, deren Entwicklung durch die Ängste beeinträchtigt wird, verspüren nicht das Bedürfnis nach einer Veränderung. Manchmal ruft die Aussicht auf eine Veränderung wiederum neue Ängste hervor, so dass die Kinder lieber so tun, als gäbe es gar kein Problem. Eltern scheuen sich oft davor, sich dem Willen ihres Kindes zu widersetzen und seine Gefühle zu verletzen. Sie spielen das Spiel des Ignorierens mit oder akzeptieren das ausdrückliche Verbot des Kindes, das Problem der Angst zu erwähnen. Es ist jedoch die elterliche Pflicht, das

Thema Angst deutlich zur Sprache zu bringen. Dies bedarf weder der Zustimmung des Kindes noch seiner Zusammenarbeit. Ein guter Weg, dies zu erreichen, besteht in einer formellen Ankündigung, wie wir sie in diesem Kapitel schildern werden.

Der Aufbau eines Unterstützungsnetzwerks

Die Bereitschaft der Eltern, sich im weiteren Familienkreis, bei Freunden und Funktionsträgern im Gemeindewesen – zum Beispiel in der Schule – Unterstützung zu suchen, ist für die Auseinandersetzung mit der Angststörung unabdingbar. Eltern scheuen sich aus verschiedenen Gründen vor solch einem Schritt: Sie sehen darin eine Verletzung der Privatsphäre des Kindes und der familiären Intimität. Sie empfinden dies als Beweis ihres Versagens, oder sie fürchten sich vor der Reaktion des Kindes. Jeder dieser Gründe trägt zur Schwächung der elterlichen Verankerung und zum Fortbestehen des Problems bei.

Die Verletzung der Privatsphäre und der familiären Intimität
Die Sorge, die Privatsphäre des Kindes oder die Intimität der Familie zu verletzen, führt zu einer Einengung des persönlichen Freiraumes der Eltern im Verhältnis zu ihrem Kind. Wenn Eltern sich selbst und dem Kind versichern: »Das ist unsere eigene Angelegenheit und geht sonst niemanden etwas an!«, legen sie dadurch fest, dass das Familienleben hinter verschlossenen Türen stattfindet. Sie trennen damit die Eltern-Kind-Einheit von der Außenwelt ab.

Die Grenze, die die Intimität der Eltern-Kind-Einheit schützt, definiert gleichzeitig die Außenwelt als Eindringling. Verhältnisse, die hinter verschlossenen Türen herrschen, sind meist durch besondere Nähe gekennzeichnet, in der jeder seinen Schutzschild ablegt. Dadurch setzen sich die Eltern jedoch noch viel stärker den Reaktionen und den Forderungen des Kindes aus. Das strenge Einhalten einer Privatsphäre verleiht eine ganz besondere Nähe, liefert uns aber auch der Beziehung aus. Die Wiederherstellung der eigenen Verankerung der Eltern erfordert eine Durchbrechung dieses geschlossenen Kreises. Wenn sie sich trauen, andere Helfer in ihren Kreis mit einzubeziehen, lässt sich der Teufelskreis der automatischen gegenseitigen Reaktionen durchbrechen. Die ständige Verfügbarkeit der Eltern wird eingeschränkt und die bedrängende gegenseitige Umarmung gelockert. Dadurch erhalten die Eltern wieder Raum zum Atmen, Denken und Handeln. Das Kind gewinnt seinerseits stabile, unterstützende Eltern, die ein Gegengewicht zu seinen Ängsten bilden können.

Annahme von Hilfe als Beweis des eigenen Versagens
Dieser Auffassung liegt die Überzeugung zugrunde, dass gute Eltern selbständig dazu fähig sein müssen, ihrem Kind bei seinen Schwierigkeiten zu helfen. Diese Betrachtungsweise gesteht der Außenwelt überhaupt keine Rolle bei der Entwicklung eines Kindes zu. Das Kind soll seine Fähigkeiten im geschützten Raum der Familie entwickeln und entfalten. Die Schwierigkeiten des Kindes, seinen alltäglichen Verpflichtungen nachzukommen, rühren folglich daher, dass es noch nicht genügend durch die Eltern gestärkt wurde. Die Konsequenz müsste sein, dass das Kind noch länger zu Hause bleiben muss, bevor es der Außenwelt ausgesetzt wird. Diese Sichtweise macht eine Entwicklung praktisch unmöglich. Grundbedingung für die Entwicklung jedes Kindes ist eine schrittweise Konfrontation mit der Außenwelt, mit neuen Anreizen und Herausforderungen. Ohne solche Prozesse wird die Entwicklung eines Kindes gehemmt.

Dies kann an einem Beispiel aus dem Alltag verdeutlicht werden: Eine Mutter bringt ihre Tochter das erste Mal in den Kindergarten. Als sie dort ankommen, weigert sich das Mädchen, sich von ihrer Mutter zu trennen. Die Mutter spricht ihrer Tochter Mut zu – ohne Erfolg. Die Kindergärtnerin bittet die Mutter, ihr das Mädchen zu überlassen und zu gehen. Wenn nun die Mutter diese Bitte verweigert und weiterhin versucht, die Tochter zu überreden, so werden mit ziemlicher Sicherheit die Trennungsschwierigkeiten und der Protest der Tochter zunehmen. Wenn die Mutter den Weg jedoch frei macht für die Kindergärtnerin, stärkt sie ihre eigene Verankerung. Sie setzt ihre Tochter einer Herausforderung aus und liefert ihr gleichzeitig die nötige Unterstützung: Die Forderung, sich an die neue Realität anzupassen, wird verbunden mit der Möglichkeit, sich nicht nur von der Mutter unterstützen zu lassen, sondern auch von einer außenstehenden Person – der Kindergärtnerin. Wenn die Mutter dagegen das Eingreifen der Kindergärtnerin verhindert, handelt sie beschützend und nicht unterstützend. Sie hemmt dadurch die Möglichkeit einer Entwicklung.

Angst vor der Reaktion des Kindes
Eltern schrecken oft davor zurück, Hilfe einzuholen, weil sie fürchten, dem Kind Leid zuzufügen oder es zu verärgern. Sie haben Angst vor einer heftigen Reaktion des Kindes, vor grenzenlosem Leid des Kindes oder dass es den Eltern diesen Schritt immer vorwerfen wird. Unsere Erfahrung mit hunderten Familien hat gezeigt, dass diese Befürchtungen nicht eintreffen. Die Reaktionen der Kinder, selbst wenn sie heftig sind, erreichen in ihrem Ausmaß bei weitem nicht die Erwartungen der Eltern.

Das Einbeziehen von Helfern ist nicht nur ein Schritt, der Eltern helfen soll, wenn sie ohne Unterstützung nicht weiterkommen. Es ist ein ausschlaggebender Faktor für die erneute Verankerung der Eltern und für einen Entwicklungsansporn des Kindes. Wir wagen sogar zu behaupten, dass die Bewältigung von Ängsten ohne Helfer *weniger erfolgreich* ist als mit ihrer Unterstützung.

Jede Person kann ein Helfer sein, solange sie das Wohl der Eltern und des Kindes im Auge behält. Entfernte Familienmitglieder (Tante, Onkel, Schwager, Cousin, Großeltern usw.) können potenzielle Helfer sein. Auch Freunde der Eltern, Lehrer, Jugendgruppenleiter, Nachbarn oder Arbeitskollegen können wichtige Helfer sein. Im Folgenden werden einige Wege aufgezeigt, wie die Helfer die Eltern oder das Kind unterstützen können:
- Dem Kind mitteilen, dass sie über die Ängste des Kindes informiert wurden.
- Die elterliche Botschaft bestärken: »Es gibt keine Wahl! Es muss eine Lösung gefunden werden!«
- Mit dem Kind Gespräche über seine Ängste führen und gemeinsam mögliche Lösungswege besprechen.
- Während einer Konfrontation zwischen den Eltern und dem Kind anwesend sein.
- Eine »Notruf-Zentrale« für die Eltern oder das Kind sein, an die sie sich im Notfall wenden können.
- Dem Kind bei der Auseinandersetzung (Planung und Ausführung) mit den angstbesetzten Situationen helfen.

- Das Kind zu gemeinsamen Aktivitäten einladen.
- Die Eltern in Angst auslösenden Situationen (als Unterstützung) ablösen.

Um es für die Eltern einfacher zu machen, Hilfe zu holen, geben wir ihnen einen Brief für potenzielle Helfer mit. Der Brief lautet wie folgt:

Erklärungsbrief für Helfer

Wir wenden uns an Sie mit der Bitte, die Bemühungen der Eltern von _____ zu unterstützen, um die Angststörung ihres Kindes zu überwinden. Durch Ihr Mitwirken können Sie einen wichtigen Beitrag leisten, die Angstreaktionen einzudämmen und Vermeidungsstrategien zu reduzieren.

Ziel der Unterstützung

Die Auseinandersetzung mit einem ängstlichen Kind kann die Eltern viel Kraft kosten. Häufig fühlen sie sich erschöpft und sind verzweifelt. Eltern haben wichtige Aufgaben zu erfüllen, um die Angst einzuschränken. Das fällt ihnen oft schwer. Eltern dürfen das Kind nicht länger grenzenlos beschützen, mit seiner Angst kooperieren und Vermeidungsstrategien zulassen. Sie müssen stattdessen die Auseinandersetzung mit der Angst fördern. Eltern sollten zum Beispiel keine Hilfestellung anbieten, indem sie verschiedene Aufgaben des Kindes übernehmen. Diese Art von Hilfestellung lässt das Problem der Angst und die Abhängigkeit des Kindes von seinen Eltern fortbestehen. Im Rahmen der Therapie erstellen wir gemeinsam mit den Eltern einen Plan, um das Kind schrittweise von diesen problematischen Hilfestellungen zu entwöhnen. Ihre zentrale Aufgabe als Helfer wird sein, den Eltern bei diesen Maßnahmen zur Seite zu stehen und dem Kind zu vermitteln, dass Sie sein Leid begreifen, dass aber seine Eltern keine andere Wahl haben, als die Hilfestellungen einzustellen. Diese Erklärung von Ihrer Seite verleiht den elterlichen Bemühungen besonderes Gewicht und erleichtert dem Kind, sich an die neue Lage zu gewöhnen.

Ein weiteres Ziel der Unterstützung besteht darin, den Bann der Verheimlichung der Ängste zu brechen. Solange die Eltern das Problem als Familiengeheimnis wahren, tragen sie zum Fortbestehen der Ängste bei. Der Grund hierfür liegt in den Vermeidungsstrategien des Kindes. Diese erhalten die Ängste aufrecht und verstärken sie sogar. Vermeidungsstrategien können zum Beispiel darin bestehen, aus einer angstbesetzten Situation zu fliehen oder in Untätigkeit zu verfallen, die aus einer gewissen Angststarre herrührt. Wenn nun das Geheimnis gelüftet wird, zeigen die Eltern hiermit, dass sie nicht länger bereit sind, sich der Angst zu beugen und bei den Vermeidungsstrategien mitzumachen.

Vielen Eltern fällt es schwer, andere Menschen um Hilfe zu bitten. Sie sind der Meinung, dass schon die Notwendigkeit, sich Unterstützung zu holen, ihr eigenes Versagen beweist. Manchmal glauben sie, dass sie es nicht schaffen werden, Verwandte und Freunde zu ihrer Unterstützung zu bewegen. Andere wiederum sorgen sich, dass der Ruf des Kindes dadurch in Mitleidenschaft gezogen werden könnte. Häufig fürchten sich Eltern auch davor, dass das Aufdecken des Problems zu einer Verschärfung der Verhaltensweisen des Kindes führen wird. All diese Befürchtungen erweisen sich meistens als unbegründet. Ihre Reaktion und Einstellung als Helfer spielen eine wichtige Rolle, um all diese Befürchtungen zu beschwichtigen. Ihre Anwesenheit und Ihre Unterstützung können eine ausschlaggebende Rolle für die Eltern und das Kind spielen. Sie können Eltern und Kind darin stärken, sich auf konstruktive Weise mit der Angst auseinanderzusetzen.

Die Aufgaben eines Helfers nehmen nicht viel Zeit in Anspruch. Jeder kann entsprechend seinen Möglichkeiten helfen. Es folgen einige praktische Vorschläge, wie Sie Unterstützung leisten können:

- Als Erstes möchten wir Sie bitten, das Kind anzurufen und ihm mitzuteilen, dass Sie über seine Ängste informiert wurden. Sagen Sie dem Kind deutlich, dass Sie seine Schwierigkeiten und sein Leid verstehen und dass Sie es gern haben. Sagen Sie, dass den Eltern keine andere Wahl bleibt, als eine Lösung des Problems anzustreben, dass sie sich deswegen an Sie um Hilfe gewandt haben. Wenn Sie sich unwohl fühlen, das Kind persönlich anzusprechen, oder wenn Sie weiter entfernt wohnen, so können Sie ein solches Gespräch auch telefonisch führen oder einen Brief, ein Fax oder eine E-Mail schreiben. Sie können auf diese Weise einen wichtigen Beitrag leisten, selbst wenn Sie im Ausland wohnen.
- Wenn Sie ein gutes Verhältnis zum Kind haben, können Sie sich als Gesprächspartner anbieten und das Problem der Ängste und die Schwierigkeiten, die das Kind infolgedessen mit seinen Eltern hat, gemeinsam besprechen. Dies ist eine sehr wichtige Aufgabe, da sich das Kind auf diese Weise nicht mit seinen Problemen allein gelassen fühlt.

- Sollten sich die Eltern nach einem besonderen Vorfall an Sie wenden, bitten wir Sie, das Kind zu kontaktieren. Teilen Sie ihm mit, dass Sie von dem Vorfall gehört haben und dass Sie gewillt sind zu helfen. Ihre Besuche im Hause der Familie sind von großer Bedeutung. Jeder Besuch stärkt die Eltern in ihren Bemühungen und verbessert die Chance, dass das Kind sich für eine Auseinandersetzung mit seinen Ängsten entscheiden wird, anstatt sein Vermeidungsverhalten beizubehalten.
- Sollte Ihre Beziehung zum Kind dies erlauben, so verbringen Sie mit dem Kind Zeit. Unternehmen Sie etwas mit ihm. Sie können zum Beispiel das Kind zu gemeinsamen Aktivitäten einladen – ein Ausflug, ein Urlaub oder ein Aufenthalt bei Ihnen zu Hause. Ein Wechsel der Umgebung hilft oftmals, die Angst zu verringern und Bewältigungsstrategien zu verbessern.
- Wenn möglich, sollten Sie an den Aufgabenstellungen des Kindes teilnehmen, die ihm helfen sollen, seine Angst zu überwinden. Das Kind braucht viel Unterstützung bei dieser Aufgabe, und Ihr Beitrag kann von großer Bedeutung sein.

Ein Helfertreffen

Manchmal organisieren wir im Verlauf unserer Arbeit mit den Eltern ein Treffen mit allen Helfern. Hierbei handelt es sich um ein einmaliges Treffen von etwa anderthalb Stunden Dauer, bei dem auch die Eltern und das therapeutische Team anwesend sind. Ziel eines solchen Treffens ist es, ein Unterstützungsnetzwerk für Eltern und Kind aufzubauen, das der Familie dabei helfen soll, sich mit der Angst auseinanderzusetzen. Sollten wir ein solches Treffen initiieren, würden wir auch Sie gern dazu einladen.

Mit freundlichen Grüßen
Das Therapeuten-Team

Die Ankündigung

Die Ankündigung ist der erste Schritt, mit dem die Eltern das Problem der Angst ausdrücklich auf die Tagesordnung der Familie setzen. Mit diesem Schritt zeigen die Eltern, dass sie die Situation nicht länger ignorieren oder hinnehmen werden. Die Ankündigung muss sich aber auf die Absichten und Handlungen der Eltern beziehen und *nicht* auf die Forderungen, die an das Kind gestellt werden. Es sollten auf keinen Fall Sätze verwendet werden wie: »Du kannst so nicht mehr weitermachen!« oder »Von heute an musst Du Dich mit der Angst auseinandersetzen!« Stattdessen müssen die Eltern das Problem aus ihrer Sicht beschreiben und deutlich machen, welche Maßnahmen sie ergreifen werden. Sie sollten dem Kind die Unterstützung eines Vertrauten oder eines Therapeuten anbieten. Außerdem sollten sie dem Kind deutlich machen, dass es über den Weg und das Tempo der Vorgehensweise mit entscheiden kann.

Manche Kinder sind gewillt, das Angebot der Eltern anzunehmen. Andere Kinder lehnen eine solche Zusammenarbeit von vornherein ab. Das Angebot der Eltern ist jedoch auch im Fall einer Ablehnung wichtig. Im Laufe der Zeit kann sich die negative Einstellung des Kindes wandeln und es kann die Bereitschaft entwickeln, Hilfe anzunehmen. Unterstützung von außen oder eine Therapie rechtfertigen die Maßnahmen der Eltern, selbst wenn das Kind sie ablehnt. Eltern vermitteln hierdurch: »Wenn du möchtest, liefern wir dir die notwendige Unterstützung! Solltest du daran nicht interessiert sein, müssen wir trotzdem unsere Pflicht tun!« Diese Botschaft zeigt deutlich die Verankerung der Eltern.

Die Formalität der Ankündigung

Das Ziel der Ankündigung besteht darin, das Thema der Angst an oberste Stelle auf die Familienagenda zu setzen und die Änderung des elterlichen Verhaltens auf formelle – ja sogar zeremonielle – Art und Weise zu markieren. Eltern wundern sich häufig über die Notwendigkeit dieser Formalität. Sie möchten eine spontane und natürliche Beziehung zu ihrem Kind haben, nicht ein förmliches und dadurch künstliches Verhältnis. Gerade dies ist jedoch der Grund für die Formalität: Wir möchten einen neuen Anfang setzen und neue Spielregeln kennzeichnen. Damit wird vermittelt, dass diese Ankündigung anders als alle anderen Aussagen der Eltern in der Vergangenheit ist. Sie leitet ein neues Kapitel ein in der Beziehung zwischen Eltern und Kind. Durch die beinahe »amtliche« Natur der Ankündigung wird darauf hingewiesen, dass das Verhalten der Eltern in Bezug auf die Ängste des Kindes nicht mehr wie früher sein wird. Gleichzeitig wird klargestellt, dass die Handlungen der Eltern nicht zur Diskussion stehen und ausschließlich von ihrem eigenen Entschluss abhängen. Diese Formalität ist wie eine Flagge, die den Standort des elterlichen Ankers markiert.

Ihre besondere Aussagekraft erhält die Ankündigung durch die Art und Weise, wie sie übermittelt wird:

- Die Eltern betreten gemeinsam das Zimmer des Kindes, setzen sich, schicken die anderen Kinder aus dem Zimmer und teilen dem Kind ihren Entschluss deutlich und in ruhigem, entschiedenem Ton mit.
- Die Eltern warten nicht auf eine Zustimmung des Kindes und führen keine Diskussion über den Inhalt der Ankündigung. Das Kind erhält natürlich die Möglichkeit, das Tempo und die Art und Weise der Vorgehensweise mitzubestimmen, wenn es das möchte.
- Die Ankündigung wird sowohl mündlich als auch schriftlich übermittelt.
- Die Eltern informieren die Helfer über die Ankündigung. Die Helfer werden ihrerseits gebeten, das Kind zu kontaktieren und ihm mitzuteilen, dass sie die Ankündigung erhalten haben. Sie sollten sagen, dass sie dem Kind gern helfen werden, seine Ängste zu überwinden.

Das gemeinsame Betreten des Kinderzimmers vermittelt dem Kind: »Wir haben gemeinsam diesen Schritt beschlossen, und wir setzen uns gemeinsam dafür ein!« Der Verzicht auf die Zustimmung des Kindes schützt die Eltern vor der Gefahr, das Kind über ihre Handlungen bestimmen zu lassen. Die Überreichung einer schriftlichen Version legt die Entscheidung der Eltern in einem konkreten Dokument fest. Selbst wenn das Kind das Dokument zerreißen sollte, können die Eltern ihm sagen, dass es nur eine Kopie der Ankündigung zerrissen hat. Der Unterschied zwischen einer Ankündigung und einem Vertrag besteht darin, dass die Ankündigung – anders als ein Vertrag – nicht von der Zustimmung des Kindes abhängt. Das Einbeziehen der Helfer stellt die Ankündigung in einen sozialen Kontext.

Die zeremoniellen Aspekte der Ankündigung verleihen ihr eine besondere Bedeutung. In der ganzen Welt kommen Menschen in

Krisenzeiten zusammen. Solche Zusammenkünfte stellen ein außerordentliches Ereignis dar. Schon der Umstand einer Zusammenkunft und deren formeller Ablauf signalisieren, dass man alle Kräfte mobilisieren und sich mit der Krise auseinandersetzen will. Die Art und Weise, wie die Ankündigung vonstatten geht, basiert auf diesem universellen Modell. Die formelle Ankündigung geschieht in einer Weise, die die Mobilisierung aller Kräfte und die Veränderung im Familienleben demonstriert. Selbst wenn das Kind sich dagegen sträubt und auflehnt oder der Ankündigung mit Missachtung begegnet, verliert diese nicht an Gültigkeit. Die Wiederherstellung ihrer eigenen Verankerung ist eine wichtige Aufgabe für die Eltern, die nicht der Zustimmung des Kindes bedarf.

Der öffentliche und zeremonielle Charakter der Ankündigung hat auf alle Familienmitglieder, Erwachsene wie auch Kinder, Einfluss. Die Einbeziehung der Helfer im Anschluss an die Ankündigung beweist, dass es sich nicht nur um eine vorübergehende Laune der Eltern handelt, sondern um eine geplante und massiv unterstützte Initiative. Die Helfer werden zu einer Art öffentlicher Meinung, die dem elterlichen Handeln Legitimität und Schutz verleiht. Dadurch wird die Möglichkeit zunichte gemacht, die Ankündigung als eine weitere Aussage der »nervigen Eltern« abzutun. Kinder erkennen die Macht einer öffentlichen Meinung unvermittelt an. Sie führen gern ihrerseits die Öffentlichkeit als Grund an, wenn sie die Eltern überreden wollen, ein Verbot oder eine Forderung aufzugeben: »Aber die Eltern von sowieso erlauben es auch!« Mit dem Veröffentlichen der Ankündigung bauen die Eltern auf dieser Einsicht auf und holen die öffentliche Meinung in dieser Auseinandersetzung zu ihren Gunsten hinzu.

Die Formulierung einer Ankündigung

Die Formulierung einer Ankündigung sollte einigen wichtigen Prinzipien folgen:
- Die Ankündigung sollte empathisch und unterstützend sein. Kinder mit einer Angststörung erleben viel Leid. Ihr Leid ist echt und schwer zu tragen. Die Ankündigung sollte die Mitteilung enthalten, dass die Eltern das Leid ihres Kindes sehen und gewillt

sind, ihm zur Seite zu stehen. Eine empathische Stellungnahme ermöglicht den Eltern, die Entschlossenheit ihrer Initiative, die Ausdruck ihrer eigenen Verankerung ist, mit Verständnis und Empfindsamkeit zu verknüpfen. Die Kombination dieser zwei Haltungen ist das wichtigste Merkmal jeder Unterstützung. Eine empathische Einstellung verdeutlicht, dass die Eltern nicht aus Gleichgültigkeit gegenüber den Gefühlen des Kindes handeln und nicht beabsichtigen, das Kind auf irgendeine Art und Weise zu beschuldigen. Oft haben Eltern das Gefühl, dass ihre Entschlossenheit wie eine Beschuldigung aussehen könnte. Wenn sie aufgefordert werden, ihre beschützende Haltung aufzugeben, beteuern sie: »Aber er ist doch eigentlich ein guter Junge!«, »Das ist doch nicht seine Schuld!«, oder: »Sie leidet schon genug!« Eine empathische Aussage und die Anerkennung des Leids zeigen die Empfindsamkeit der Eltern für ihr Kind, selbst wenn sie von ihrem Kampf gegen die Angst nicht ablassen werden.

- Die Ankündigung sollte sich auf die Eltern konzentrieren.

Ziel der Ankündigung ist es, dem Kind den Standpunkt der Eltern zu verdeutlichen. Daher konzentriert sie sich darauf, was die Eltern unternehmen wollen. Eine Ankündigung, die sich auf das Kind bezieht, wie etwa: »Von heute an musst *du* ...«, führt nur zu Diskussionen und Widerstand. Eine Formulierung, die sich auf das Kind konzentriert, fordert es dazu heraus zu beweisen, dass die Eltern im Unrecht sind und dass sie das Kind nicht zwingen können, sich zu verändern. Eine Ankündigung, in der die Absichten der Eltern aufgeführt werden, vermittelt dagegen, dass die Eltern einzig und allein ihr eigenes Verhalten im Verhältnis zwischen Eltern und Kind bestimmen können. Diese Betonung ist für die elterliche Verankerung von großer Bedeutung. Die Botschaft, die dadurch vermittelt wird, lautet: »Dies ist unser Standpunkt. Wir können dir aber natürlich nicht deine Reaktionen vorschreiben!«

- Die Ankündigung sollte klar und deutlich formuliert werden.

Man kann die elterliche Ansage durch zu viele unkonkrete Aussagen zunichte machen. Beispiele hierfür sind: »Von heute an erwarten wir, dass du dich entsprechend deiner Altersgruppe verhältst!«, oder: »Wir werden so handeln, dass du endlich ein normales Leben führst!« Solche Aussagen gleichen eher einer

Moralpredigt als einer klaren Ansage. Die Ankündigung sollte erklären, welche Reaktionen und elterlichen Maßnahmen auf das Vermeidungsverhalten des Kindes hin zu erwarten sind. Es sollte klar formuliert werden, wie die Eltern mit Bitten des Kindes um Schutz und um besondere Hilfestellungen umgehen werden. Da häufig viele Lebensbereiche des Kindes und der Familie von der Angst beeinträchtigt sind, sollte sich die Ankündigung auf diejenigen Punkte konzentrieren, die den normalen Entwicklungsverlauf des Kindes oder das Familienleben besonders betreffen. Ein Beispiel: »Wir werden nicht länger zulassen, dass du zu Hause bleibst, statt in die Schule zu gehen!«, oder: »Unser Zimmer gehört uns. Wir sind nicht länger gewillt, dass du nachts in unserem Zimmer schläfst!« Während eine kurze, prägnante Formulierung den Standpunkt der Eltern deutlich macht, lädt eine vage Aussage dazu ein, die Grenzsetzung in Frage zu stellen und zu überschreiten.

- Die Ankündigung sollte eine Mitteilung enthalten, dass das Geheimnis um die Ängste gelüftet und Unterstützung eingeholt werden wird.

Das Lüften des Geheimnisses ist ein zentraler Schritt in der Auseinandersetzung mit Ängsten. Deswegen sollte die Ankündigung darauf verweisen, dass die Eltern sich an andere Personen wenden werden, die sie unterstützen sollen, um das Problem zu überwinden. Die Eltern sollten deutlich machen, dass sie das Kind nicht beschämen wollen, sondern dass sie dem Verheimlichen des Problems ein Ende setzen möchten. Dieser Punkt sollte auf keinen Fall zur Diskussion stehen.

Es folgt ein Beispiel für eine Ankündigung, die alle diese wesentlichen Prinzipien befolgt:

»Mira, wir wissen, dass Du furchtbar leidest, wenn Du allein zu Hause bleiben musst oder wenn es Zeit ist, ins Bett zu gehen. Wir sehen, wie schwer diese Momente für Dich sind und wie stark die Ängste Dein Leben beeinträchtigen. Wir haben jedoch erkannt, dass die Tatsache, dass wir bisher immer bei Dir geblieben sind und Du in unserem Bett schlafen durftest, nicht geholfen hat, sondern das Problem sogar verschärft hat. Deswegen haben wir beschlossen, dass wir in Zukunft das

Problem nicht mehr ignorieren und den Ängsten nicht mehr nachgeben wollen. Wir werden Folgendes tun: Wir werden das Haus verlassen: anfangs für kurze Zeitspannen und allmählich für längere Zeit. Wir werden Dich nicht länger in unserem Bett schlafen lassen. Wir geben Dir gern jede erdenkliche Hilfe, um die Ängste zu überwinden, auch eine Psychotherapie, wenn Du möchtest. Aber wir werden nicht mehr den Ängsten nachgeben. Deine Dich liebenden Eltern!«

Reaktionen auf die Ankündigung

Viele Kinder reagieren auf eine Ankündigung, indem sie sich verschließen, die Ankündigung ignorieren, wütend werden oder auf andere Weise ihre Not ausdrücken. Ein Sich-Verschließen kann so aussehen, dass das Kind lange schweigt, sich von der Außenwelt zurückzieht oder den Kontakt zu seiner Umgebung abbricht, zum Beispiel indem es sich in eine Decke einwickelt oder sich in der Toilette einschließt. Das Kind ignoriert die Ankündigung, indem es sich unbeeindruckt weiter mit dem Computer beschäftigt oder demonstrative Gleichgültigkeit an den Tag legt. Das Kind kann auch mit direktem Widerspruch (»Ihr werdet alles zerstören!«), einem Wutanfall oder sogar physischer Gewalt reagieren. Andere Reaktionen können heftige Weinkrämpfe sein, Ausrufe der Verzweiflung oder Drohungen: »Ich werde von zu Hause weglaufen!«, »Ihr werdet mich nie mehr zu Gesicht bekommen!«, »Ich werde euch das nie verzeihen!«

Man muss in Erinnerung behalten, dass das Kind die Eltern lange Zeit durch seine heftigen Reaktionen hat resignieren lassen. Die Reaktionen des Kindes auf die Ankündigung stellen den Versuch dar, das Rad zurückzudrehen und die Eltern dazu zu bringen, ihre Absichten aufzugeben. Sollte das Kind mit seiner Reaktion dieses Ziel erreichen und sollten die Eltern ihre Ankündigung widerrufen, so wird das Kind erkennen, dass sich nichts verändert hat und es seine Eltern mit seinen Reaktionen manipulieren kann. Nicht selten reagiert das Kind sogar mit Enttäuschung, wenn die Eltern sich angesichts seiner Reaktion von der Ankündigung wieder distanzieren. Es vermittelt dadurch den Eltern: »Ich dachte, dass ihr mir dieses

Mal wirklich helfen könntet. Aber es hat sich eigentlich doch nichts verändert!« Die Enttäuschung gibt den positiven Stimmen im Kind Ausdruck, die die Angst überwinden möchten.

Es ist eine enorme Herausforderung für Eltern, angesichts der Reaktionen des Kindes standhaft zu bleiben und die Ankündigung nicht zu widerrufen. Umso wichtiger ist es, dass sie sich auf diese emotionale Prüfung vorbereiten. Eine Vorbereitung ermöglicht ihnen, die ersten Stunden und Tage nach der Ankündigung durchzustehen und weiterhin dem Kind ihre Unterstützung anzubieten, ohne dabei die Botschaft der Ankündigung abzuschwächen. Oft wird das Kind von dieser Standhaftigkeit der Eltern auf positive Weise angesteckt und fängt an, sich mit der Angst auseinanderzusetzen.

Die Eltern müssen das Kind unterstützen und gleichzeitig ihren Standpunkt vertreten. Die unterstützende Haltung wird durch folgende Aussage vermittelt: »Wir werden alles tun, um dir zu helfen, aber wir werden nicht der Angst nachgeben!« Solch eine Aussage kann vermittelt werden, vorausgesetzt, sie wird auch in die Tat umgesetzt. Eltern können diese Aussage wiederholen, wenn das Kind droht, das Haus zu verlassen oder sich etwas anzutun. Gleichzeitig müssen sie Vorkehrungen treffen, um dem Kind beizustehen und möglichen destruktiven Verhaltensweisen Einhalt zu gebieten. Die Eltern können sich auf mögliche Drohungen von Seiten des Kindes einstellen, indem sie sich Unterstützung holen und sich Handlungsstrategien überlegen. Sollte das Kind zum Beispiel drohen, von zu Hause wegzulaufen, können die Eltern eine umfangreiche Telefonliste erstellen, die im Fall der Fälle eine Suchaktion ermöglicht. Sie können mit Personen in Kontakt treten, die mit dem Kind in Verbindung stehen, wie zum Beispiel die Eltern von Freunden oder die Freunde selbst. Diese können dabei helfen, den Kontakt zum Kind wiederherzustellen. Die Eltern können außerdem ein Unterstützungsnetz aufbauen, das bei der Suchaktion helfen kann. Solche Vorbereitungen stärken die Eltern für eine Auseinandersetzung, so dass sie den Drohungen des Kindes nicht nachgeben müssen.

Die Unterstützung für das Kind wird durch Ermutigung, durch den Ausdruck der Besorgnis und der Wertschätzung, durch Suchaktionen, die von Helfern begleitet werden, durch das Angebot praktischer oder therapeutischer Hilfe und viele andere Maßnahmen zum Ausdruck gebracht. Das Kind wird sich vielleicht gegen diese elterlichen Unterstützungsmaßnahmen wehren. Solch ein Widerstand ist verständlich, und man sollte ihn respektieren. Hilfe und Unterstützung lassen sich nur anbieten, nicht aber aufzwingen. Das Angebot der Hilfe ist jedoch wichtig, auch wenn das Kind sie ablehnt. Wenn Eltern Hilfe anbieten, ohne hierbei das Kind zu bedrängen, die Hilfe anzunehmen, schaffen sie weitere Handlungsoptionen für das Kind. Demgegenüber führt es zu einer Verstärkung des Widerstands, wenn die Eltern versuchen, ihrem Kind Hilfe aufzuzwingen oder wenn sie das Kind für seine Ablehnung tadeln. Der folgende Fall erzählt von Eltern, die durch eine eingehende Vorbereitung mit einer besonders aufreibenden Reaktion ihres Kindes zurechtkommen konnten:

Jonas und Kathi sind die Eltern des 11-jährigen Udo. Sie teilten Udo in ihrer Ankündigung mit, dass sie nicht länger bereit seien, nach seinen Vorschriften zu leben, die er wegen seiner Angst vor Infektionen allen Familienmitgliedern auferlegt hatte. Udo hatte seinem Vater und seinen Geschwistern verboten, irgendeine Form von Körperkontakt mit ihm zu haben. Sie durften keine Gegenstände anfassen, die er benutzte, durften sich ihm nicht körperlich nähern, sein Zimmer nicht betreten und nicht mit ihm sprechen. Nur mit Kathi, seiner Mutter, erhielt er den Körperkontakt und die Kommunikation aufrecht. Die beiden entwickelten infolgedessen eine ganz besonders enge Beziehung.

In der Ankündigung bezogen sich die Eltern auf das enorme Leid, das Udo durchmacht. Gleichzeitig stellten sie klar, dass sie nicht weiter all seine Vorschriften erfüllen würden und dies auch nicht von seinen Geschwistern verlangen könnten. Sie hatten damit gerechnet, dass Udo auf die Ankündigung heftig reagieren würde. Er legte sich auf sein Bett, drückte seinen Körper an die Wand, fing am ganzen Körper an zu zittern und schien einem Nervenzusammenbruch nahe. Sein durchdringendes Weinen hörte sich für die Eltern an wie der Ruf eines verletzten Tieres. Er weinte und flehte mehr als zwei Stunden. Er warf den Eltern vor, dass sie ihn nicht verstünden, dass sie keine Rücksicht auf ihn nähmen, dass es ihm schlecht gehen würde und dass er lieber sterben möchte. Er hielt den Eltern vor, dass sie ihn hassen und nur seine Geschwister lieben würden, dass sie ihn absichtlich misshandeln würden und ihn nie geliebt hätten.

Nach zwei langen Stunden hörte Udo auf zu weinen. Die Prüfung war für die Eltern jedoch noch nicht bestanden. Nachdem Kathi gegen-

über den Beschuldigungen und dem Schmerz Udos standhaft geblieben war, wartete auf sie eine weitere Prüfung. Udo kuschelte sich an sie, und sie hielt ihn fest und streichelte sein Haar. Nach einer Weile äußerte Udo, wie sehr er seine Mutter liebe, dass nur sie ihn verstehe und dass er wisse, dass sie ihn niemals verletzen würde. »Stimmt's, du wirst all diese Dinge nicht tun?!«, »Stimmt's, du liebst mich doch!?«

Kathi benötigte ihre ganze Kraft, um nicht auf den Plan der Auseinandersetzung mit dem Problem zu verzichten und auf diese Weise Udo ihre Liebe und Zuneigung zu beweisen. Sie streichelte ihn weiter und hielt ihn in ihren Armen, aber sie vermied es, die Fragen zu beantworten. Diese Situation, in der Kathi Udo weiter in ihren Armen hielt, ohne ihm zu antworten, und in der Udo bereit war, ihre Zuneigung anzunehmen, auch wenn sie seine Forderungen nicht erfüllte, kennzeichnete den Beginn eines langen Veränderungsprozesses. Kathi zeigte hierdurch, dass sie weder die Nähe zu Udo und ihre Unterstützung für ihn aufgeben würde, noch auf den Plan, der in der Ankündigung mitgeteilt worden war, verzichten würde. Udo seinerseits signalisierte, dass das Leben weitergehen würde, selbst wenn die Ankündigung nicht aufgehoben würde. Auf paradoxe Weise bezeichnete diese Umarmung einen Neuanfang in der Beziehung zwischen Udo und seiner Mutter: eine Beziehung, in der Liebe nicht mit Kapitulation gleichgestellt wird.

»Was nun?«

Diese Frage wird oft gestellt, nachdem die Ankündigung übermittelt wurde: »Was nun? Jetzt haben wir die Ankündigung übermittelt und unser Kind ändert sich nicht. Was machen wir jetzt? Unser Sohn leidet immer noch unter seinen Ängsten. Wie geht es weiter?«

Tatsächlich beginnt erst jetzt die schwierige Arbeit der Eltern. Die Ankündigung kennzeichnet nur einen kurzen Moment im Leben der Familie. Viele Eltern und Kinder erleben sie als dramatischen Wendepunkt. Sie kann aber die nun erforderliche beständige Arbeit und Standfestigkeit, die die Voraussetzung für eine langfristige Veränderung ist, nicht ersetzen.

Der Kampf gegen den Nährboden der Angst

Der Nährboden, der die Angst fortbestehen lässt, setzt sich zusammen aus Gewohnheiten, Verhaltensregeln und gewissen Überzeugungen, die das Vermeidungsverhalten ermöglichen und verstärken.

Nach einem unangenehmen Vorfall mit seinen Klassenkameraden stand der 13-jährige Thomas am nächsten Morgen mit Bauchschmerzen und Übelkeit auf. Er blieb deswegen zu Hause. Seine Eltern arbeiteten bis in die späten Nachmittagsstunden, so dass Thomas allein zu Hause war. Er ging wieder schlafen, nachdem die Eltern das Haus verlassen hatten. Als er zu später Stunde aufstand, fühlte er sich viel besser. Die Übelkeit war weg, und er fing an, sich zu langweilen. Er machte den Fernseher an und schaute sich die Morgenprogramme an. Danach hatte er Hunger. Er rief seine Mutter an, die ihm sagte, dass sie ihm auf dem Küchentisch Geld hinterlassen habe, damit er sich ein Mittagessen bei einem nahe gelegenen Imbiss bestellen könne. Nach dem Essen machte er den Computer an, den er zu solch einer Stunde nicht mit seinen nervigen Brüdern teilen musste. Er öffnete das Chat-Programm und stellte mit Verwunderung fest, dass viele Schüler auch während der Unterrichtsstunden im Chat aktiv waren.

Als die Mutter abends nach Hause kam, erzählte Thomas ihr von seinem schrecklichen Erlebnis vom Vortag und erklärte, dass er furchtbare Angst vor den Klassenkameraden habe. Die Mutter versuchte, ihn zu überreden, am nächsten Tag wieder in die Schule zu gehen, und schlug sogar vor, mit der Klassenlehrerin und dem Vertrauenslehrer zu sprechen. Als sie aber Thomas' ängstliche Reaktion auf ihre Vorschläge sah, entschied sie, dass es wohl das Beste sei, wenn er einige Tage zu Hause bleibe, bis sich die Lage beruhigt hätte. Eine Woche später konnten die Eltern Thomas überreden, in die Schule zurückzukehren.

Einen Monat später ereignete sich aber ein ähnlicher Vorfall, und Thomas blieb wieder zu Hause. Dieses Mal halfen die Überredungskünste der Eltern nicht, und Thomas dehnte seinen Aufenthalt zu Hause immer länger aus. Langsam entwickelten sich neue Gewohnheiten, die nur zu Hause möglich waren. Thomas nahm an einigen Foren im Internet teil und spielte Gruppenspiele im Internet. Er wurde auch süchtig nach bestimmten Fernsehsendungen. Allmählich wurde die Rückkehr in die Schule zu einem unerträglichen Alptraum für Thomas.

Es kamen weitere Ängste hinzu, die die Rückkehr in die Schule zusätzlich erschwerten. Thomas verpasste in der Zwischenzeit Lernstoff und wusste, dass es schwierig sein würde, in die Klasse zurückzufinden. Er fürchtete sich auch vor der Frage, wo er so lange gewesen sei, und davor, dass seine Abwesenheit ein Klatschthema werden könnte. Sein schlechtes Gewissen angesichts seines Fehlens in der Schule wurde immer schwächer. Die Eltern fühlten sich wie gelähmt. Auf diese Weise wurde eine Ausnahmesituation zur Regel.

Auch die Eltern entwickelten Vorstellungen, die zum Fortbestehen von Thomas' Vermeidungsverhalten beitrugen. Sie sahen Thomas' Lage als ein ernsthaftes Problem, das sich kurzfristig nicht lösen ließe. Nach ihrem fehlgeschlagenen Versuch, Thomas wieder zum Schulbesuch zu bewegen, kamen sie zu dem Schluss, dass solche Lösungsversuche das Problem nur verschärften. Um ähnliche Fehler zu vermeiden, meldeten sie Thomas für eine psychodiagnostische Testung an. Dieser Prozess dauerte – wie das so ist – lange. Die Testung hatte keine praktischen Lösungsvorschläge vorzuweisen, sondern empfahl eine Psychotherapie für Thomas. Der weigerte sich jedoch. Die Diskussionen zwischen Thomas und seinen Eltern bewegten sich nicht mehr um die Frage, ob er wieder in die Schule gehen solle, sondern wurden von der Frage abgelöst, warum er keine Therapie machen wolle.

Thomas blieb abends immer länger wach und stand morgens immer später auf. Er und seine Eltern fingen an, ein paralleles Leben zu führen, und sahen sich kaum noch. Thomas aß, wenn seine Eltern schliefen oder bei der Arbeit waren. Er nahm an gemeinsamen Familienunternehmungen nicht mehr teil oder hielt sich dort nur für eine kurze Weile auf. Seine Freundschaften mit anderen Kindern wurden durch die virtuellen Beziehungen im Internet abgelöst. Sowohl Thomas als auch seine Eltern waren davon überzeugt, dass er die Anforderungen des Alltags nicht meistern könne.

Wir werden nun die verschiedenen Elemente des Nährbodens der Angst an Thomas' Beispiel betrachten und Wege aufzeigen, wie damit umgegangen werden kann.

Sekundärer Gewinn

Beim Vermeidungsverhalten kann zwischen *primärem Gewinn* und *sekundärem Gewinn* differenziert werden. Der primäre Gewinn liegt in der außerordentlichen Erleichterung, die der Betroffene dadurch verspürt, dass er der Angst ausgewichen ist, zum Beispiel durch das Zu-Hause-Bleiben. Der sekundäre Gewinn entsteht durch alle anderen Bequemlichkeiten, wie zum Beispiel die unbegrenzte Zeit vor dem Fernseher und am Computer oder das Bestellen von Essen aus einem Restaurant. Die sekundären Vorteile sind nicht der Hauptgrund dafür, dass Thomas zu Hause bleibt. Der wesentliche Grund liegt in seinem Bedürfnis, der Angst auszuweichen. Die sekundären Gewinne lassen jedoch seinen Aufenthalt zu Hause immer bequemer werden. Deswegen sollten Eltern dafür sorgen, dass so wenige sekundäre Gewinne wie möglich anfallen. Bei Thomas sind dies vor allem das Spielen am Computer und das Fernsehen.

Diese sekundären Gewinne sind besonders für ängstliche Kinder gefährlich, weil sie sich dadurch eine virtuelle Welt schaffen können. Es ist nur zu verstehen, dass diese virtuelle Welt der Angst einflößenden äußeren Wirklichkeit vorgezogen wird. Ängstliche Kinder sind ganz besonders anfällig dafür, sich in einer solchen virtuellen Welt zu verlieren. Eltern sollten sich dieser Gefahr bewusst sein und sie so früh wie möglich eindämmen. Wenn die Eltern anfangs wegen der extremen Angst des Kindes nicht vermeiden können, dass das Kind zu Hause bleibt, müssen sie dem Entstehen einer solchen virtuellen Welt entgegenwirken, indem sie den Fernseher und den Computer sicher abschalten. Viele Eltern scheuen sich vor einem solchen Schritt. Bei ängstlichen Kindern, die den Kontakt mit der Außenwelt zu vermeiden suchen, stellen jedoch Fernseher und Computer eine wirkliche Gefahr für ihre Entwicklung dar. Fernseher und Computer müssen natürlich nicht entfernt werden, solange das Kind im Großen und Ganzen seinen Alltagsverpflichtungen nachkommt. Sobald das Kind aber seinen Alltag nicht mehr meistert, indem es zum Beispiel nicht mehr in die Schule geht, oder wenn der Lebensalltag auf den Kopf gestellt wird und die Nacht zum Tag und der Tag zur Nacht wird, so besteht eine dringende Notwendigkeit, dass Fernseher und Computer während der Unterrichtsstunden oder im Verlauf der Nacht für das Kind nicht zugänglich sind.

Diese Maßnahme ist keine Bestrafung, sondern Teil des elterlichen Kampfes gegen den Nährboden der Angst. Wenn das Kind diese Maßnahmen als Bestrafung ansieht, so können die Eltern ihm entgegenhalten: »Wir bestrafen dich nicht! Aber es ist unsere Pflicht, deinen Aufenthalt zu Hause nicht zu einer Gewohnheit werden zu lassen!« Durch Strafmaßnahmen versucht man, über das Kind Kontrolle zu gewinnen. Maßnahmen dagegen, die man ergreift, um die elterlichen Pflichten zu erfüllen, sind ein wichtiges Kennzeichen der elterlichen Verankerung. Die Botschaft lautet: »Hier stehen wir, wir können nicht anders!«, und nicht: »Wir werden dich dazu bringen, uns zu gehorchen!«

Vernachlässigung der alltäglichen Pflichten

Je mehr die Ängste dazu führen, dass die alltäglichen Verpflichtungen vernachlässigt werden, desto größer werden die Ängste. Der Alltag ist die Grundlage für eine normale Entwicklung und das Überwinden der Ängste, während die Vernachlässigung der alltäglichen Pflichten bedeutet, dass die Ängste genährt werden. In Thomas' Fall wäre es ein wichtiger Schritt, dass er sich weiter mit dem Unterricht und dem Lernstoff beschäftigt, um eine Verschlechterung seiner Lage zu verhindern.

Der größte Störfaktor für das Meistern des Alltags ist der Aufenthalt zu Hause. Wenn Eltern ihr Kind nicht dazu bewegen können, in die Schule zu gehen, sollten sie in Erwägung ziehen, das Kind mit zur Arbeit zu nehmen. Dort kann es sich mit seinen Hausaufgaben beschäftigen oder Aufgaben am elterlichen Arbeitsplatz erfüllen. Solche Aktivitäten wirken der Entwicklung von negativen Gewohnheiten entgegen, die zu Hause entstehen können. Eltern sind von diesem Vorschlag häufig überrascht. Sie glauben, dass es für das Kind eine Belohnung bedeutet, wenn es seine Eltern zur Arbeit begleiten darf. Diese Auffassung ist falsch. Man sollte den gemeinsamen Tag natürlich nicht zu einem Vergnügen machen, sondern die Arbeitsatmosphäre beibehalten, das Kind nicht zu einem Restaurant ausführen und ihm Aufgaben zu erledigen geben. Während der unbeschäftigten Zeit muss das Kind warten, bis seine Eltern mit der Arbeit fertig sind. Hierdurch kann der gemeinsame Tag am Arbeitsplatz der Eltern zu einem konstruktiven Erlebnis werden, mit dessen Hilfe die Eltern ihren persönlichen Freiraum und ihre Selbstverankerung klar definieren: Der Arbeitsplatz ist ein Ort, an dem sie *arbeiten*. Aussagen wie: »Jetzt wartest du bitte hier und lässt mich in Ruhe arbeiten, bis ich fertig bin!«, oder: »Ich arbeite jetzt! Mach du deine Mathematikaufgaben, ich kann sie später durchsehen!«, haben oft einen überraschenden Effekt auf das Kind (und die Eltern), da sie die Grenzen deutlich und auf ungewohnte Weise markieren. Die Botschaft an das Kind lautet: »Dies ist mein Leben, dies sind meine Pflichten. Du wirst dich zusammenreißen müssen, bis ich fertig bin!« Dadurch gewinnt die Ankerfunktion der Eltern an Gewicht, da sie ihren eigenen Pflichten an ihrem Arbeitsplatz nachgehen, statt durch die Anwesenheit des Kindes abgelenkt zu werden. Ein gemeinsamer Tag am Arbeitsplatz ist auch dem Aufenthalt zu Hause vorzuziehen, weil er eine Ausnahmesituation darstellt, während das Zu-Hause-Bleiben zu einer dauerhaften Lösung werden kann.

Wenn wir den Nährboden der Angst bekämpfen wollen, müssen wir erkennen, welche Lösungen zu einem chronischen Problem werden könnten, und ihnen entgegenwirken. Der Aufenthalt zu Hause ist eine solche Falle.

Kontaktabbruch

Die Angst führt den leidenden Menschen dazu, die angstbesetzte Situation zu meiden. Diese Vermeidungsstrategie trägt jedoch zum Fortbestehen der Angst bei und beeinträchtigt den Alltag. Gerade wenn das Vermeidungsverhalten damit einhergeht, dass der Kontakt zur Alltagswelt und zu den Freunden abgebrochen wird, vergrößert sich die Angst vor der Wiederaufnahme des alltäglichen Lebens. Der Kontaktabbruch ist daher ein ausgezeichneter Nährboden für die Ängste.

Thomas hat, wie viele Kinder, den Kontakt zu seiner Alltagswelt allmählich abgebrochen. Anfangs ging er nicht mehr in die Schule, dann brach er den Kontakt zu seinen Freunden ab, dann nahm er an Familienunternehmungen nicht mehr teil und zuletzt sah er selbst seine Eltern nur noch selten. So verwandelt sich ein Kind durch seine Abschottung langsam zu einem Einsiedler.

Früher waren die Einsiedler eine relativ kleine Gruppe innerhalb der Gesellschaft, die auf zwischenmenschliche Kontakte und die zivilisierte Welt verzichteten. Sie zogen sich stattdessen in Wälder, Höhlen und andere abgelegene Orte zurück, um sich dort ungestört ihrer spirituellen Suche zu widmen. Dieses abgeschiedene Leben ging immer mit dem Verzicht auf die Bequemlichkeiten der zivilisierten Welt einher. Die Unbequemlichkeit dieses Lebens fungierte als Hemmschwelle für die Neigung zur Vereinsamung. Heutzutage hat durch die Technologie eine Revolution im Vereinsamungsprozess stattgefunden. Kontaktabbruch und Vereinsamung kosten im alltäglichen Leben nicht mehr den Preis der Unbequemlichkeit. Ganz im Gegenteil: Das einsame Leben kann für manche ganz besonders bequem sein. Heutzutage gibt es immer mehr Menschen, die die Einsamkeit bevorzugen.

Dies gilt ganz besonders für Jugendliche. Wissenschaftliche Untersuchungen zeigen, dass die Zahl junger Menschen zunimmt, die sich zurückziehen und auf das Meistern des Alltags zugunsten der virtuellen Welt verzichten (Lebowitz et al., im Druck). Eltern können einen wichtigen Beitrag leisten, um die Gefahr eines Kontaktabbruchs mit der Außenwelt zu verhindern. Im Fall von Thomas sollten die Eltern dafür sorgen, dass der Kontakt zur Schule weiter bestehen bleibt. Die Bitte an Lehrer und Mitschüler, den Kontakt zu Thomas weiter zu pflegen, könnte die Rückkehr in die Schule erleichtern. Lehrer und Schüler können das Kind über den durchgenommenen Lernstoff auf dem Laufenden halten. Sie können dabei helfen, mögliche Hürden zu erkennen, und dem Kind das Gefühl vermitteln, dass sie sich auf seine Rückkehr freuen. Eltern, die bei ihrem Kind die Neigung entdecken, die Schule zu meiden, können sich schon am ersten Fehltag um Besuche und Telefonate mit anderen Schülern und mit Lehrern bemühen. Die Eltern sollten natürlich auch darauf achten, dass sich das Kind nicht von anderen Personen, zum Beispiel von Gästen, von anderen Familienmitgliedern oder von ihnen selbst zurückzieht. Solange sich dieser Prozess in den Anfängen befindet, reicht meist eine klare und deutliche Ansage der Eltern. Wenn der Prozess des Kontaktabbruchs jedoch schon zu weit fortgeschritten ist, sind größere Ausdauer und Beharrlichkeit erforderlich.

Der Kampf gegen die Isolation beinhaltet auch, dass andere Freizeitaktivitäten des Kindes beibehalten werden. In Thomas' Fall bedeutet die Tatsache, dass er nicht mehr in die Schule geht, nicht, dass er auch nicht mehr an Jugendlichenaktivitäten teilnehmen oder zum Beispiel schwimmen gehen kann. Manche Eltern glauben, dass ihrem Kind, wenn es nicht in die Schule geht, andere Freizeitbeschäftigungen verboten werden sollten. Sie meinen, das könne als Belohnung für das Fehlen in der Schule interpretiert werden. Das mag auf Kinder zutreffen, die nur einen Tag in der Schule fehlen. Wenn es sich jedoch um ein Kind handelt, dass die Schule für längere Zeit meidet, so birgt der Verzicht auf seine anderen Aktivitäten die Gefahr des Rückzugs aus der Außenwelt. Eltern sollten also nicht versuchen, das Fehlen in der Schule dadurch zu bekämpfen, indem sie weitere Kontaktabbrüche im Leben ihres Kindes zulassen.

Elterliche Hilfestellungen

Eltern von ängstlichen Kindern übernehmen häufig Aufgaben ihrer Kinder, da diese sich davor fürchten, diese Aufgaben selbst auszuführen. Eltern unternehmen auch viel, um ihr Kind zu beruhigen. Sie sind beim Duschen dabei, bringen es jeden Abend ins Bett oder fahren es für Termine von Ort zu Ort. Weitere Hilfestellungen dienen der Verheimlichung des Problems, wie Ausreden und Entschuldigungen, damit andere nicht merken, dass etwas nicht stimmt. Zusätzlich erfüllen Eltern häufig auch eine ganze Reihe von ausdrücklichen Anweisungen oder unausgesprochenen Vorschriften ihres Kindes. Dadurch ermöglichen sie es dem Kind, sich eine an ihn angepasste Welt aufzubauen, in der es frei von Angst leben kann. Diese *Anpassung* der Eltern (ob freiwillig oder aufgezwungen) an die angstbestimmten Bedürfnisse des Kindes hat sich in der Forschung als Hauptfaktor für die Verschlimmerung und das Fortbestehen des Problems erwiesen (Garcia et al., 2010).

Oft sind sich die Eltern des Umfangs ihrer Hilfestellungen oder deren negativer Auswirkungen gar nicht bewusst. Diese Hilfestellungen liefern jedoch einen wichtigen Nährboden für die Ängste. Ohne sie kann das Vermeidungsverhalten meist nicht einmal für einen Tag aufrechterhalten werden. Eltern sollten ihren Alltag durchforsten und genau überprüfen, welche Hilfestellungen sie dem Kind zukommen lassen. Es empfiehlt sich, eine außenstehende Person zu dieser Inspektion hinzuzuziehen, da viele Hilfestellungen so sehr Teil des Alltags werden, dass die Eltern sie gar nicht mehr als solche wahrnehmen.

Hilfestellungen sollten allmählich eingestellt werden. Eltern sollten nicht erwarten, dass das Einstellen der Hilfestellungen reibungslos vonstatten geht. Das Kind wird mit allen ihm zur Verfügung stehenden Mitteln versuchen, seine Eltern weiter einzubinden. Die Mitteilung zur Einstellung von Hilfestellungen erhält zusätzlich Nachdruck, wenn die Eltern sie ihrem Kind durch Helfer zukommen lassen. Dadurch versteht das Kind, dass es sich nicht um eine vorübergehende Laune seiner Eltern handelt, sondern um eine durchdachte Entscheidung. Die Helfer können auch die Eltern dabei unterstützen, dem Druck des Kindes zu widerstehen.

Auf keinen Fall sollte das Einstellen von Hilfestellungen von Beleidigungen oder Moralpredigten begleitet werden wie: »Ich lass dich nicht weiter als Parasit leben!«, oder: »Ich habe die Schnauze voll davon, dein Diener zu sein!« Solche Worte sind verletzend und lassen die Situation eskalieren. Das Einstellen der Hilfestellungen sollte ein durchdachter Schritt sein und nicht von einer impulsiven Laune oder vom Ärger der Eltern bestimmt werden. Folgende Botschaft ist am wirksamsten: »Wir verstehen, dass du leidest. Aber es ist unsere Pflicht, mit diesen Hilfestellungen aufzuhören!« Helfer können diese elterliche Botschaft bestätigen, indem sie sagen: »Wir möchten dir helfen, mit dem Problem zurechtzukommen, aber unangebrachte Hilfestellungen, die dir helfen, dich nicht mit dem Problem zu konfrontieren, müssen ein Ende nehmen!«

Diskussionen und Überzeugungsversuche

Viele Eltern glauben, dass sie die Ängste und die Vermeidungsstrategie bekämpfen können, indem sie das Kind auf die Bedeutung des Problems hinweisen. Sie sprechen mit ihm über seine Zukunft, über seine mangelnde Zusammenarbeit und versuchen es zu überzeugen, dass es so nicht weitergehen kann oder dass das Kind endlich eine Therapie in Anspruch nehmen solle. Diese Diskussionen und Überzeugungsversuche sind bei der Suche nach einer Lösung nicht förderlich. Sie sind sogar inhärenter Teil der Vermeidungsstrategie.

Das Kind weiß: »Solange wir keine Übereinkunft finden, diskutieren wir einfach weiter!« Kinder begreifen nur zu gut, dass, solange noch geredet wird, die Eltern nicht zum Handeln entschlossen sind. Die endlosen Diskussionen dienen eigentlich nur dem ständigen Aufschub: Mit ihrer Hilfe wird die Rückkehr in die Schule, das Verlassen des Hauses oder das Einstellen der Hilfestellungen verschoben. Für das ängstliche Kind ist es ein Erfolg, wenn es die Eltern in Diskussionen verwickeln kann, da dies die Umsetzung wirksamer Maßnahmen abwendet.

Die Stimmen der Angst im Kind werden immer um einen Aufschub bitten. Solange die unangenehmen Dinge von morgen auf übermorgen verschoben werden, weiß sich das Kind in Sicherheit. Der Aufschub ist noch sicherer, wenn sich die Diskussionen nicht um die notwendige Auseinandersetzung mit der Angst drehen, sondern um eine Vorbedingung für die Auseinandersetzung. Dadurch gewinnt das Kind weitere Zeit. Entsprechend gewährt die Diskussion über eine Therapie dem Kind einen besonders langen Aufschub. Solange die Eltern versuchen, das Kind davon zu überzeugen, eine Therapie zu machen, kann es sicher sein, dass sie selbst keine ernsthaften Maßnahmen ergreifen werden. Schließlich beweisen sie mit der Diskussion, dass sie ihre ganze Hoffnung auf die Therapie setzen.

Diskussionen und Überzeugungsversuche zeigen, dass die Ankerfunktion der Eltern stark beeinträchtigt ist. Mit den wiederholten Gesprächen vermitteln die Eltern dem Kind: »Solange deine Meinung nicht mit unserer Meinung übereinstimmt, können wir nicht weiterkommen!« Die unbedingte Suche nach einer Übereinkunft bedeutet ein Verzicht auf jede klare und eindeutige Stellungnahme. Eltern, die ihre eigene Verankerung wiederentdecken, vermitteln stattdessen: »Uns ist klar, dass wir in vielen Dingen nicht der gleichen Meinung sein können. Du wirst deine Meinung beibehalten und wir unsere. Wir haben aber keine andere Wahl, als unserer elterlichen Pflicht nachzukommen und entsprechend zu handeln!«

Der Nährboden für die Ängste kann abgebaut werden, indem man mit dem Reden aufhört und anfängt, entschieden zu handeln. Viele Eltern erleben es als Erleichterung, wenn sie begreifen, dass sie das Kind gar nicht überzeugen können und jeder weitere Überzeugungsversuch das Ziel nur in weite Ferne rückt. Eltern fühlen sich außerdem häufig von den Gegenargumenten ihres Kindes unter

Druck gesetzt und wenden sich mit der Frage an uns: »Was sagen wir ihr, wenn sie solche Argumente anbringt?«, oder: »Wie können wir ihm erklären, dass seine Forderungen unannehmbar sind?« Die Antwort darauf ist, dass es keine logische Erklärung gibt, die das Kind befriedigen und davon überzeugen könnte, dass es seinen Verpflichtungen wieder nachkommen muss. Das Kind ist nicht daran interessiert, eine Einigung zu erreichen, sondern sucht sie zu vermeiden! Der eigentliche Versuch, eine ultimative Antwort zu finden, lässt das Problem weiter bestehen.

Wenn die Eltern nun verstehen, dass es keine befriedigende Antwort gibt und dass die Diskussionen deswegen fruchtlos sind, können sie sich von der Illusion befreien, durch gute Argumente ihr Kind überzeugen zu können. Solche Diskussionen können durch die Botschaft »Wir haben keine Wahl!« beendet werden. Eltern können diesen Satz wiederholen, wenn das Kind weitere Argumente vorträgt. Diese kurze und prägnante Aussage der Eltern und ihre Weigerung, weitere Erklärungen abzugeben, nehmen dem Kind den Diskussionspartner für die ausfernden Streitereien.

Die einseitige Desensibilisierung

Im vorigen Kapitel haben wir gesehen, wie mit Zustimmung des Kindes ein Aktivitätsplan für seine Auseinandersetzung mit der Angst erstellt und umgesetzt werden kann. Ein wichtiger Teil der therapeutischen Behandlung, die diesen Prozess anleitet, ist die systematische Desensibilisierung (siehe zweites Kapitel). Wenn sich nun das Kind einer Therapie widersetzt, bleibt dieser Prozess der elterlichen Initiative überlassen. Kann in solch einer Ausgangssituation die Desensibilisierung trotzdem effektiv sein? Ja, aber anders, als es die freiwillige Konfrontation ist. Wenn die Initiative bei den Eltern liegt, müssen sie das Kind mit der Notwendigkeit konfrontieren, sich mit seinen Ängsten auseinanderzusetzen. Die Eltern bestimmen hierbei die Umstände, zum Beispiel indem sie allmählich ihren Schutz in einem bestimmten Lebensbereich einstellen.

Das Kind muss sich dann an diese neue Situation gewöhnen. Wir müssen uns vor Augen halten, dass die Notwendigkeit, sich anzupassen, eines der wichtigsten Mittel ist, um die Entwicklung von Kindern im Allgemeinen zu fördern. Eltern, die ihrem Kind systematisch Situationen vorenthalten, an die sich das Kind anpassen *muss*, schaffen damit einen Mangel im Leben ihres Kindes: einen Mangel an Situationen, in denen es *keine Wahl* gibt. Die Notwendigkeit gewisser Pflichten spornt die Entwicklung des Kindes an, wenn es davon überzeugt ist, dass es keinen Entscheidungsspielraum hat: »Das muss ich! Es gibt keine Wahl!«

Wenn Eltern die Unerlässlichkeit solcher Erfahrungen einsehen, fällt es ihnen leichter, einseitige Maßnahmen zu ergreifen. Viele Eltern zögern, von ihrem Kind eine Auseinandersetzung mit der Angst einzufordern, ohne hierbei seine Zustimmung erhalten zu haben. Wenn zum Beispiel eine Mutter ihr Kind am Eingang des Kindergartens fragt: »Ist es in Ordnung, wenn Mama jetzt geht?«, so erschwert sie damit den Abschied. Die Tochter begreift, dass sie »Nein!« sagen kann. Die Frage schwächt also die Kräfte des Kindes, die es für das Meistern der Situation benötigt. Wir wissen, dass die meisten ängstlichen Kinder eine Konfrontation mit ihren Ängsten vermeiden, wenn sie die Wahl haben. Deswegen ist es in diesem Fall nicht das Beste für das Kind, ihm die Entscheidung zu überlassen.

Die Botschaft, dass es keine Wahl gibt, ist ein wichtiges Mittel, um die elterliche Verankerung zu stärken. Wenn Eltern ihrem Kind sagen: »Es gibt keine Wahl!«, zeigen sie, dass ihr Standpunkt nicht zur Diskussion steht. Dies ist eine notwenige Grenzsetzung. Ihre Bedeutung ist: »Hier stehe ich! Ich kann nicht anders!« Insbesondere ängstliche Kinder brauchen Eltern, die fähig sind, genau das zu sagen. Sonst fehlt ihnen ein sicherer Fixpunkt im Leben. Viele Eltern fordern uns mit der Aussage heraus: »Aber ich habe das Gefühl, doch eine Wahl zu haben! Und mein Kind weiß das!« Diese Eltern verzichten darauf, eine Grenze zu setzen und ihrem Kind einen verlässlichen Halt zu bieten. Ohne festen Halt werden sowohl Kind als auch Eltern vom Strudel der Angst mitgerissen.

Situationen, in denen es keine Wahl gibt, müssen nicht unbedingt auf einer natürlichen Notwendigkeit basieren. Auch eine gesellschaftliche Norm oder der unbeugsame Wille eines Anderen können solche Situationen erzeugen. Jeder Mensch, der eine unerwiderte Liebe in seinem Leben hatte, kennt diese Erfahrung: Der geliebte Mensch erwidert unsere Liebe nicht. Wir haben also *keine andere*

Wahl, als uns an diese Tatsache zu gewöhnen. Ein Kind, das nie Situationen erlebt hat, in denen es keine Wahl hat, wird in solchen Lebenssituationen ganz besonders leiden, weil es mit der Illusion groß geworden ist, dass der Wille anderer von seinem eigenen Willen abhängt. Es ist nicht verwunderlich, dass dieses Kind lieber seine Eltern als Lebenspartner beibehalten will, anstatt Beziehungen zu anderen Menschen aufzubauen, deren Willen es nicht bestimmen kann. Die elterliche Pflicht besteht also darin, solche Situationen zuzulassen, selbst wenn keine absolute Notwendigkeit hierfür existiert. Im Verlauf seiner Entwicklung werden solche Erfahrungen zu einer emotionalen Kraft, einem Anker und einer Stütze für zukünftige unvermeidbare Auseinandersetzungen.

Allmähliche Steigerung des Schwierigkeitsgrades und Wiederholung

Bei der Planung der einseitigen Desensibilisierung müssen die gleichen Prinzipien berücksichtigt werden, die für eine Desensibilisierung mit Zustimmung des Kindes gelten: eine allmähliche Steigerung des Schwierigkeitsgrades und die Wiederholung der Übungen. Das Kind sollte nicht auf einmal einer großen Angstwelle ausgesetzt werden. Ein Kind, das sich davor fürchtet, allein zu Hause zu bleiben, wird also anfangs nur für kurze Zeitspannen zu Hause bleiben müssen, die allmählich ausgedehnt werden. Außerdem ist es wichtig, die Übung zur Konfrontation mit der Angst ständig zu wiederholen. Eine einmalige Konfrontation ist nicht effektiv genug. Sie kann sogar mehr Schaden anrichten als nutzen. Der Schaden liegt unter anderem an der Art und Weise, wie das Kind die Einstellung der Konfrontation seitens der Eltern interpretiert. So kann es zum Beispiel davon überzeugt sein, dass sein Widerstand die Eltern »gebrochen« hat und sie dazu gebracht hat, die einseitigen Maßnahmen aufzugeben. In diesem Fall wird der Widerstand des Kindes bei einem zukünftigen Versuch noch stärker sein. Zusätzlich kann ein Abbruch der Desensibilisierung den negativen inneren Dialog des Kindes verschärfen, da es wahrscheinlich während der ersten Konfrontation noch nicht das Abklingen der Angst erleben wird. Deswegen sollten also Konfrontationen mit der Angst ständig in relativ kurzen Zeitabständen wiederholt werden.

Ein Beispiel für eine einseitige Desensibilisierung

Viele Eltern befinden sich in der Lage, dass ihr Kind in ihrem Bett schläft oder sich weigert, allein zu Hause zu bleiben. Sie glauben, dass das Kind den notwendigen Schritt in sein eigenes Bett freiwillig tun sollte. Viele Kinder ergreifen diesbezüglich tatsächlich selbst die Initiative. Das sind aber nicht jene Kinder, die unter Ängsten leiden. Ängstliche Kinder werden eine »Lösung« bevorzugen, die ihre Angst mindert, auch wenn sie hierfür einen hohen Preis in anderen Lebensbereichen zahlen müssen. Die Kombination von Eltern, die darauf warten, dass das Kind den Schritt in die Unabhängigkeit wagt, und von einem Kind, das zu Ängsten neigt, kann eine Pattsituation heraufbeschwören, in der das Vermeidungsverhalten des Kindes den Alltag bestimmt. In solch einer Situation kann die elterliche Initiative zu einer einseitigen Desensibilisierung die Familie aus der Sackgasse führen. Häufig bringt eine solche Maßnahme eine beinah sofortige Erleichterung der Lage mit sich, und das Kind macht einen beeindruckenden Entwicklungsschub. Diese Tatsache zeigt, wie sehr die vorherige Situation die Entwicklung des Kindes gehemmt hat.

Anders als die vom Kind gewollte Desensibilisierung ist das Tempo des Fortschritts bei einer einseitigen Desensibilisierung von den Eltern abhängig. Die Eltern können zum Beispiel eine Matratze auf den Boden legen und das Kind einladen, auf der Matratze in ihrem Zimmer zu schlafen, wenn es Angst hat. In Anlehnung an das Prinzip der allmählichen Steigerung des Schwierigkeitsgrades wird die Matratze dann jede Nacht einige Zentimeter weiter vom Elternbett entfernt. Wenn sich das Kind in das Elternbett stehlen will, dann sollten die Eltern es unverzüglich in sein Zimmer zurückbringen. Nach einigen Malen wird das Kind lieber auf der Matratze schlafen. Die Eltern müssen sich darauf einstellen, dass dieser Weg der Umstellung – soll er gelingen – langwierig sein wird. Manchmal ist es erforderlich, eine ganze Nacht lang beharrlich und standhaft zu bleiben. Der Prozess fällt oft leichter, wenn Drittpersonen als Helfer hinzugezogen werden, die anstelle der Eltern ein oder zwei Nächte bei dem Kind verbringen.

Eine Desensibilisierung muss sorgfältig vorbereitet werden. Es sollte im Voraus überlegt werden, welche Schwierigkeiten wegen der Differenzen zwischen den Eltern entstehen könnten. Der fordernde Elternteil muss sich zurücknehmen und darf keine übermäßigen Forderungen stellen oder Kritik üben. Der beschützende Elternteil muss trotz der Haltung des anderen Elternteils der Versuchung widerstehen, das Kind im Elternbett schlafen zu lassen. Es ist wichtig, in Erinnerung zu behalten, dass auch ein Teilerfolg einen Fortschritt bedeutet. So ist es zum Beispiel schon ein Erfolg, wenn das Kind erst in den frühen Morgenstunden auf der Matratze einschläft. Die Leistung, von den Eltern getrennt zu schlafen, ist sowohl für die Eltern als auch für das Kind eine Errungenschaft. Am Ende einer schweren Nacht gebührt allen verschlafenen Familienmitgliedern eine Medaille. Tatsächlich ist der Lohn für die Mühen viel größer als eine Medaille. Das Kind ist sicherlich stolz, und die Eltern gewinnen nicht nur ihr Bett wieder für sich, sondern auch ein eigenständigeres Kind.

Nathalie und Alex sind die Eltern des 10-jährigen Michael. Nach einer langen Zeit, in der sie sich wie in einem »Gefängnis der Angst eingekerkert gefühlt« hatten, ergriffen sie die Initiative zur einseitigen Desensibilisierung. Michael erlaubte ihnen nicht, das Haus zu verlassen und ihn auch nur für wenige Augenblicke allein zu lassen. Seine Mutter durfte nicht einmal den Müll wegbringen, ohne dass er sie begleitete. Michael achtete angespannt auf jedes gesprochene Wort zu Hause, aus Angst, dass darin ein Hinweis verborgen sein könnte, dass seine Eltern das Haus verlassen möchten.

Nathalie und Alex entschieden sich, die Desensibilisierung mit einem viertelstündigen Ausgang jeden Tag zu beginnen. Nachdem sie Michael einige Tage zuvor die Ankündigung überreicht hatten, teilten sie ihm mit, dass sie für 15 Minuten das Haus verlassen würden, um einen Spaziergang in der Nähe des Hauses zu unternehmen. Sie sagten ihm außerdem, dass sie das Handy nicht mitnähmen, da sie sicher seien, dass Michael die Situation für eine viertel Stunde gut meistern würde. Wie erwartet, widersprach Michael und begann zu schreien. Die Entschlossenheit der Eltern schwächte jedoch seinen Widerstand ab. Der schwerste Moment kam, als die Eltern das Haus verließen.

Michael blieb weinend und Anschuldigungen gegen die Eltern ausstoßend zurück. Die Eltern machten einen kurzen Spaziergang und achteten darauf, zur vereinbarten Zeit wieder nach Hause zu kommen. Bei ihrer Rückkehr fanden sie Michael dort, wo sie ihn erwartet hatten: am Fenster die Straße überblickend. Die Eltern lobten Michael, dass er die viertel Stunde gut überstanden hatte. Trotzdem versuchte er, sie davon zu überzeugen, dass ihre Maßnahme nicht helfen würde.

Alex und Nathalie setzten diese Übung drei Mal in der Woche fort. Langsam steigerten sie die Dauer ihrer Ausgänge. Michaels heftige Reaktionen legten sich schnell. Nach einigen Wochen sagte Nathalie eines Nachmittags, dass sie den Müll wegbringen wolle. Michael hob nur kurz den Kopf vom Buch, in das er vertieft war, und las weiter. Sicherlich haben die Nachbarn an jenem Tag noch nie jemanden so glücklich den Müll wegbringen sehen.

Viertes Kapitel
Die Zusammenarbeit der Eltern

Jeder Elternteil übt unabhängig vom anderen Elternteil eine Ankerfunktion für das Kind aus. Gleichzeitig ist die Ankerfunktion eine unverzichtbare Aufgabe der Eltern als Einheit. Die elterliche Zusammenarbeit beeinflusst ihre Fähigkeit, diese Funktion auszuüben. Häufig beschuldigen sich die Eltern gegenseitig, für die entstandenen Probleme des Kindes verantwortlich zu sein oder eine Lösung des Problems zu verhindern. Oft zieht sich ein Elternteil ganz zurück und behauptet, dass er keine Möglichkeit habe, die Lage zu beeinflussen, solange der andere Elternteil sich in seiner Weise verhalte. Dieser Rückzug schwächt die Fähigkeit der Eltern, das ängstliche Kind zu unterstützen. Auch wenn dieser Rückzug aus positiven Beweggründen geschieht, wie zum Beispiel aus dem Wunsch heraus, zu Hause eine angenehme Atmosphäre zu bewahren, oder weil dem Elternteil die notwendige Zeit fehlt, so wirkt er sich nachteilig aus.

In anderen Fällen wiederum untergräbt ein Elternteil den Standpunkt des anderen. Das Kind bemerkt, dass sich die Diskrepanzen zwischen seinen Eltern vertiefen, sobald sie versuchen, seine Ängste anzugehen. Die Ängste des Kindes lösen also Unstimmigkeiten aus und drängen die Eltern in entgegengesetzte Richtungen. Die Auseinandersetzungen zwischen den Eltern schwächen wiederum ihre elterliche Verankerung und damit ihre Fähigkeit, ihrem ängstlichen Kind Halt zu bieten.

Selbst wenn die Zusammenarbeit der Eltern nur teilweise verbessert wird, kann dies ihre Fähigkeit, sich mit der Angst des Kindes auseinanderzusetzen, wesentlich fördern. Sobald das Kind merkt, dass die Eltern sich einander annähern, anstatt sich von einander zu entfernen, ist dies für das Kind eine positive Erfahrung. Es muss keine völlige Übereinstimmung der Eltern erreicht werden. Eine Annäherung in gewissen Bereichen reicht aus. Dieses Kapitel beschäftigt sich damit, wie diese *partielle Annäherung* erreicht werden kann. In unserer Arbeit mit Eltern streben wir weder eine Lösung möglicher Eheprobleme noch eine Einigung über die grundsätzliche Bedeutung von Erziehung an. Eine gründliche Aufarbeitung der Eheprobleme als Voraussetzung für eine Verbesserung der elterlichen Aufgabenbewältigung ist häufig ein unrealistisches Ziel, das den Weg für realistische Teillösungen blockiert. Demgegenüber ist der bescheidenere Versuch, dem Kind die Erfahrung einer teilweisen Annäherung seiner Eltern zu vermitteln, meist durchführbar. Erfahrungsgemäß wirkt sich bereits eine geringe Annäherung der Eltern deutlich auf das Kind aus und verbessert die Fähigkeit der Eltern, als Anker zu dienen und sich mit den Ängsten des Kindes auseinanderzusetzen.

Gängige Differenzen zwischen Eltern

Josef: »*Von Anfang an hat meine Frau unseren Sohn Ralph verwöhnt. Sie macht alles für ihn, lässt ihn noch nicht einmal sein Bett allein richten. Wie soll er sich entwickeln, wenn sie ihn ständig unter ihre Fittiche nimmt? Als er bei Freunden schlafen wollte, hat sie ihn beinahe nicht gehen lassen und hat dann im Laufe des Abends 10 Mal dort angerufen. Sie ist diejenige, die eine Angststörung hat! Sie muss ihn nur lassen, dann wird er schon lernen, die Dinge selbst zu meistern. In seinem Alter habe ich meinem Vater schon nach der Schule bei der Arbeit geholfen, um ihn bei der Finanzierung der Familie zu unterstützen. Ralph dagegen schläft häufig immer noch nachts in unserem Bett!*«

Dena: »*Er versteht einfach nicht, dass sich die Dinge verändert haben. Heutzutage muss man den Kindern die Kindheit lassen. Man muss sie vor den vielen Gefahren draußen schützen und ihnen ermöglichen, sich in ihrem eigenen Tempo zu entwickeln. Er will, dass Ralph ein ›Mann‹ ist, so wie er. Was will er denn von ihm?! Soll das Kind uns etwa am Ende hassen? Oder zerbrechen? Oder verrückt werden?*«

Noam: »*Sie verlässt kaum ihr Zimmer, trifft keine Freunde, spricht nicht am Telefon. Und ihre Mama schaut tatenlos zu, stellt keine Forderungen an sie. Ganz im Gegenteil: Sie lässt das einfach Tag für Tag durchgehen. Wäre ich zu Hause, sähe die Situation ganz anders aus.*«

Shira: »*Er hat es einfach. Er kommt abends nach Hause, isst sein Abendessen, schaut Fernsehen und geht schlafen. Ich würde ja gern*

Gängige Differenzen zwischen Eltern

sehen, wie er mit diesem Mädchen fertig wird. Was denkt er sich? Dass ich ihr nicht helfen will? Ich habe doch schon alles probiert. Tag für Tag muss ich das Kind ertragen. Ständig leidet sie unter Ängsten, sie fürchtet sich vor allem. Soll er mich mal arbeiten gehen lassen, und er kann ihr helfen, wenn er alles besser weiß. Kritik üben kann jeder!«

Ilan: »Mein Sohn kommt ganz nach mir! Ich verstehe ihn. In seinem Alter hatte ich auch Angst. Die ganze Zeit habe ich mich um alle gesorgt: meine Eltern, meine Freunde. Sogar um den Hund habe ich mir Sorgen gemacht. Ich war mir sicher, dass der Hund überfahren würde, sobald ich etwas Böses täte oder dächte. Ganze Nächte lang konnte ich nicht schlafen. Ich hatte Angst, allein zu bleiben. Mein Sohn ist auch so. Das ist sicherlich genetisch veranlagt. Als er anfing mit seinen Rechnungen und seinen komischen Verhaltensweisen habe ich mich sofort mit ihm hingesetzt und ihm erklärt, dass ich das auch kenne. Die Welt ist wirklich ein sehr Angst einflößender Ort, und er muss sich wegen seiner Ängste nicht schämen. Bei mir hat sich das irgendwann gelegt, und sicherlich werden die Ängste auch bei ihm mit der Zeit nachlassen. Das muss man nicht an die große Glocke hängen. Wenn meine Frau auch solche Ängste gehabt hätte, würde sie ihn sicherlich verstehen. Aber sie kann sich einfach nicht in ihn hineinversetzen.«

Sheli: »Erst einmal muss gesagt werden, dass sich die Ängste bei Ilan nicht gelegt haben. Er hat immer noch viele Ängste, und er vollzieht deswegen im Laufe des Tages alle möglichen Zeremonien. Das und das darf man nicht sagen, und dies und jenes nicht tun. Und wenn etwas nicht an seinem Platz ist – oh je, dann geht die Welt unter. Ich liebe ihn und akzeptiere ihn, wie er ist. Aber warum sollte ich zulassen, dass er alle seine Ängste an unseren Sohn weitergibt?«

Im Fall von Josef und Dena vertreten die Eltern verschiedene Ansichten über Kindererziehung. Josef ist für klare Forderungen und eine Auseinandersetzung mit der Außenwelt. Dena will ihren Sohn beschützen und ihn in einem mitfühlenden Milieu groß werden lassen. Diese Unterschiede sind ganz natürlich, und viele Kinder entwickeln sich prächtig trotz ähnlicher Differenzen zwischen ihren Eltern. Wenn nun jedoch das Kind unter Ängsten leidet und die Eltern die Initiative ergreifen müssen, können sich solche unterschiedlichen Standpunkte zu einer immer größer werdenden Kluft entwickeln. Ralph, ihr Sohn, möchte allen Forderungen ausweichen, um Angst auslösende Situationen zu vermeiden. Er weiß nur zu gut, dass die Kluft zwischen seinen Eltern tiefer wird, wenn er sein Leid noch stärker zum Ausdruck bringt. Dies kann er zu seinen Gunsten nutzen, die Eltern gegeneinander ausspielen und auf diese Weise verhindern, dass Anforderungen an ihn gestellt werden.

Zwischen Noam und Shira spielt ein anderer Faktor eine wichtige Rolle: die Zeit! Auch heutzutage sind die Bürde der Kindererziehung und die Zeit, die Eltern mit ihren Kindern verbringen, bei vielen Paaren nicht gleichmäßig verteilt. Shira verbringt die meiste Zeit mit ihrer Tochter und fühlt sich erschöpft. Sie ist der Ansicht, dass Noam das nicht versteht, weil er kaum mit den alltäglichen Problemen konfrontiert wird. Diese unterschiedliche Aufgabenverteilung ist häufig anzutreffen: Mütter verbringen mehr Zeit zu Hause mit ihren Kindern. Aber sogar wenn die Väter anwesend sind, wenden sich die Kinder mit ihren Wünschen oder ihren Problemen eher an ihre Mutter. Forschungsergebnisse zeigen, dass 70 % der konfliktbeladenen Fragen an die Mutter gerichtet sind, selbst wenn der Vater anwesend ist! (Patterson, 1980). Es ist daher nicht verwunderlich, dass Mütter meist erschöpfter sind als Väter. Shira glaubt, die Dinge könnten sich ändern, wenn Noam sich alltäglich mit seiner Tochter auseinandersetzen müsste. Dieser Gedanke spiegelt die Vorstellungen vieler Mütter wider.

Bei Ilan und Sheli wird ein weiterer Faktor deutlich, der oft für Differenzen zwischen den Eltern sorgt: Einer der Eltern identifiziert sich mit den Ängsten des Kindes. Ilan glaubt, dass nur er sich in seinen Sohn hineinversetzen und ihn verstehen kann. Sheli hingegen ist überzeugt davon, dass Ilan seine eigenen Probleme auf das Kind projiziert. Welcher von beiden darf nun die Richtung der elterlichen Erziehung gegenüber dem Kind vorgeben? Ein Elternteil sagt: »Wie kannst du ihm helfen, wenn du überhaupt nicht weißt, wie er sich fühlt?« Der andere Elternteil erwidert: »Wie kannst du ihm helfen, wenn du genauso reagierst wie er?«

Bei keinem der angeführten Beispiele kann erwartet werden, dass sich ein Elternteil nach dem entgegengesetzten Standpunkt des anderen Elternteils ausrichtet. Die Hoffnung, der eine Elternteil möge einsehen, dass der andere mit seiner Meinung Recht hat, ist eine Illusion. Der Versuch, den anderen von seiner Meinung zu überzeugen, die Kritik und die Beschuldigungen, die meist mit solchen Versuchen einhergehen, führen zu einer Verhärtung der Standpunkte. Trotzdem ist es möglich, die Eltern dazu zu bringen, dass sich ihre Standpunkte annähern, und dadurch ihre gemeinsame elterliche Verankerung zu verbessern.

Annäherung von Gegensätzen

Shai ist in einem kinderreichen Elternhaus aufgewachsen. Seine Eltern hatten einen strengen Erziehungsstil, der von Höflichkeit und Disziplin geprägt war. Shai versucht, seinen Kindern einen ähnlichen Ansatz zu vermitteln. Er leitet seine Kinder an, achtet auf klare Grenzen und bestraft sie im Notfall auch. Gili ist demgegenüber in einem Haus groß geworden, in dem Offenheit und Demokratie als oberstes Gebot galten. Sie ist davon überzeugt, dass ein Kind sich am besten in einer offenen und liberalen Atmosphäre entwickelt. Worte wie »Nein« oder »Das ist verboten!« engen das junge Gemüt nur ein, das doch heranwachsen und gedeihen soll.

Ihre Ehejahre wurden immer schon von Meinungsverschiedenheiten begleitet. Mit der Geburt ihres ersten Sohnes schienen die beiden jedoch eine erfolgreiche Mischung ihrer unterschiedlichen Ansätze gefunden zu haben. Doch seit der Geburt ihrer Tochter Meli, die jetzt 7 Jahre alt ist, gehören die Streitereien zur Tagesordnung. Meli ist ein sorgenvolles und ängstliches Mädchen. Das bisschen Sicherheit, das sie hat, schöpft sie aus der Nähe zu ihren Eltern. Shai hat das Gefühl, dass sie verwöhnt und anmaßend ist und keine Grenzen kennt. Gili meint demgegenüber, dass Shai seine Tochter kalt und unnachgiebig behandelt. Sie wirft ihm vor, alle Kinder über einen Kamm zu scheren und nicht bereit zu sein, die Schwächen ihrer Tochter zu akzeptieren.

Während einer Sitzung mit dem Therapeuten fand folgendes Gespräch statt:

Gili: Warum ist er so streng?

Therapeut: Wie hätten Sie denn gern, dass er sich verhalten soll? Was würden Sie an ihm verändern wollen?

Gili: Ich hätte gern, dass er unserer Tochter zeigt, dass er sie versteht und annimmt, wie sie ist.

Therapeut: Haben Sie in der jetzigen Lage das Gefühl, dass nur Sie Meli verstehen?
Gili: Ja, genau. Deswegen muss ich ihr so viel Nähe und Zärtlichkeit wie möglich geben. Manchmal würde ich auch gern Grenzen setzen. Dann fällt mir aber wieder ein, dass sie nur von mir dieses Verständnis und diese Wärme erhält. Da muss ich dann nachgeben.
Therapeut: Und Sie, Shai, wie hätten Sie gern, dass Ihre Frau sich verhalten sollte?
Shai: Leider bin ich der Einzige zu Hause, der die Realität sieht und Grenzen setzt.
Therapeut: Wenn Gili deutlicher Grenzen ziehen würde, meinen Sie, dann könnten Sie von Ihrem Standpunkt ein wenig abrücken?
Shai: Ich wünschte es! Wenn Gili manchmal auch die Verantwortung übernehmen würde, müsste ich nicht immer der »böse Papa« sein!

Im oben beschriebenen Fall nähern sich Shai und Gili an und können damit ihre Zusammenarbeit verbessern. Beide sehnen sich danach, ihre festgefahrene Position zu lockern. Gili möchte auch die Möglichkeit haben, Grenzen zu ziehen. Shai möchte auch Liebe und Wärme vermitteln. Mehr noch möchte aber jeder, dass der andere seinen Standpunkt einnimmt. So ist ein paradoxer Kreislauf entstanden: Die Überzeugungsversuche erzielen genau das Gegenteil beim Partner. Je mehr die Mutter Druck ausübt, um ihren Mann zum Nachgeben zu zwingen, desto mehr fühlt er sich verpflichtet, seine Forderungen zu bekräftigen. Das verstärkt in ihm das Gefühl, dass nur er diese Forderungen vertritt. Andersherum glaubt die Mutter, noch nachgiebiger mit ihrer Tochter umgehen zu müssen, je mehr ihr Mann sie unter Druck setzt, Forderungen zu stellen.

Hier möchten wir eine Parallele zu unserer Annahme der Vielstimmigkeit des Kindes ziehen. Wir mutmaßen, dass in der Seele eines ängstlichen Kindes nicht nur eine Stimme wohnt, die die Angst zu vermeiden sucht, sondern auch Stimmen, die eine Überwindung der Ängste ersehnen. Diese Stimmen können sich unter günstigen Bedingungen Gehör verschaffen. Ähnlich gehen wir von einer inneren Vielstimmigkeit jedes Elternteils aus. In jedem Elternteil wohnen Stimmen, die die Hauptstimme in Frage stellen. Der beschützende Elternteil hat auch innere Stimmen, die Grenzen ziehen wollen. Der fordernde Elternteil hat auch innere Stimmen des Mitgefühls und der Wärme. Diese Annahme hat sich in den therapeutischen Gesprächen mit den Eltern bestätigt. Ein Therapeut, der empfindsam und respektvoll gegenüber beiden Elternteilen ist, kann die verborgenen Stimmen an die Oberfläche holen. Der beschützende Elternteil kann dann seinen Wunsch nach einer besseren Grenzsetzung zum Ausdruck bringen, während der fordernde Elternteil seine Sehnsucht äußern kann, dem Kind nahe zu stehen und eine Stütze zu sein. Um diese verborgenen Stimmen zu entdecken, müssen die Eltern zuerst das Gefühl vermittelt bekommen, dass ihre vorherrschenden Überzeugungen legitim sind. Wenn die Eltern das Gefühl haben, dass ihre Ansichten angegriffen werden, werden sie sich in ihrer Meinungen verhärten.

Bela hatte Schwierigkeiten, arbeiten zu gehen, da ihre 12-jährige Tochter Iris extreme Ängste entwickelt hatte, allein zu bleiben. Obwohl Bela deswegen bereits in Teilzeit arbeitete, fehlte sie an vielen Arbeitstagen wegen der Angstattacken von Iris. Ihr Mann Rolf beschuldigte sie, dass sie mit ihrem übertriebenen Schutz Iris' Lage nur verschlechtere. Er kritisierte sie auch dafür, dass sie ihre Arbeit nicht ernst genug nehme und dass sie am Ende gefeuert werde. Seine energischen Forderungen erzeugten – wie erwartet – nur eine wachsende Wut in Bela. Sie versteifte sich mehr und mehr auf ihre Position. Iris fühlte sich durch ihren Vater bedroht und entfernte sich immer mehr von ihm.

Der Therapeut ging jedoch davon aus, dass jeder Elternteil auch andere Stimmen in sich hat. Er war sich sicher, dass Bela sich danach sehnte, die Bürde der endlosen Forderungen von Iris abzulegen, und dass Rolf das warme Verhältnis, das er früher zu seiner Tochter gehabt hatte, vermisste. Bela konnte ihre verborgenen Wünsche jedoch in keiner Weise äußern. Würde sie auch nur ansatzweise zugeben, dass sie sich gern stärker von Iris' Forderungen abgrenzen würde, würde Rolf sie sofort belehren: »Aber das sag ich doch schon die ganze Zeit! Siehst du, selbst du siehst ein, dass ich Recht habe!« Rolf war in einer ähnlichen Lage gefangen: Er befürchtete, dass, wenn er zugeben würde, dass er Iris' Nähe vermisse, Bela ihn sofort für die Kluft zwischen ihm und Iris zur Verantwortung ziehen und ihn beschuldigen würde, dass er sein Vatersein verraten habe.

Um diesen Teufelskreis der gegenseitigen negativen Reaktionen zu durchbrechen, schlug der Therapeut vor, eine Therapiesitzung mit besonderen Regeln abzuhalten. Die Sitzung sollte geteilt werden. Während der ersten Hälfte würde er mit Rolf in Anwesenheit von Bela sprechen, die aber nicht intervenieren dürfe. Bela müsse nur zuhören, auch wenn sie das Gefühl habe, dass Dinge gesagt würden, die nicht der Wahrheit entsprächen. Während der zweiten Hälfte der Sitzung würden sie die Rollen tauschen. Rolf müsse dann schweigen, während der Therapeut mit Bela spreche. Die Eltern willigten in diese Regeln ein. Der Therapeut hoffte, auf diese Weise eine Situation zu erzeugen, in der die Eltern ihre verborgenen Stimmen zum Ausdruck bringen könnten, während die Reaktionen des Partners aufgefangen würden.

Während des Gespräches mit Rolf betonte der Therapeut, dass dessen Rolle zwar erforderlich sei, dass er aber als Vertreter der »täglichen Forderungen« eine undankbare Aufgabe erfülle. Rolf glaubte, den Weg für eine weitere Verschlechterung zu ebnen, sollte er von seinen Forderungen auch nur ein wenig ablassen. Seine Rolle sei schwer und frustrierend, da er als der »böse Papa« die Feindseligkeit von Iris auf sich zog. Der Therapeut fragte, ob er manchmal den Wunsch verspüre, anders zu handeln, sich von der Rolle des »bösen Papas« zu befreien und seiner Tochter wieder näher zu stehen. Rolf erwiderte, dass er das mehr als alles andere wolle. Als der Therapeut ihn fragte, ob er glaube, dass auch Iris ihn vermisse, war Rolf den Tränen nahe. Zum Schluss meinte der Therapeut, dass durchaus Voraussetzungen geschaffen werden könnten, um Rolf und seine Tochter wieder einander näher zu bringen. Er solle nicht mehr der einzige Verantwortliche sein, der die »täglichen Forderungen« stelle. Während des Gespräches mit Rolf versuchte Bela zu intervenieren, aber der Therapeut unterbrach sie höflich.

Das Gespräch mit Bela begann der Therapeut damit, dass er ihre mütterlichen Gefühle für Iris hervorhob. Deswegen könne sie dem Leid ihrer Tochter nicht tatenlos zuschauen. Danach befragte er sie zu der schwierigen Entwicklung, wie sie Schritt für Schritt auf ihr persönliches Leben verzichtet habe, um Iris Schutz und Unterstützung geben zu können. Er fragte, ob es auch Momente gebe, in denen sie sich ein anderes Verhältnis zu Iris wünsche. Bela verlieh ihrer Sehnsucht Ausdruck, dass Iris ihr ein eigenes Leben ermöglichen möge. Der Therapeut hatte trotz der Schwierigkeiten den Eindruck, dass die Grundlagen der Ehe gut seien. Er fragte daher, ob die Probleme mit Iris auch das Eheleben beeinträchtigten. Bela antwortete daraufhin, dass sie sehr gern wieder mit Rolf ausgehen würde, selbst nur für kurze Unternehmungen.

Der Therapeut fasste die Sitzung wie folgt zusammen: »Ich habe mich davon überzeugt, dass Sie beide Eltern mit einem tiefen elterlichen Pflichtgefühl sind. Beide haben Sie mit ihrem Standpunkt Recht. Sie, Bela, haben das Gefühl, dass Iris viel Liebe und Zuwendung braucht, um Selbstsicherheit entwickeln zu können. Sie glauben, dass sie sonst keine Chance im Leben hat. Sie möchten, dass Rolf dies versteht und diesem Bedürfnis von Iris gerecht wird. Sie, Rolf, sind überzeugt, dass Iris' Lage sich weiter verschlechtern wird, wenn sie nicht mit den täglichen Anforderungen des Lebens konfrontiert wird. Sie möchten, dass Bela dies versteht, und drängen sie manchmal auch, Schritte in dieser Richtung zu unternehmen. Beide Dinge sind unersetzlich.

Mit Ihrer jetzigen Haltung erzielen Sie jedoch genau das Gegenteil. Rolf, wann immer Sie Bela drängen, glaubt sie, dass sie die Einzige ist, die Iris Liebe und Zuneigung gibt, und dehnt deswegen ihren Schutz und ihre Nachgiebigkeit aus. Wann immer Sie, Bela, Rolf drängen nachzugeben, meint er, dass er der einzige Vertreter der täglichen Forderungen und Verpflichtungen ist. Dadurch hat er das Gefühl, dass er keine andere Wahl hat, als die Forderungen zu verschärfen. So kommt es, dass Sie Ihren Partner dazu bringen, genau das Gegenteil von dem zu tun, was Sie erreichen wollen.

Hinzu kommt, dass Sie, Rolf, Bela kritisieren und Iris gegenüber finster auftreten. Auf diese Weise haben Sie sich von Iris entfernt. Das ist sicherlich das Letzte, was Sie beabsichtigten. Und Sie, Bela, fühlen sich in die Ecke gedrängt und meinen, dass Sie Iris' Forderungen keine Grenzen setzen können. Sie vernachlässigen deswegen Ihr Privatleben und Ihr Eheleben. Sie sagen, dass Sie für Iris sogar auf Ihr eigenes Leben verzichten würden. Damit tun Sie ihr aber keinen Gefallen: Wenn Sie auf Ihr eigenes Leben verzichten, wird es Iris nicht besser gehen, sondern schlechter.

Ich schlage vor, dass wir in unseren Sitzungen gemeinsam einen Plan erstellen, damit Iris Sie als Eltern erleben kann, die sich aneinander annähern, anstatt dass Sie sich voneinander distanzieren. Wir werden gemeinsame Ausflüge für Sie beide planen und eine Liste zusammenstellen, welche klaren Forderungen Sie an Iris richten können. Außerdem dürfen wir Ihre Ehe nicht vernachlässigen: Wenn Sie nicht gemeinsam Dinge unternehmen, geben Sie in gewisser Weise Iris auf! Ich werde mir im Verlauf der Sitzungen erlauben, jeden von Ihnen zu ermahnen, sollten Sie mit Ihrer ›alten Leier‹ kommen! Ich bin davon überzeugt, dass sowohl Iris als auch Sie davon profitieren werden!«

Diese Botschaft schuf die Basis für eine partielle Zusammenarbeit der Eltern. Rolf schaffte es, sich Iris wieder anzunähern, und Bela musste keinen Arbeitstag mehr fehlen. Schrittweise machten sich auch klare Anzeichen einer Verbesserung bei Iris bemerkbar.

Verheimlichung und Absprache

Der 15 Jahre alte Dan litt in der Schule unter Panikattacken. Diese Panikattacken zeichneten sich durch Atemnot, erhöhten Herzschlag und Zittern aus. Dan fürchtete, dass er die Kontrolle über sein Handeln verlieren und sich unangebracht verhalten könnte.

So litt er also unter der Angst selbst als auch unter der Angst vor der Angst, dass er eine Panikattacke erleiden könnte. Jedes Mal, wenn er das Gefühl hatte, dass eine Angstattacke bevorstehe, rief Dan seine Eltern an, damit sie ihn von der Schule abholten. In Absprache mit einem Therapeuten entschieden die Eltern, David und Martha, ihren Sohn in diesen Fällen nicht mehr von der Schule abzuholen. Wenn er doch anriefe, sollten sie ihn daran erinnern, dass er in der Schule bleiben müsse. Ihm war erlaubt, das Zimmer der Vertrauenslehrerin aufzusuchen und dort zu bleiben, bis er sich beruhigt hatte. Die Vertrauenslehrerin war in diesen Plan eingeweiht, und Dan hatte selbst in ihrer Abwesenheit freien Zugang zu ihrem Zimmer.

Zwei Tage nach dieser Ankündigung rief Dan seine Mutter an und meinte, dass er vor einer Panikattacke stehe. Martha erinnerte sich an die Abmachung und sagte sich, dass sie die Situation als Herausforderung der elterlichen Grenzsetzung betrachten müsse. Sie antwortete ihm: »Dan, auch wenn es dir schwerfällt, bin ich sicher, dass du mit der Situation fertig werden kannst. Wenn es sein muss, dann geh zum Zimmer der Vertrauenslehrerin und rufe mich von dort aus in einer viertel Stunde noch einmal an!« Sofort rief Dan seinen Vater an: »Pa ... pa ... Papa. I ... Ich ... Ich weiß nicht, was mit mir passiert. Ich kann nicht atmen ... Ich glaube, es ist etwas Ernstes. Ich ersticke ... Ich ...« »Dan, ich mache mich sofort auf den Weg!«

Erst während der Fahrt zur Schule erinnerte sich David an die

Abmachung und an das Zimmer der Vertrauenslehrerin. Dans Angst hatte David aus seiner elterlichen Selbstverankerung weggerissen. Auf dem Weg nach Hause sagte David zu Dan mit einem Augenzwinkern: »Erzähle nur nicht Mama, dass ich dich abgeholt habe. Das wird sie uns sonst nachtragen.«

Der Fehler des Vaters ist verständlich. Es ist fast unvermeidbar, auf solche starken Ängste einzugehen, besonders, wenn man sich vorher innerlich nicht dagegen gewappnet hat. Die Entscheidung jedoch, den Vorfall vor Martha zu verheimlichen und Dan zu seinem Komplizen zu machen, ist ein viel schwerwiegenderer Fehler. Die Koalition, die David mit Dan auf dem Weg nach Hause schließt, indem er sagt: »Erzähle es nicht der Mama!«, schwächt selbstverständlich die gemeinsame elterliche Verankerung und ihr Bündnis, das sie gegen die Angst aufzubauen versuchen.

Doch selbst in einer solchen Zwickmühle können die Verhältnisse richtiggestellt werden. Die Zusammenarbeit und die elterliche Verankerung können durch das Ereignis sogar gestärkt werden. Wir schlagen den Eltern, die sich in ähnliche Situationen verwickeln, einen Akt der »Wiedergutmachung« vor. Beide Eltern betreten gemeinsam das Zimmer des Kindes und sagen ihm Folgendes:

»Wir haben heute einen Fehler begangen und dir vermittelt, dass wir nicht von deiner Fähigkeit überzeugt sind, deine Ängste zu meistern. Wir haben über den Vorfall nachgedacht und sind zu der Einsicht gelangt, dass das nicht richtig war. Von jetzt an werden wir uns bemühen, anders zu handeln. Wir werden dich daran erinnern, was du tun kannst. Wir werden uns nicht weiter der Angst beugen und dich nach Hause bringen.«

Am besten ist es, wenn derjenige, der für den Fehler verantwortlich ist, diese Worte sagt. So hilft das Ereignis den Eltern, sich einander anzunähern, anstatt dass die Differenzen zwischen ihnen vertieft werden. Die Niederlage kann hierdurch zu einer Mahnung an die elterliche Pflicht werden. Die Eltern gehen so mit gutem Beispiel voran: Fehler und Niederlagen bedeuten nicht, dass man in seinem Bemühen nachlässt. Solch eine Tat erfordert die Bereitschaft der Eltern, Fehler zuzugeben und der Verheimlichung ein Ende zu setzen. Beide Eltern, derjenige, der den Fehler zugibt, und derjenige, der darüber informiert wird, müssen sich klar machen, dass hier die

Gelegenheit besteht, einen Nachteil in einen Vorteil zu verwandeln. Dieses Bewusstsein wird bei dem Elternteil, der für den »Ausrutscher« verantwortlich ist, eine höhere Bereitschaft erzeugen, den anderen Elternteil vom Fehler wissen zu lassen. Dieser wiederum wird eher bereit sein, diesen Fehltritt seines Partners anzunehmen.

Man kann nicht erwarten, dass die Eltern bei jeder Herausforderung wie ein Fels in der Brandung stehen. Wichtig ist aber die Bereitschaft, auch nach einem Fehlverhalten weiterzumachen. Dies ist ein wichtiger Grundsatz in unserer Arbeit mit Eltern, auch wenn es sich um andere Verhaltensprobleme handelt. Zum Beispiel betonen wir im Gespräch mit Eltern eines gewalttätigen Kindes: »Sie müssen das Kind nicht besiegen! Sie müssen nur beharrlich sein!« Dies ist auch bei der Auseinandersetzung mit Angststörungen der Fall: Die Eltern müssen nicht die Angst besiegen, sondern nur konsequent und beständig handeln. Diese Beständigkeit tritt in der elterlichen Entschlossenheit zu Tage, wieder und wieder die Schwächen, die sich in der eigenen Verankerung zeigen, auszubessern. Die Ausdauer der Eltern spiegelt sich in der Botschaft wider: »Wir sind wieder in der Auseinandersetzung mit dem Problem vereint! In Zukunft werden wir unser Bestes tun, einen ähnlichen Fehler zu vermeiden!«

Wir wagen zu behaupten, dass Eltern, die eine solche Erfahrung bisher noch nicht gemacht haben, nämlich einen Fehler wieder gutzumachen und ihre gegenseitige Verpflichtung wiederherzustellen, nicht genügend für zukünftige Herausforderungen gewappnet sind.

Die Pflege der elterlichen Verankerung bedarf ständiger Absprachen. Es ist sinnvoll, eine feste Gesprächszeit zu vereinbaren. Dinge, die im Alltag nicht besprochen werden, können in diesen Gesprächen behandelt werden. Wir empfehlen daher den Eltern, wöchentliche Sitzungen einzuplanen für den gegenseitigen Informationsaustausch, für Absprachen, für eine Neueinschätzung der Lage und für die notwendige Entscheidungsfindung. Solche Sitzungen können das elterliche Handeln entscheidend verbessern. Sie verdeutlichen die Tatsache, dass die Eltern gemeinsam planen und bewusst ihre Verankerung wiederherstellen wollen, anstatt sich auf ihre spontanen Reaktionen zu verlassen, die bisher das Problem haben fortbestehen lassen.

Die Vereinbarung solcher Sitzungen bringt einige Vorteile mit sich. Eine solche Vereinbarung stellt schon an sich eine Verbesserung in der Kommunikation zwischen den Eltern dar. Regelmäßiger

Austausch ist eine wichtige Voraussetzung dafür, die Ankerfunktion zu erfüllen. Ein weiterer Vorteil besteht darin, dass die Eltern auf diese Weise vermeiden können, in Anwesenheit ihres Kindes oder während eines akuten Vorfalls zu diskutieren und zu streiten. Solche Streitereien können wesentlich minimiert werden, indem man die Diskussion auf einen späteren Zeitpunkt verschiebt, der bereits festgelegt ist. Anstatt sich in eine Diskussion zu verstricken, kann nun ein Elternteil daran erinnern: »Lass uns das während unserer Sitzung besprechen!«

Ängstliche Kinder sind wahre Meister darin, die Meinungsverschiedenheiten der Eltern in Bezug auf ihre Ängste aufzudecken. Wenn eine Diskussion mit der Aussage »Das ist ein Thema für unsere Gesprächszeit!« beendet wird, vermittelt dies dem Kind, dass die Eltern ihre Gemeinschaft pflegen und ihre Zusammenarbeit in Einklang bringen. Selbst wenn hierdurch die Möglichkeit des Kindes geringer wird, die Differenzen zwischen den Eltern zu seinen Gunsten auszunutzen, verleiht diese Botschaft dem Kind ein Gefühl der Sicherheit, da es dadurch die elterliche Verankerung stärker wahrnimmt.

Ein weiterer Vorteil solcher fest vereinbarten Gesprächszeiten liegt darin, dass auf diese Weise Richtigstellungen geplant werden können, ähnlich wie wir es am Beispiel von Dan beschrieben haben. Außerdem hilft der Aufschub einer Diskussion auf die festgelegte Gesprächszeit dabei, eine Eskalation des Streits zwischen den Eltern zu vermeiden. Eltern von ängstlichen Kindern neigen dazu, den Fehlern des Partners übermäßige Bedeutung beizumessen: »Jetzt hast du alles kaputt gemacht!«, »Es hat überhaupt keinen Sinn, mit dir weiterzumachen. Da lass ich es lieber ganz sein!« Solche Aussagen hört man in hitzigen Auseinandersetzungen. Zu Recht lösen sie wiederum eine heftige Reaktion beim Partner aus. Auf diese Weise können Einigungen, die zwischen den Eltern hart erarbeitet wurden, durch einen kurzen heftigen Streit platzen. Wenn nun die Diskussion auf einen späteren Zeitpunkt verschoben wird, folgt dies unserem Grundsatz: »Schmiede das Eisen, wenn es kalt ist!« Dieses Prinzip ist eines der effektivsten Mittel, um Eskalationen zu vermeiden. Allein die Unterbrechung eines Gesprächs kann einen heftigen Streit zu einer konstruktiven Diskussion werden lassen. Selbstverständlich darf man dennoch nicht davon ausgehen, dass der Aufschub mit Sicherheit zu einer Einigung führen wird. Andererseits ist eine vollständige Einigung auch keine notwendige Bedingung, um eine Zusammenarbeit der Eltern zu erreichen. Unsere Arbeit gegen die zerstörerische Kraft gegenseitiger Beschuldigungen baut auf dieser Einsicht auf.

Beschuldigungen mäßigen

Eltern, die ihrem Partner vorwerfen, dafür verantwortlich zu sein, dass das Kind Ängste hat, verschärfen hiermit das Problem, selbst wenn ihre Behauptungen teilweise der Wahrheit entsprechen. Solche Vorwürfe reichen aus, um eine positive Einsicht zu einem zerstörerischen Prozess werden zu lassen. Sie wirken sich schädlich auf das elterliche Handeln aus, auf die Beziehung zwischen den Eltern und auf die Erfahrungen des Kindes.

Beschuldigungen leiten einen Prozess ein, in dem einer der Beteiligten an den Rand der Familie gedrängt wird: Entweder wird der beschuldigende Elternteil durch andere Familienmitglieder an den Rand gedrängt und dadurch zum *Verstoßenen* und *Außenseiter*, oder aber er drängt sich selbst an den Rand der Familie. Er bleibt zwar *im Recht, aber einsam*. Er ist also wieder ein verstoßener Außenseiter. Wenn nun ein Elternteil an den Rand der Familie gedrängt wird, schwächt dies zwangsläufig die elterliche Verankerung und verstärkt damit auch die Ängste des Kindes.

Im Recht, aber einsam ist der Elternteil, der seinen Einfluss auf die Familie verliert, der aber weiterhin alle Fehler des anderen Elternteils registriert. Selbst wenn seine Ansichten zur Situation manchmal ins Schwarze treffen, kann er die Lage doch nicht verbessern. Seine Kommentare werden nur als Anklage und Vorwurf wahrgenommen. Selbst wenn der andere Elternteil spürt, dass in dieser Sicht der Dinge ein Körnchen Wahrheit steckt, empfindet er die Ansichten als Kritik und nicht als Unterstützung. Er hat daher den Wunsch, den Partner mit seiner Kritik unschädlich zu machen. Dadurch wird der Elternteil, der *im Recht, aber einsam* ist, noch einsamer. Sein einziger Trost liegt darin, noch mehr darauf zu beharren, dass er Recht hat. Oft hält er dem Partner auch die Tatsache vor, dass sich das Kind bei ihm anders verhält. Dies verstärkt weiter die Frustration des kritisierten Elternteils und lässt die Differenzen zwischen den Eltern noch größer werden.

Der beschuldigende Elternteil macht seinen Partner für das Problem des Kindes verantwortlich. Seiner Meinung nach kann eine Besserung der Lage nicht eintreten, solange der schuldige Partner nicht von seinem Standpunkt abrückt. Im Buch »Feindbilder – Psychologie der Dämonisierung« (Omer, Alon und von Schlippe, 2007) wurde dies als *dämonische Sichtweise* bezeichnet. Nach der dämonischen Sichtweise trägt der beschuldigte Elternteil einen Defekt in sich, dessen Folgeerscheinungen destruktiver Art sind. Dieser Defekt besteht aus einer negativen oder krankhaften Natur, eine Art Dämon, der sich in die Seele eingenistet hat. Es gibt also keine Hoffnung, solange nicht ein gründlicher Reinigungsprozess stattgefunden hat. Dieser Reinigungsprozess besteht in der Einsicht der Schuld, der Reue und dem Versuch der Wiedergutmachung. Das heißt, der Elternteil, der diesen Defekt trägt, muss seine Schuld eingestehen, den Defekt einsehen und ihm den Rücken kehren – ähnlich wie bei religiöser Reue. Darüber hinaus vertreten einige Anhänger dieser Sichtweise die Ansicht, dass der »defekte« Elternteil einen »Heilungsprozess« durchlaufen muss, bei dem Experten den Defekt diagnostizieren und aus seiner Seele entfernen. Wenn nun diese Möglichkeit nicht zur Verfügung steht, muss der schuldige Elternteil vom Schauplatz entfernt werden. Erst dann kann eine Besserung eintreten.

Natürlich verwenden wir in unserer säkularen Welt nicht diese religiöse Ausdrucksweise. Die Psychologie liefert uns jedoch säkulare Begriffe auf pseudowissenschaftlicher Basis, die eine nicht weniger radikale Position ausdrücken. Ein Elternteil kann zum Beispiel behaupten, dass sein Partner »das Kind mit seiner Angst ansteckt«, »das Kind traumatisiert«, »die Selbständigkeit des Kindes untergräbt«, und ähnlich abfällige Ausdrücke, die im pseudopsychologischen Jargon formuliert werden. Der dämonische Charakter der Beschuldigungen wird ganz besonders dann deutlich, wenn der Beschuldigende meint, dass die destruktiven Kräfte sich im »Unterbewussten« des Partners befänden. Dort trieben sie ihr zerstörerisches Unwesen – wie Satan, der sich der Seele einer Person bemächtigt hat und nun dort ohne Wissen seines Trägers wohnt. Die sich daraus ergebende Schlussfolgerung müsste lauten, dass ohne eine Heilung der Wurzeln, ohne einen Reinigungsprozess oder eine Verbannung diesen destruktiven Kräften kein Einhalt geboten werden könne.

Man kann jedoch einwenden: »Aber was ist, wenn der beschuldigte Elternteil *tatsächlich* die Schuld am Problem des Kindes trägt?« Wir möchten betonen, dass wir diese Möglichkeit ausschließen. Eine Angststörung entsteht immer angesichts *multikausaler Prozesse*. Dies kann zum Beispiel eine physiologische Neigung zu einer hohen Reizstimulation sein, verbunden mit bestimmten Umständen, die diese Neigung wachrufen (z. B. ein traumatisches oder Angst einflößendes Erlebnis oder plötzliche Veränderungen der Lebensumstände); oder eine Abnahme der Kraft des Kindes und seiner Familie, sich dieser Neigung zu widersetzen (z. B. wegen einer Krankheit des Kindes oder der Eltern, wegen finanzieller Schwierigkeiten oder wegen einer Veränderung der elterlichen Präsenz zu Hause). Dazu kommen Lebensbedingungen, die Vermeidungsstrategien ermöglichen (z. B. Schulausfall, die Abschottung zu Hause, die Aufgabe täglicher Beschäftigungen), Schwierigkeiten der Eltern, sich abzusprechen, oder Konflikte zwischen ihnen und andere Faktoren. Selbst wenn also ein Elternteil einen wesentlichen Anteil an dem Prozess hat, lässt ihn dies trotzdem nicht »schuldig« an den Ängsten des Kindes werden. Ganz zu schweigen davon, dass der andere Elternteil mit seinen Anschuldigungen ebenfalls zum Fortbestehen des Problems beiträgt. Auch der anklagende Elternteil trägt jedoch nicht die »Schuld« an dem Problem. Wenn aber diese anschuldigenden Verhaltensweisen und die entsprechenden Gegenreaktionen gemäßigt werden können, entstehen die Voraussetzungen für eine bessere elterliche Auseinandersetzung mit dem Problem.

Das Verhaltensmuster des Beschuldigens verstärkt die Differenzen zwischen den Eltern. Dadurch wird ihre Fähigkeit, als elterlicher Anker zu fungieren, angegriffen oder sogar zunichte gemacht. Außerdem untergraben die gegenseitigen Beschuldigungen der Eltern das Gefühl der Sicherheit des Kindes. Die Vorwürfe der Eltern lassen das Kind in fortwährender Unsicherheit leben, da die elterliche Funktion ständig hinterfragt wird. Manchmal lassen die Konflikte der Eltern den für das Kind lebensnotwendigen Anker sogar zusammenbrechen. Das Kind versucht dann, sich durch ein beständiges Vermeidungsverhalten über Wasser zu halten.

Wir betrachten daher das Ziel, die gegenseitigen Beschuldigungen zu mäßigen, als eine Angelegenheit von hoher Priorität. Wir verdeutlichen den Eltern, dass eine beschuldigende Haltung das Problem fortbestehen lässt. Wir stellen klar, dass ein Elternteil niemals die alleinige Verantwortung für die Angststörung des Kindes trägt. Wir erklären dem beschuldigenden Elternteil, dass er den Partner nicht dazu bringen kann, seine »Schuld zuzugeben« und seinen Standpunkt entsprechend seinen eigenen Erwartungen zu ändern. Wir weisen darauf hin, dass allein schon der Versuch, den Partner von der eigenen Meinung zu überzeugen, dazu führt, dass er auf seinem Standpunkt beharrt. Wir bemühen uns um eine begrenzte praktische Zusammenarbeit zwischen den Eltern, selbst wenn in vielen grundsätzlichen Ansichten keine Übereinkunft erzielt werden kann.

Eine solche partielle Zusammenarbeit wirkt sich positiv auf das Kind aus. Das Kind erlebt dadurch, wie seine Ängste die Eltern zusammenschweißen, anstatt die Distanz zwischen ihnen zu vergrößern. Durch die elterliche Verankerung erlebt es ein gewisses Maß an Stabilität und gewinnt Rahmenbedingungen für sein Leben. Wir müssen im Gedächtnis behalten, dass es im Kind auch innere Stimmen gibt, die sich mit den Ängsten auseinandersetzen möchten. Die Zusammenarbeit der Eltern, selbst wenn sie begrenzt und unwesentlich erscheint, stärkt diese Stimmen und gibt ihnen Halt.

Alice und Volker sind die Eltern von Max, einem 11-jährigen Jungen, der unter einer Panikstörung und Agoraphobie leidet. Seit seiner frühen Kindheit neigt Max zu verschiedenen Ängsten und zu vielen zwanghaften Ritualen. Wegen seiner Angst vor den Panikattacken, die er als sehr bedrohlich erlebt, weigert Max sich, auch nur für einen Augenblick allein zu bleiben. Er begründet dies damit, dass er nicht wissen könne, ob er vielleicht sofortige medizinische Hilfe benötige. Die Bemühungen der Ärzte, ihn davon zu überzeugen, dass er gesund ist, haben nicht geholfen. Alice ist die Hauptbezugsperson für Max. Sie bemüht sich über alle Maßen, Max auf jedem möglichen Weg zu beruhigen. Sie verbringt ihre Zeit beinahe ausschließlich mit ihm, abgesehen von den wenigen Stunden, in denen er in der Schule ist. Sie hat ihn viele Male über die Jahre hinweg zu umfangreichen medizinischen Untersuchungen begleitet. Wegen seiner Schwierigkeiten hat sie sogar ihren Plan aufgegeben, nach mehreren Jahren zu Hause wieder eine Arbeit aufzunehmen.

Volker ist schon lange der Meinung, dass Alices Verhalten Max gegenüber falsch ist. Er hat oft versucht ihr zu erklären, dass ihre wiederholten Versuche, Max zu beruhigen, nicht helfen würden und dass sie ihm vermitteln müssten, dass er ein »ganz normales Kind« wie alle anderen sei. Immer wieder beobachtet er, wie Alice Max' Forderungen nachgibt, ihre eigenen Angelegenheiten unterbricht, um ihn zum Arzt zu begleiten oder um einfach nur bei ihm zu sein. Seiner Meinung nach sind viele Ängste nur vorgeschoben, um die völlige Kontrolle über die Zeit seiner Mutter zu haben. Volker ärgert sich, dass Alice dies nicht sieht. Er hält ihr vor, dass sie die Verantwortung dafür trage, dass Max einen solch eingeschränkten Alltag habe. Er ist aufgrund seiner Ängste unfähig, allein das Haus zu verlassen, Freunde zu besuchen, an Ausflügen teilzunehmen oder einfach nur sein Leben zu führen. Volker meint, all dies sei das direkte Ergebnis von Alices falschen Entscheidungen.

Außerdem sieht er, wie Max seine Ängste nutzt, um Dinge zu erreichen, die er möchte, oder um sich aus der Verantwortung zu stehlen. Wenn er zum Beispiel schlafen gehen soll, beschwert er sich, dass er im Zimmer nicht atmen könne und deswegen im Wohnzimmer sein müsse. Dort sieht er dann natürlich Fernsehen. »Du verdirbst das Kind!«, sagt Volker wiederholt zu Alice. Sie ist jedoch davon überzeugt, dass man Max' großes Leid nicht einfach ignorieren könne. Ihr Herz schmerzt jedes Mal, wenn sie Volker reden hört. Sie gibt zu, dass Volker in gewissen Dingen durchaus Recht hat. Bei ihm verhält Max sich meistens anders. Seine Kritik an ihr führt jedoch nur dazu, dass sie sich noch schwächer und hoffnungsloser fühlt. Es folgt die Botschaft des Therapeuten an beide Eltern, mit dem Ziel, die elterliche Verankerung wiederherzustellen.

Alice und Volker,
  ich habe Ihnen beiden im Verlauf unserer letzten Sitzungen zugehört. Mal identifiziere ich mich mit dem Schmerz von Ihnen, Alice, mal mit dem Schmerz von Ihnen, Volker. Die ganze Zeit sehe ich jedoch vor mir, was Sie gemeinsam haben, die elterliche Basis, die Ihren Meinungsverschiedenheiten zugrunde liegt: die Sorge um ihren Sohn und die Energien, die sie in ihn investieren. Ihr Sohn ist kein einfaches Kind, und Sie beide haben schon so viele Dinge versucht, um ihm zu helfen.
  Sie, Alice, haben viele Jahre Ihres Lebens der Fürsorge ihres Sohnes gewidmet, der viel mehr einfordert als die meisten Kinder. Sie haben ihm alles gegeben: Ihre Zeit, Ihre Kraft, Ihre Sorge, Ihre Liebe. Es gibt

nichts, was sie für Max nicht aufgeben oder tun würden. Ich sehe und schätze diesen Einsatz. Und ich finde, Ihnen gebührt nicht nur meine Annerkennung dafür, sondern die Achtung eines jeden Menschen. Trotz all dieser Bemühungen haben Sie es nicht geschafft, Max' Leid zu mindern. Sie waren dazu bereit, sein »Schutzkissen« zu sein, auch auf Kosten wichtiger Dinge in Ihrem Leben. Trotzdem fühlt Max sich weiterhin vollkommen unsicher. Sie haben mir erzählt, wie Max Ihnen manchmal sagt, dass er nicht atmen kann, dass er keine Luft kriegt. Ich habe den Eindruck, dass Sie schon viele Jahre keine Luft mehr bekommen. Sie haben seit langem aufgehört, selbst Luft zu holen. Aber Sie haben es nicht geschafft, Max die Luft zu geben, die Sie sich selbst vorenthalten.

Ihnen, Volker, möchte ich sagen, wie sehr ich Ihre Gedankengänge zu Max' Problem schätze. Sie haben wiederholt das Problem genau analysiert und Dinge gesagt, die auch ich hätte sagen können. Ich glaube, dass auch Sie viel Frust ertragen müssen. Sie glauben zu wissen, was zu tun ist, um eine Veränderung der Situation zu erreichen. Aber trotz Ihrer Bemühungen, in diese Richtung zu weisen, bleibt die Lage, wie sie ist.

Ich bin der Meinung, dass es für Sie beide an der Zeit ist, einige Dinge zu ändern. Ihre Bemühungen haben bisher keine Verbesserung bewirkt. Irgendetwas geht trotz Ihrer guten Absichten schief. Sie, Alice, möchten Max Sicherheit geben, aber er wird immer abhängiger. Sie, Volker, möchten Alice davon überzeugen aufzuhören, Max zu beschützen. Ihre Bemerkungen werden jedoch als Vorwürfe aufgenommen. Anstatt dass Sie Alice stärken, schwächen Sie sie. Ich möchte Ihnen einen anderen Weg vorschlagen. Alice, ich schlage Ihnen vor, die Luft zu nehmen, die Ihnen schon lange gebührt. Sie brauchen Unterstützung, um das tun zu können. Deswegen schlage ich vor, dass wir zusammen einen Plan erstellen, damit Sie diese notwendige Unterstützung bekommen.

Wenn Sie nicht atmen können, dann wird auch Max in den kommenden Jahren weiter ersticken. Wenn Sie nicht Ihr eigenes Leben führen können, dann wird auch Max kein selbständiges Leben haben. Ihnen, Volker, möchte ich sagen, dass die ineffektiven Worte durch Taten ersetzt werden müssen. Wenn Sie wissen, was zu tun ist, dann tun Sie es! Wenn Sie verstehen, wie zu handeln ist, dann handeln Sie! Alice, das wird Max fördern, selbst wenn er protestieren sollte. Also, Volker, warten Sie nicht darauf, Alice von Ihrer Meinung zu überzeugen. Sie haben große Lebenserfahrung – anstatt zu versuchen, diese an Alice weiterzugeben, sollten Sie diese nutzen. Anstatt Alice zu belehren oder ihr zu predigen, seien Sie ihr Partner, stehen Sie ihr zur Seite und seien Sie ihr eine Stütze! Ich bin mir sicher, dass sie Ihre Hilfe annehmen und selbst handeln kann, wenn wir die Bedingungen dafür schaffen. Sie beide werden merken, wie Sie mit der Zeit stärker werden. Und noch etwas: Sie werden im Nu sehen, wie auch Max im positiven Sinne stark sein kann – und nicht nur im negativen Sinne.

Wie kann man eine begrenzte Zusammenarbeit erreichen?

Oft scheint es, dass das Verhältnis der Eltern von Grund auf verbessert oder die Differenzen in ihren Standpunkten und in ihren Erziehungsstilen ausgeräumt werden müssten. Dies scheint eine notwendige Voraussetzung für eine Zusammenarbeit zugunsten des ängstlichen Kindes zu sein. Viele Therapeuten sind dieser Überzeugung und verweisen Eltern deswegen an eine Paartherapie, in der Hoffnung, damit dem ängstlichen Kind zu helfen. Das Ziel, eine grundlegende Übereinkunft über Ideologie und Erziehungsstil zu erlangen, ist jedoch meist unrealistisch. Eltern, die in der Illusion gefangen sind, dass es »alles oder nichts« sein muss, vergeuden meist viel Zeit und Energie, während sich die Lage weiter verschlechtert. Wir haben die Erfahrung gemacht, dass eine grundlegende Lösung der Eheprobleme keine notwendige Voraussetzung für eine Arbeit mit den Ängsten darstellt. Oft ist es gerade diese Vorstellung, die eine Veränderung der Lage verhindert.

Am Anfang dieses Kapitels haben wir ein Paar beschrieben, Gili und Shai, die sich nicht einigen konnten, wie mit den Ängsten ihrer Tochter Meli umzugehen sei. Über eine scheinbar unbedeutende Sache konnten sie sich jedoch zu Beginn des Veränderungsprozesses verständigen.

Shai und Gili entschieden, dass sie nicht mehr zulassen würden, Melis Bruder bei Meli schlafen zu lassen, wenn diese Angst hätte. Trotz der Auseinandersetzungen zwischen ihnen waren sie sich darüber einig, dass diese Bitte ihrem Bruder gegenüber nicht fair sei. Der hatte in letzter Zeit seiner Unzufriedenheit über die Situation immer häufiger Luft verschafft. Am ersten Abend, als Meli wieder darum bat, ihr Bruder möge bei ihr schlafen, reagierte Shai auf seine übliche Art und schlug Melis Bitte ab. Sofort wandte sich Meli an ihre Mutter und bat darum, das Ausschlagen der Bitte doch rückgängig zu machen. Gili hätte beinahe eingewilligt, da trafen ihre Augen die von Shai. Sie erinnerte sich an die Vereinbarung und sagte: »Papa und ich haben uns entschieden, dass das keine gute Sache ist!« Die Diskussion, die daraufhin entbrannte, war von kurzer Dauer und Meli schlief noch am selben Abend allein.

Dieses Ereignis zeigte für alle Beteiligten eine neue Möglichkeit in der Familiendynamik auf, nämlich dass die Eltern – wenn auch begrenzt – zusammenarbeiten können. Sie können trotz ihrer grundsätzlichen Differenzen und der unterschiedlichen Perspektiven, die sie über Melis Leid haben, gemeinsam praktische Entscheidungen fällen.

Eine Methode, um festgefahrene Standpunkte von Eltern aufzuweichen und eine begrenzte Zusammenarbeit zu erreichen, ist das zeitlich begrenzte Spiel der *vertauschten Rollen*. Für eine festgelegte Zeit müssen die Eltern ihre Rollen in einem bestimmten Bereich, in dem sie eine Zusammenarbeit anstreben, tauschen. Zum Beispiel muss der Elternteil, der bisher zum Nachgeben neigte, die Rolle des Grenzwächters in dem entsprechenden Bereich übernehmen. Der andere Elternteil, der bisher Grenzen setzte und Forderungen stellte, spielt nun die Rolle des weichen und nachgiebigen Elternteils. Die Eltern werden aufgefordert, sich nicht gegenseitig zu kritisieren oder bei der Ausführung der Rolle zu stören, selbst wenn sie das Gefühl haben, dass der Andere seiner vorgegebenen Rolle nicht treu bleibt.

Ina und Rudi, die Eltern der 7 Jahre alten Shelly, entschieden sich, die Rollen in Bezug auf Shellys Gewohnheit zu tauschen, jede Nacht in das Elternbett zu kommen. Wenn Shelly nachts aufwachte, bekam sie Angst und stapfte in das elterliche Schlafzimmer. Ina und Rudi wurden jedes Mal wach und fragten sie, was los sei. Shelly weinte meist und sagte, dass sich unter ihrem Bett Ungeheuer versteckten. Rudi versuchte sie dazu zu bewegen, wieder in ihr Bett zu gehen. Wenn dann aber das

Weinen anschwoll, machte Ina ihr im elterlichen Bett Platz. Rudi war der Überzeugung, dass diese Gewohnheit nicht von allein verschwinden würde. Er wollte es nicht länger zulassen, dass Shelly in ihrem Bett schlief. Ina beschuldigte ihn, dass er herzlos sei und dass ihn das Weinen ihrer Tochter überhaupt nicht berühre.

In Folge des gemeinsamen Entschlusses, die Rollen für einige Nächte zu tauschen, wurde das nächtliche Szenario plötzlich ganz anders. Wie erwartet erschien Shelly nachts neben dem Bett ihrer Eltern und berichtete über die Rückkehr der Ungeheuer unter ihrem Bett. Ina sprach zu ihr in weichem, aber bestimmtem Ton und sagte, dass sie versuchen müsse, die Ängste zu überwinden. Sie sei bereit, neben ihrem Bett zu sitzen, bis sie eingeschlafen sei, aber sie könne Shelly nicht erlauben, im Bett der Eltern zu schlafen. Shelly war von dieser Reaktion überrascht und kam ganz durcheinander. Einige Momente schwieg sie, dann fing sie wieder an zu weinen. Daraufhin setzte sich Rudi an den Bettrand und nahm Shelly in seine Arme. »Das ist sicherlich ganz schön beängstigend, allein im dunklen Zimmer zu sein, nicht war?« Shelly schmiegte sich eng an ihn und hielt ihn fest. Am Ende war es Rudi, der neben ihrem Bett saß, bis sie einschlief

Während der Therapiesitzung am darauf folgenden Tag waren Ina und Rudi ganz gerührt. Rudi sprach von der Wärme, die er für Shelly verspürt hatte, als sie in seinen Armen Schutz suchte. Ina war beeindruckt, dass sie angesichts von Shellys Weinen nicht automatisch nachgegeben hatte. Solch ein Rollentausch erwies sich für Ina und Rudi auch in anderen Aufgabenbereichen als nützlich.

Wenn einer der Eltern die Zusammenarbeit verweigert

Manchmal gelingt es nicht, beide Eltern im Kampf gegen die Angst zu einer Zusammenarbeit zu bewegen. Diese Ablehnung kann verschiedene Gründe haben wie Misstrauen, die grundsätzliche Ablehnung psychologischer Eingriffe, die feste Überzeugung, dass es kein Problem gibt, fehlende Zeit, Uneinigkeit über die Prinzipien des Ansatzes oder aus der Haltung heraus entstehen, dass das Problem eigentlich nur den Partner betreffe. In solch einer Lage ist der andere Elternteil gezwungen, allein einseitige Maßnahmen zu ergreifen.

Um einseitige Maßnahmen ergreifen zu können, ohne hierbei eine weitere Verschärfung oder eine Eskalation der Situation zu bewirken, muss man sich so gut wie möglich von vorgefassten Meinungen befreien. Zum Beispiel muss man sich von der Auffassung lösen, dass der Partner, der nicht zu einer Zusammenarbeit bereit ist, an allem schuld sei und sowieso jeden Versuch einer Verbesserung zerschlagen werde. Angststörungen ziehen ihre Kräfte aus verschiedenen Quellen. Einige Quellen werden von jedem Elternteil einzeln auf bestimmte Weise beeinflusst. Der handelnde Elternteil muss akzeptieren, dass sein Anteil natürlich immer nur ein Teil dessen sein wird, was das Kind beeinflusst. Er hat nicht die Kraft, um eine vollständige Lösung des Problems zu bewirken. Trotzdem kann eine Erleichterung der Lage erreicht werden. Dadurch werden die Bedingungen für zukünftige Auseinandersetzungen verbessert.

Die Einsicht, dass unser Beitrag zu den Ereignissen immer nur ein partieller sein kann, ist für die Bewältigung vieler Probleme wichtig, unter anderem auch für die Ängste des Kindes. Wir wagen sogar zu behaupten, dass es schwer sein wird, die Auseinandersetzung mit dem Problem zu verbessern, solange eine Person der Illusion einer vollständigen Lösung anhängt. Die fehlende Zusammenarbeit des Partners zwingt uns zu dieser schmerzvollen, aber doch wichtigen Einsicht: Wir haben nicht alles unter Kontrolle. Wir haben nicht die Möglichkeit, die Umgebung des Kindes ganz und gar zu formen, und wir können nicht alle Faktoren beseitigen, die in verschiedene – und manchmal gegensätzliche – Richtungen weisen.

Die Akzeptanz der Beschränktheit unseres Einflusses ist eng mit unserer Fähigkeit verbunden, die Ankerfunktion gut zu erfüllen. Die Ankerfunktion ist nämlich von der Einsicht abhängig, dass wir das Kind weder retten noch zwingen können: Wir können als Eltern nur unsere Unterstützung anbieten. Das Kind wird entscheiden, ob es unsere Hilfe annehmen möchte. Diese Eingeschränktheit drückt sich auch in unserem Verhältnis zu unserem Partner oder bei Einflüssen in anderen Lebensbereichen des Kindes aus. Ein Anker kann weder die Strömungen des Meeres noch die Fahrt anderer Schiffe beeinflussen: Er erfüllt seine Funktion nur durch sein Gewicht, den Standort und seine Verbindung zum Schiff. Wenn wir also unseren elterlichen Standpunkt einnehmen, vermitteln wir zweierlei Botschaften: »Ich bin nicht mehr bereit hinzunehmen, dass du dich mir gegenüber so verhältst!«, und: »Ich kann nicht mehr tun als dies!«

Diese Einsicht ermöglicht uns, auch ohne die Zusammenarbeit des Partners zu handeln. Mit unseren einseitigen Maßnahmen sagen wir: »Hier stehe ich als Elternteil! Es ist meine Pflicht, so zu handeln!« Im gleichen Atemzug drücken wir damit auch aus: »Ich kann euch nicht zwingen, meine Meinung anzunehmen!«

Eine wichtige Bedingung, damit einseitige Maßnahmen gelingen können, ist die Vermeidung einer Eskalation und Verschärfung der Lage. Der Elternteil, der einseitige Maßnahmen ergreift, kann hierzu viel beitragen. Wie wir schon in unseren vorherigen Büchern betont haben (Omer und von Schlippe, 2004, 2010), ist die Entschärfung der Situation im Verlauf einer Auseinandersetzung meist den einseitigen Maßnahmen eines Beteiligten zu verdanken. Die Hoffnung, dass beide Seiten gleichzeitig einer Eskalation entgegenzuwirken suchen, realisiert sich nur in seltenen Fällen. Die Verbesserung von Konfliktsituationen ist meist einem einseitigen Handeln zu verdanken, bei dem einer der Beteiligten mit Bestimmtheit versucht, seinen Beitrag zum Teufelskreis einzustellen. Es folgen einige Prinzipien, die dabei helfen können, den eigenen Beitrag zu einer Verringerung der Auseinandersetzung zu leisten.

Handeln statt belehren

Einer der sichersten Wege, eine angespannte Situation zu verschärfen, besteht darin, den anderen Elternteil zu belehren. Menschen, die belehrt werden, fühlen sich in ihrem Selbstwertgefühl und in ihrer Ehre angegriffen und hegen Groll gegen die arrogante Haltung des Gegenübers. Leider lässt sich die Gewohnheit zu belehren nur schwer abgewöhnen, insbesondere da der Belehrende nicht immer merkt, dass er den anderen zu belehren sucht: Er glaubt, nur etwas zu erklären. Und seine Absicht ist durchaus zu erklären. Aber bei Konflikten verwischt der Unterschied zwischen Erklärung und Belehrung. Dies liegt daran, dass Menschen in Konfliktsituationen nicht fähig sind, den Argumenten einer anderen Person zuzuhören oder von ihr zu lernen. Das lässt den »Erklärenden« frustriert zurück, der sich nun genötigt fühlt, seine Erklärung noch bestimmter vorzutragen, damit sie verstanden wird. Der Tonfall wird daher energischer und eindringlicher. Was also als Erklärung anfing, wird alsbald zu einer deutlichen Belehrung. Die Reaktion des Partners fällt entsprechend aus: Je energischer die Belehrung, desto stärker die Ablehnung. Um eine Eskalation der Situation zu vermeiden, ist es daher wichtig, dass wir unserem inneren Drang Einhalt gebieten, den Anderen mit wachsender Energie »überzeugen« zu wollen. Dieser Verzicht bedeutet nicht, dass wir unsere Zielsetzung aufgeben. Ganz im Gegenteil: Einseitige Maßnahmen, die mit der Anerkennung des Rechtes des Anderen einhergehen, anders denken und handeln zu dürfen, haben größere Chancen, das eigene Ziel zu erreichen.

Größtmögliche Transparenz

Wenn wir hinter dem Rücken des Partners agieren, schürt dies zwangsläufig die Feindseligkeiten und vergrößert die Differenzen zwischen den Eltern. Dadurch wird die elterliche Fähigkeit, als Anker zu fungieren, geschwächt. Der Elternteil, der einseitige Maßnahmen ergreift, muss deswegen mit größtmöglicher Transparenz handeln und den Partner über seine geplanten Schritte informieren. Eine zuverlässige und friedliche Informationspolitik ist ein wichtiges Mittel, um einer Eskalation der Situation vorzubeugen. Die Berichterstattung hilft dabei zu vermeiden, dass die Differenzen zunehmen, selbst wenn der Partner angeblich kein Interesse an der Information zeigt. Der Bericht kann mündlich oder schriftlich, persönlich oder durch einen Vermittler überbracht werden. Man sollte darauf achten, dass die Berichterstattung keine Kritik enthält. Es folgt das Beispiel eines Briefes, den eine Mutter ihrem Mann überreichte, der sich weigerte, an den psychologischen Beratungsgesprächen teilzunehmen, und der die ganze Schuld an den Problemen des Sohnes der Mutter gab. Da die Kommunikation zwischen den Eltern sehr spärlich war, übergab die Mutter diese Botschaft dem Vater sowohl mündlich als auch schriftlich.

Lieber Moritz,
    ich möchte Dich wissen lassen, welche Schritte ich im Hinblick auf Gordons Probleme unternehmen möchte. Ich nehme eine Beratung

für Eltern mit ängstlichen Kindern in Anspruch. Ich hatte Deinen Bruder gebeten, Dir von dieser Beratung zu erzählen. Ich habe schon an zwei Sitzungen teilgenommen. Dort habe ich verstanden, dass ich aufhören muss, Gordons Forderungen nachzugeben, und dass ich ihm klare Grenzen setzen muss. Einige Leute werden meine Bemühungen unterstützen. Ich habe schon mit Deinem Bruder und seiner Frau gesprochen, und beide sind bereit, mir zu helfen. Auch meine beiden Schwestern und zwei meiner Freundinnen werden mich unterstützen. Mit Hilfe dieser Unterstützung beabsichtige ich, Gordon zu sagen, dass ich aufhören werde, ihm unnötige Hilfestellungen zu geben. Ich werde aufhören, ihm das Essen ins Zimmer zu bringen und nach seinen Wünschen zu kochen. Ich werde ihn auch nicht mehr zu seinen Nachmittagsaktivitäten und zu seinen Freunden fahren. Ich werde Unterstützung erhalten, um mit den zu erwartenden Wutanfällen von Gordon fertig zu werden. Ich erzähle meinen Helfern alle Details von meinen Problemen mit Gordon.

In der Beratung habe ich gelernt, dass es nichts hilft, Dich oder mich selbst für Gordons Probleme verantwortlich zu machen. Es ist aber auch nicht richtig, untätig zuzusehen und zu hoffen, dass die Rettung von selbst kommen möge. Ich verstehe, dass Du momentan nicht bereit bist, an den Beratungsgesprächen teilzunehmen. Ich respektiere Deine Entscheidung, insbesondere angesichts der Tatsache, dass ich nun das genaue Gegenteil von dem tun werde, was ich bisher die ganzen Jahre getan habe. Nächste Woche werde ich Gordon wissen lassen, was ich zu tun beabsichtige. Ich überreiche Dir beiliegend eine Kopie der Mitteilung an Gordon, damit Du im Bilde bist. Auch wenn Du weiterhin Vorbehalte hast, werde ich Dich über die weiteren Entwicklungen informieren. Ich würde mich natürlich freuen, wenn Du auch einen Beitrag zu der Auseinandersetzung leisten würdest, sei es in Zusammenarbeit mit mir, sei es auf Deinem eigenen Wege.
Sonja

Botschaften mit Hilfe von Vermittlern überreichen

Die Einschaltung von Vermittlern ist ein anerkanntes Mittel, um die Eskalation von Situationen zu verringern. Die Erfahrung mit Konflikten verschiedener Art zeigt, dass die gleichen Mitteilungen weniger

Abwehr auslösen, wenn sie von einem Vermittler ausgesprochen werden, als wenn sie direkt gesagt werden. Eltern von Jugendlichen kennen das gut: Ihre Vorschläge stoßen beim Jugendlichen auf vehementen Widerstand, während sie ohne Schwierigkeiten angenommen werden, wenn sie von einer dritten Person vorgebracht werden. Dieser mäßigende Einfluss der Vermittler hat verschiedene Gründe. Vermittler sind seltener Reizauslöser als die Person, mit der wir einen Konflikt haben. Außerdem hat ein Vorschlag aus dem Mund einer dritten Person nicht den Beigeschmack einer Kapitulation, was häufig der Fall ist, wenn uns unser Gegenspieler einen Vorschlag unterbreitet. Zusätzlich bekommt die Interaktion durch die Anwesenheit eines Vermittlers ein Publikum, das unser Schamgefühl verstärkt und das unsere Bereitschaft eindämmt, in Wut auszubrechen. Entsprechend haben wir in unserer Arbeit mit gewalttätigen Jugendlichen die Erfahrung gemacht, dass gewalttätige Ausbrüche viel seltener in Anwesenheit eines außenstehenden Zeugen stattfinden.

Der mäßigende Einfluss einer dritten Person kann auch den Eltern helfen, die miteinander im Konflikt stehen, vorausgesetzt, die Person wird von beiden Eltern als Vermittler akzeptiert. Vielen Eltern fällt es schwer, eine dritte Person mit einzubeziehen. In Situationen, die eskalieren können oder in denen die Standpunkte polarisiert sind, lohnt es jedoch, dieses anfängliche Widerstreben zu überwinden. Oft wirkt sich eine minimale Verbesserung in der Zusammenarbeit der Eltern erheblich auf die häusliche Atmosphäre aus. In einigen Fällen haben wir erlebt, wie sich anfangs ein Elternteil weigerte, an der Beratung teilzunehmen, wie er jedoch nach der Übergabe einer Mitteilung durch einen Vermittler zu den Gesprächen hinzukam und einen entscheidenden Beitrag in der elterlichen Auseinandersetzung mit dem Problem leistete.

Das eigene Engagement vergrößern, ohne das Engagement des anderen Elternteils zu beeinträchtigen

Mit einseitigen Maßnahmen steigert der Elternteil, der die Initiative ergreift, sein Engagement im Leben des Kindes. Zum Beispiel investiert er mehr Zeit, um neue Schritte zu planen und auszuführen, alte Gewohnheiten zu durchbrechen, Unterstützung einzuholen und dem

Kind wichtige Botschaften zu vermitteln. Mit all diesen Maßnahmen hört der Elternteil auf, für das Kind einfach nur wie selbstverständlich anwesend zu sein. Der Elternteil, der einseitige Maßnahmen ergreift, wird also zum Initiator von Veränderungen in der Familie und verstärkt seine Führungsposition in der Familie.

Diese Neuorientierung kann vom anderen Elternteil als bedrohlich empfunden werden. Er sieht dadurch seine Stellung in der Familie in Frage gestellt. Wenn zum Beispiel der Vater, der bisher eine Randfigur im Familienleben spielte, sein Engagement im Leben seines Sohnes verstärkt, könnte die Mutter das Gefühl bekommen, dass der Vater in ihren Verantwortungsbereich eindringt. In diesen Fällen ist es wichtig, dass der Elternteil, der einseitige Maßnahmen ergreift, gleichzeitig versöhnende und respektvolle Aussagen gegenüber seinem Partner macht. Diese Aussagen können entweder direkt oder mit Hilfe von Vermittlern überbracht werden. Der Initiator sollte betonen, dass er durch sein Handeln sein Engagement im Leben des Kindes verstärken möchte, dass er aber die Stellung des anderen Elternteils im Verhältnis zum Kind respektiere und wertschätze. Schon die Bereitschaft, solche Aussagen offen und nachdrücklich zu artikulieren, verringert das Misstrauen und den zu erwartenden Widerstand.

Der Partner, der die Initiative ergreift, muss verstehen und akzeptieren, dass der andere Partner das Kind weiterhin auf seine Weise behandeln wird und eventuell den neuen Eingriffen misstrauisch begegnen wird. Angesichts dieser Einschränkungen kann der Elternteil, der eine Veränderung einleiten möchte, natürlich fragen: »Was soll denn dann meine Arbeit bewirken, wenn mein Partner so weitermacht wie zuvor?« Wir erinnern daran, was wir über die innere Vielstimmigkeit der Seele des Kindes gesagt haben: Das ängstliche Kind trägt sowohl Stimmen in sich, die das Vermeidungsverhalten aufrechterhalten wollen, als auch Stimmen, die eine Auseinandersetzung mit der Angst befürworten. Diese positiven Stimmen sind vielleicht anfangs schwach oder nicht hörbar. Unter gewissen Umständen können sie jedoch stärker werden und sich Gehör verschaffen. Die einseitigen Maßnahmen eines Elternteils bereiten den Boden für solche Prozesse. Dies gilt natürlich nur, wenn die einseitigen Maßnahmen *nicht* von einem Prozess begleitet werden, in dem die Auseinandersetzungen zunehmen und die Standpunkte der Eltern sich verhärten.

Die angeführten Prinzipien, die den Erfolg von einseitigen Maßnahmen eines Elternteils befördern, haben einen gemeinsamen Nenner: Alle basieren darauf, dass der Dämonisierung des anderen Elternteils ein Ende gesetzt werden muss. Solange wir den anderen Elternteil für die Probleme des Kindes verantwortlich machen, werden die Auseinandersetzungen zunehmen und die Differenzen zwischen den Eltern sich auf destruktive Weise vergrößern. Indem wir aber aufhören, den Partner zu belehren, ihn über die beabsichtigten Schritte informieren, Vermittler einschalten und verdeutlichen, dass wir den Partner nicht vom Familienleben ausschließen wollen, erkennen wir an, dass auch wir einen wesentlichen Beitrag zum Fortbestehen des Problems geleistet haben, dass auch wir unser Handeln verändern müssen und dass wir für unser Handeln die volle Verantwortung übernehmen. Diese Haltung signalisiert Akzeptanz des Anderen und vermittelt Versöhnungsbereitschaft. Wir dürfen nicht erwarten, dass wir dadurch den anderen Elternteil von unserer Meinung überzeugen werden. Das Ziel, die Differenzen zumindest teilweise auszugleichen und einer Eskalation der Situation entgegenzuwirken, lässt sich jedoch auf diesem Weg erreichen. Diese Errungenschaft wird zu guter Letzt von der ganzen Familie bemerkt werden.

Fünftes Kapitel
Vom Vermeidungsverhalten zur Kontrollherrschaft

Jeder Mensch benötigt ein gewisses Gefühl der Kontrolle, um durch sein Leben navigieren zu können. Ängste rufen (natürlicherweise) ein verstärktes Bedürfnis nach Kontrolle hervor, um das Gefühl der Hilflosigkeit, das man angesichts der Bedrohung empfindet, zu kompensieren.

In unserem letzten Urlaub besuchten wir eine kleine malerische Stadt. Wir bummelten ziellos durch die engen Gassen an Geschäften und Ständen vorbei und verloren dabei Zeitgefühl und Orientierung. Trotzdem genossen wir es richtig, uns in den kleinen Straßen zu verlaufen. Nur Michal, unsere 10-jährige Tochter, konnte den Bummel nicht genießen. Sie war angespannt und nervte uns die ganze Zeit mit ihren Fragen: »Wann gehen wir zurück ins Hotel?«, »Wie finden wir das Auto wieder?«, »Lasst uns doch jemanden um Hilfe bitten!«

Der bewusste Akt, orientierungslos umherzulaufen, setzt voraus, dass wir unser natürliches Bedürfnis nach Kontrolle zeitweise loslassen. Auch wenn dieses »Verlorengehen« zu einer unangenehmen Erfahrung werden kann, so besteht doch während des Urlaubs, in dem wir von unseren täglichen Verpflichtungen befreit sind, die Möglichkeit, gerade eine solche Flexibilität zu genießen. Diese innere Offenheit setzt jedoch ein grundlegendes Gefühl von Sicherheit voraus: das Wissen, dass »alles in Ordnung« ist. Man kann sich nur am Verlaufen erfreuen, wenn man sicher ist, dass diese Situation zeitlich begrenzt und sofort wieder zu beheben ist. Der bewusste Kontrollverzicht wird von einer bedrohlichen Erfahrung zu einem vergnüglichen Abenteuer, wenn unser grundlegendes Gefühl von Sicherheit mit einem zeitweisen Loslassen der Verantwortung gekoppelt werden kann.

Während alle anderen Familienmitglieder das Umherirren in den Gassen genossen, hatte Michal das Gefühl, dass die Familie sich in einem gefährlichen Labyrinth verirrte. Für sie, die sich in der fremden Umgebung nicht sicher fühlte, war diese Erfahrung Angst einflößend. Ihre Erfahrung ähnelte eher der beängstigenden Atmosphäre von »Hänsel und Gretel« als dem Gefühl des spielerischen »Verlorengehens« der anderen Familienmitglieder. Die fehlende Sorge der anderen verschärfte sogar ihre Angst. Sie hielt sich für die einzige verantwortungsbewusste Person der Familie!

Selbst wenn unser Gefühl, unser Leben oder gewisse Lebensbereiche unter Kontrolle zu haben, häufig auf einer Täuschung beruht, hilft uns dieses Gefühl, durch das Leben zu navigieren. Ohne unsere eingebildete Fähigkeit, Ereignisse vorherzusehen und zu beeinflussen, fühlen wir uns wie ein Blatt im Wind: ohne eigenes Gewicht und ohne eigene Richtung. Dieses Gefühl ähnelt dem des Ausgeliefertseins eines ängstlichen Kindes. Um ihm helfen zu können, müssen wir seine Gefühle verstehen und respektieren. Tatsächlich ist das ängstliche Kind mit einer ganz besonders empfindlichen Antenne für die existenzielle Unsicherheit ausgestattet, in der wir uns befinden. Es kann seine Augen nicht vor der Tatsache verschließen, dass wir uns in ständiger Gefahr befinden, dass wir nicht wirklich wissen, was uns erwartet, dass die Welt bedrohlich und unendlich ist, während wir vergänglich, winzig klein und machtlos sind. Selbst wenn sich seine Ängste oft auf die falschen Dinge beziehen, muss man doch anerkennen, dass das ängstliche Kind auf empfindsame und einschneidende Weise unsere grundsätzliche Verletzlichkeit erfasst.

Diese Einsicht ermöglicht uns, den Ängsten des Kindes mit Verständnis zu begegnen. Wir können die Angst nicht mit oberflächlichen beruhigenden Worten beiseite schieben. Wir müssen versuchen, dem Kind zu helfen, in der bedrohlichen Welt wieder Halt zu finden. Wir dürfen uns jedoch nicht wundern, wenn die Angst des Kindes im Laufe dieses Prozesses immer wieder entfacht wird.

Bescheidenheit ist angesagt: Wir können ein ängstliches Kind nicht gegen die Angst immunisieren, genau so wie wir einen scharfsichtigen Menschen nicht kurzsichtig machen können. Das ängstliche Kind hat einen sehr ausgeprägten Sinn in Bezug auf die Unsicherheiten unserer Existenz. Wir haben keine Möglichkeit, seine scharfen Sinne abzustumpfen. Wir sollten uns glücklich schätzen, wenn wir ihm helfen können, sein Kontrollbedürfnis bis zu einem gewissen Grad einzudämmen, und dadurch seine Fähigkeit vergrößern, den täglichen Verpflichtungen nachzukommen. Dieser Prozess führt erfreulicherweise auch zu einem Abbau der Ängste, unter denen das Kind so leidet.

Kontrollbedürfnis und Kontrollübernahme

Ängste, die von einer Angststörung herrühren, lösen im Kind ein ganz besonders starkes Kontrollbedürfnis aus. Das Kontrollbedürfnis eines ängstlichen Kindes greift allmählich auf den persönlichen Freiraum der Eltern über. Mit seiner Forderung, jeden Schritt der Eltern im Voraus mitgeteilt zu bekommen, kann das Kind Änderungen oder Abweichungen vom Alltagsprogramm als fehlende Rücksichtnahme oder sogar als Verrat empfinden. Einfache Fragen wie »Wo geht ihr hin?« oder »Wann genau kommt ihr wieder?« können irritieren und zu einem einengenden Ansinnen werden. Zum Beispiel kann das Kind darauf beharren, dass die Eltern über ihr Handy zu jeder Tageszeit erreichbar sein müssen. Es kommt häufig vor, dass Eltern beruhigend auf ihr Kind einreden müssen, jedes Mal wenn sie das Haus verlassen. Oft werden die elterlichen Pläne auch durch die angebliche Notwendigkeit, das Kind vor der Angst zu retten, durchkreuzt. In solch einer Situation darf man sich nicht wundern, wenn viele Eltern lieber gleich zu Hause bleiben.

Norbert war 10 Jahre alt, als er anfing, sich über die Gefahren Sorgen zu machen, die auf ihn und seine Familie lauerten. Die Eltern hatten den Eindruck, dass er zu einer Antenne geworden war, die jedes Anzeichen eines möglichen negativen Ereignisses empfing. Ein Fernsehbericht über eine neue Krankheit, die Gefahr eines Erdbebens oder ein Anstieg der Autounfälle ließen Norbert in einem Strudel von Gedanken über mögliche Katastrophen versinken. Die Sorge, dass ein Familienmitglied in einen Autounfall verwickelt werden könnte, wurde zu einem zentralen Problem im Familienalltag. Die Eltern waren verpflichtet, Norbert vor jeder Autofahrt anzurufen und ihn im Laufe der Fahrt immer wieder darüber zu informieren, welche Strecke sie fuhren und wann er sie zu Hause erwarten konnte.

Später beharrte Norbert darauf, dass er morgens das Haus nicht verlassen könne, um zur Schule zu gehen, bevor er nicht wüsste, dass seine Mutter sicher bei ihrer Arbeitsstelle eingetroffen sei. Er weckte seine Mutter früh morgens, damit sie bei der Arbeit eintreffen und ihn anrufen konnte, bevor er das Haus für die Schule verlassen musste. Schnell dehnten sich Norberts Kontrollmaßnahmen aus. Er verbat seiner Familie, die Nachrichten anzuschauen, er zensierte die Gesprächs-

themen und erklärte alles für tabu, was bei ihm Ängste auslöste. Er setzte diese neuen Regeln mit Wutanfällen, Weinkrämpfen und manchmal sogar mit physischer Gewalt durch.

Das Kontrollbedürfnis ist bei einer Zwangsstörung besonders stark ausgeprägt. Kinder mit Zwangsstörungen fühlen sich durch viele Faktoren bedroht. Einige von ihnen sind durchaus realistisch, wie Krankheiten, Unfälle oder Todesfälle, andere dagegen realitätsfern, zum Beispiel die beständige Sorge, dass sie sich unangemessen verhalten könnten oder verhalten haben. Das zwanghafte Kind entwickelt eigentümliche Verhaltensweisen und glaubt, dass die schlimmen Ereignisse abgewendet werden können, wenn es diese selbst aufgestellten Verhaltensregeln nur streng genug einhält. Auf diesem Weg erreicht das Kind ein scheinbares Gefühl von Kontrolle.

Ein aufreibender Charakterzug der Angststörung ist das ständige Gefühl des Zweifels. Ein zwanghaftes Kind gibt sich nicht mit dem Maß an Gewissheit zufrieden, das für ein normales oder sogar ein ängstliches Kind ausreicht. Der zwanghafte Zweifel erschüttert jede Sicherheit, jede Möglichkeit, sich auf gediegene Informationen zu verlassen oder Beruhigungsversuche anzunehmen. Der Zweifel kann fast jeden Lebensbereich betreffen: zum Beispiel das Ausführen von alltäglichen Handlungen (»Habe ich die Tür abgeschlossen?«, »Jetzt, wo ich die Tür überprüft habe, kann ich sicher sein, dass ich sie richtig überprüft habe?«), Mitteilungen anderer Menschen (»Ist das wirklich so?«, »Wirklich, wirklich?«, »Hast du mir gesagt, dass das wirklich so ist?«), Gefühle anderer Menschen (»Liebst du mich wirklich?«, »Wie stark liebst du mich?«) und sogar eigene Meinungen und Entscheidungen (»Möchte ich wirklich weiter Fußball spielen gehen oder lieber ein anderes Hobby ausüben?«, »Habe ich mich richtig entschieden?«, »Habe ich vielleicht einen Fehler begangen?«, »Kann ich mir sicher sein, dass ich meine Entscheidung nicht bereuen werde?«). Zweifel, die für Eltern besonders schwer zu ertragen sind, beziehen sich auf die Stellung des Kindes innerhalb der Familie und die elterliche Liebe zum Kind. Diese Zweifel führen zu endlosen Prüfungen: »Lieben mich meine Eltern auch wirklich?« Dieses andauernde Hinterfragen beeinträchtigt den persönlichen Freiraum der Eltern enorm. Jeder Versuch, den Wünschen des Kindes Grenzen zu setzen, kann als Beweis ihrer fehlenden Liebe ausgelegt werden: »Würdet ihr mich wirklich lieben, dann würdet ihr nicht so handeln!«

Oft bestehen beim zwanghaften Kind auch Zweifel, ob es nicht im Vergleich zu seinen Geschwisterkindern benachteiligt wird. Dieses Gefühl lässt es nach Beweisen dafür suchen, dass seine Stellung innerhalb der Familie sicher und gleichberechtigt ist. Leider kann es davon trotz aller Bemühungen der Eltern nicht überzeugt werden. Die Eltern werden also zu weiteren Beweisen und Bestätigungen aufgefordert. So entsteht ein grausamer Teufelskreis, in dem die Eltern wieder und wieder Beweise erbringen müssen, während ihr Bemühen von den Zweifeln verschluckt wird wie von einem Schwarzen Loch. So werden ihre Liebe und ihre Hingabe zunichte gemacht. Die elterlichen Versuche, dem Kontrollbedürfnis des Kindes gerecht zu werden und ihre Liebe zu beweisen, beschwören unvermeidlich einen Teufelskreis herauf: Das zwanghafte Kind wird nach den Bestätigungen der elterlichen Liebe süchtig. Er kann davon niemals genug bekommen. Gleichzeitig wird die elterliche Verankerung durch die verzweifelten Versuche, dem Kind Sicherheit zu vermitteln, stark erschüttert.

Die Tyrannei der Zwangsstörung

Das Kontrollbedürfnis eines zwanghaften Kindes wird insbesondere in der Umgebung des Elternhauses aktiviert. Ein charakteristisches Merkmal der Zwangsstörung besteht darin, dass die Welt in zwei Hälften geteilt wird: in die Welt zu Hause, in der strengste Kontrolle ausgeübt werden muss, und in die Welt außerhalb, von der das Kind weiß, dass es dort unmöglich alles unter Kontrolle haben kann. Diese Aufteilung kann so vollständig sein, dass Menschen außerhalb des Familienkreises keine Anzeichen einer Störung im Verhalten des Kindes ausmachen können, während gleichzeitig das Leben zu Hause vom Kontrollbedürfnis des Kindes bestimmt wird.

Das Kontrollbedürfnis des Kindes kollidiert unvermeidlich mit den Wünschen der Eltern, die ihre eigenen Vorstellungen vom Familienleben haben. Anfangs gehen die Eltern auf die besonderen Vorschriften des Kindes ein, um ihm Leid zu ersparen. Allmählich empfinden die Eltern jedoch, dass sie dazu gezwungen sind, die Vorschriften des Kindes zu erfüllen. Dieses Gefühl wird hauptsächlich von der elterlichen Überzeugung genährt, dass das Kind seine starken Ängste nicht ertragen kann. Seine markanten Reaktionen sind in ihren Augen ein Beweis dafür, dass es zusammenbrechen wird, wenn es daran gehindert wird, die zwanghaften Handlungen durchzuführen. Das Kind ist selbstverständlich auch davon überzeugt: Es glaubt keine andere Wahl zu haben, als die innerlich zwanghaft vorgeschriebenen Handlungen durchführen zu müssen. Es ist überzeugt davon, dass eine Katastrophe geschehen wird, wenn es nicht dem zwanghaften Drang nachgibt. So herrscht im Hause eines zwanghaften Kindes ein beständiger »Ausnahmezustand« – ähnlich wie in Staaten, die unter einer existenziellen Bedrohung leben – und die Familienmitglieder müssen die »Notstandsverordnungen« streng befolgen.

Am Anfang ihrer Pubertät entwickelte Angela eine starke Angst vor Bakterien und Infektionen. Sie wusch ihre Hände minutenlang viele Male am Tag. Das Geschirr wurde genau überprüft, bevor sie es benutzte, und sie wechselte ihre Kleider mehrere Male am Tag. Langsam dehnten sich ihre Forderungen nach Reinlichkeit auch auf die anderen Familienmitglieder aus. Angela verbat den anderen, ihre Dinge anzufassen, und gab genau vor, welche Möbel von den anderen nicht benutzt werden durften. Ihre Eltern und ihr Bruder durften ihr Zimmer nicht mehr betreten. Ihre Mutter musste ihre Kleidung getrennt waschen. Angela forderte außerdem, dass die Waschmaschine einen Leerlauf durchmachen müsse, um ihre Wäsche von der Wäsche der restlichen Familie getrennt zu halten. Die Befürchtung, dass sie während des Essens mit Spucke beschmutzt werden könnte, führte zu einem Redeverbot während der Mahlzeiten. Jeder Versuch, ihre Vorgaben einzuschränken, führte zu einem Angst einflößenden Ausbruch, der sich stundenlang hinziehen konnte. Sie drohte, sich zu verletzen, nahm sogar einmal ein Messer und hielt es sich an den Hals. Die heftigen Reaktionen ließen die Eltern nachgeben, aber das beruhigte Angela nicht. Sie meinte, der Boden des Hauses sei kontaminiert und ihre Gesundheit gefährdet. Die Eltern, die es gewohnt waren, ihren Forderungen nachzugeben, »kutschierten« sie daher auf einem Bürostuhl mit Rädern durch das Haus.

Die Kontrollmaßnahmen des zwanghaften Kindes haben ihren Ursprung in intensiven Ängsten. Mit der Zeit treten jedoch auch Kontrollmaßnahmen auf, die nicht direkt mit den für das Kind typischen Ängsten in Verbindung zu bringen sind. Sie scheinen vielmehr darauf abzuzielen, den Eltern zu verdeutlichen, wer »der Boss« ist. Der Alltag der Familie, Mahlzeiten, die Zimmerordnung, Aufgaben- und Arbeitsverteilungen zwischen den Familienmitgliedern, Verhaltensvorschriften, selbst kleine Dinge wie der Fernsehkanal oder die Richtung der Klimaanlage können in den Mittelpunkt der Kontrollmaßnahmen eines zwanghaften Kindes rücken. Die Versuche der Eltern, Forderungen abzulehnen, lösen beim Kind heftige Reaktionen aus. Jede Herausforderung seines Sicherheitsgefühls stellt das Vertrauen innerhalb der Familie in Frage. Dies wiederum führt meist zu außerordentlichen Anstrengungen der Eltern, die vorherige Situation wiederherzustellen. Dieser Prozess ähnelt einer Sucht: Die Abhängigkeit des Kindes von seiner angeblichen Kontrolle, die das innere Gleichgewicht des Kindes aufrechterhält, wird immer größer, bis es überhaupt nicht mehr ohne sie auskommt. Wie bei anderen Süchten werden wir auch hier Zeugen eines allmählichen Ausartens der Mittel: Mit wachsender Bedürftigkeit nehmen die moralischen Bedenken des Kindes ab, und es greift zu Mitteln, die in der Vergangenheit in seinen eigenen Augen unzulässig gewesen wären.

Viele der zwanghaften Kinder, die süchtig nach Kontrolle werden, wenden auch Gewalt an. Diese Gewalt ist jedoch anders als die Gewalt von Kindern mit Verhaltensproblemen. Die meisten gewalttätigen Kinder, die nicht unter einer Zwangsstörung leiden, fühlen sich in Abwesenheit der Eltern wohl, zum Beispiel wenn die Eltern schlafen oder nicht zu Hause sind. Sie nutzen diese Momente aus, um zu tun, was ihnen Spaß macht. Bei einem zwanghaften Kind ist das anders. Ihm fällt es schwer, ohne die Eltern auszukommen. Es kann die Eltern gewaltsam am Schlafen hindern, damit sie ihm bei der Ausführung zwanghafter Rituale helfen oder es vor seinen Ängsten beschützen. Während andere gewalttätige Kinder oft Gewalt anwenden, um ihre Eltern loszuwerden, klammern sich zwanghafte Kinder wortwörtlich an ihren Eltern fest und zwingen sie gegen deren Willen zu physischer Nähe. Manchmal verändert sich der Charakter dieser Nähe und wird zu einer Form der Bestrafung anstatt bloß einer Suche nach Beruhigung. Das Kind wendet diese Bestrafung an, wenn die Eltern seine Bedürfnisse nicht erfüllen. Oftmals kommt zu der aufgezwungenen physischen Nähe eine weitere Bestrafung hinzu, wie plötzliches Schreien in das Ohr der Eltern oder eines Geschwisterkindes. Solch eine Art der Gewaltanwendung findet man unserer Erfahrung nach ausschließlich bei zwanghaften Kindern.

Die Kontrollmaßnahmen eines zwanghaften Kindes werden meist von Beschuldigungen begleitet, die Eltern täten nicht genug, um es zu unterstützen. Diese Vorwürfe nehmen oft einen rituellen Charakter an. Zum Beispiel werden die Eltern aufgefordert, vor dem Bett des Kindes zu erscheinen, bevor es schlafen geht, und seine »Anklage« anzuhören, in der es ihnen alle Ungerechtigkeiten vorhält, die sie ihm im Laufe seines Lebens zugefügt haben. Jede Störung oder Unterbrechung dieser Vorwürfe führt dazu, dass die Tirade von vorn anfängt und sich das Ritual weiter in die Länge zieht. Die Dimension der rituellen Anschuldigungen hat eine verblüffende Ähnlichkeit mit gewissen Anklageritualen politischer Gewaltregime, in denen das Eingeständnis der Schuld des Angeklagten Teil der verpflichtenden Zeremonie ist.

Ein hervorstechendes Merkmal einer zwanghaften Kontrollherrschaft ist die Territorialität des Kindes. Das zwanghafte Kind definiert meist bestimmte Bereiche im Haus, die ganz und gar ihm gehören. Für diese Bereiche gelten strengste Verhaltensregeln, oder der Rest der Familie darf ihn gar nicht erst betreten. Meist besteht ein auffallender Kontrast zwischen der Forderung des Kindes, »sein Territorium« anzuerkennen, und der Verhaltensweise des Kindes in Bezug auf die Rechte der anderen Familienmitglieder. Zum Beispiel kann ein Kind der Familie verbieten, seine Sachen anzufassen, aber seinerseits gänzlich die Forderung der Eltern ignorieren, ihr Recht oder das Recht der Geschwisterkinder auf eine Privatsphäre zu respektieren. Die Empfindlichkeit des zwanghaften Kindes gegenüber jeder Berührung seiner Gegenstände ist enorm verschärft, während es nach eigenem Belieben die Schubladen und Schränke seiner Geschwister öffnet, ihre Gegenstände benutzt und Unordnung hinterlässt.

Die Notwendigkeit des gewaltlosen Widerstandes

Es ist uns wichtig, auf einen moralischen Aspekt hinzuweisen, der den Eltern oft entgeht: Das Leid des zwanghaften Kindes ist nicht wichtiger oder bedeutsamer als das Leid seines Umfeldes. Die Zwangsstörung belastet sowohl das Kind selbst als auch die Eltern und Geschwister. Der Abwehrkampf gegen diese Zwangsherrschaft ist also auch ein Ringen zugunsten aller Familienmitglieder – einschließlich des zwanghaften Kindes. Tatsächlich liegt die einzige Hoffnung des zwanghaften Kindes und seiner Familie auf einer Veränderung der Situation im Widerstand der Eltern gegen seine Kontrollherrschaft. Dieser Abwehrkampf muss gänzlich frei von Gewalt sein und Eskalationen so gut wie möglich vermeiden.

Wenn die Gegebenheiten so sind, dass die ganze Familie in Unterdrückung lebt, so gibt es keine andere Wahl, als entschlossen Widerstand zu leisten. Die Hoffnung, dass Überredungsversuche helfen könnten oder dass eine Psychotherapie der Zwangsherrschaft ein Ende setzen könnte, ist vergeblich. Aufgrund solcher illusorischer Vorstellungen bleibt das Problem oft bestehen, und die Opfer werden ihrem Schicksal überlassen. Wie schon gesagt: Das zwanghafte Kind, das eine Kontrollherrschaft ausübt, ist genau wie die anderen Familienmitglieder Opfer der Lage. Trotzdem besteht ein wichtiger Unterschied zwischen dem Kind und dem Rest der Familie: Das zwanghafte Kind glaubt fest an die Berechtigung jeder seiner Beschlüsse und Befehle; die anderen Familienmitglieder erleben sie dagegen als Willkür. Eben deshalb liegt die einzige Chance des Kindes und der Familie, der Tyrannei der Zwangsstörung ein Ende zu setzen, darin, dass die Eltern entschlossen einen Kampf führen.

Dieser Widerstandskampf wird viel Geduld, Ausdauer und Entschlossenheit kosten. Oft werden die Eltern ihr Recht darauf in Frage stellen, insbesondere wenn das Kind sein Unglück zu verstehen gibt und den Eltern die Schuld an all seinem Leid vorwirft. In diesen schweren Momenten ist es wichtig, sich daran zu erinnern, dass die Eltern diesen Abwehrkampf nicht nur für sich selbst und die Geschwisterkinder führen, sondern auch für das leidende Kind, das an der Bürde der Zwangsstörung schwer zu tragen hat. Man darf außerdem nicht vergessen, dass das Kind nicht wirklich der Herrscher ist, sondern nur die ausführende Kraft. Der wirkliche Herrscher ist der zwanghafte Imperativ: Der Kampf und die Auflehnung sind gegen die Zwangsstörung gerichtet.

Die Prozesse in einer Familie, die in extremer Abhängigkeit unter dem Schreckensregime einer Zwangsstörung lebt, können auch ein Licht auf andere zwischenmenschliche Zwangsverhältnisse werfen. In unserer Arbeit mit Klienten und Familien, die über Probleme wie Essstörungen, soziale Angststörungen, Posttraumatische Belastungsstörungen, pathologischen Neid und andere Probleme klagen, fiel uns auf, dass diese Familien in Zwangsverhältnissen und gegenseitiger Abhängigkeit leben, ähnlich wie die Familien, in denen ein Kind unter einer Zwangsstörung leidet. Wir meinen, dass es sich hier um eine recht unbekannte und bisher nicht beschriebene Art der Gewaltanwendung und Abhängigkeit in zwischenmenschlichen Beziehungen handelt. Wir sehen uns in diesen Fällen mit einer Art von Unterdrückung konfrontiert, die bisher nicht genügend beschrieben und verstanden wurde. Die Gewalt eines Mannes oder Vaters, der schlägt oder ein Familienmitglied missbraucht, wird ausgiebig in der professionellen Literatur beschrieben und behandelt. Die vorliegende Art der Gewalt hat jedoch bisher kaum Beachtung in wissenschaftlichen Kreisen gefunden, ganz zu schweigen von der Beachtung in der allgemeinen Öffentlichkeit. Vielleicht ist diese fehlende Beachtung verständlich, da diese Art der Gewalt vom Leidensdruck des »Tyrannen« genährt wird. Dieses Leid füllt seine Seele und sein Bewusstsein ganz aus, gönnt ihm keine Ruhe, solange er es nicht schafft, sein Umfeld seinen Vorstellungen entsprechend zu gestalten und zu kontrollieren. Wir hoffen, dass unsere Darstellung das Bewusstsein für diese weit verbreitete Art zwischenmenschlicher Gewalt schärft und zur Suche nach Lösungen ermutigt, die sowohl den Opfern als auch den »Tätern« helfen werden.

Erklärungen für die elterliche Unterwerfung

Eltern haben häufig das Gefühl, auf der Anklagebank zu sitzen. Und tatsächlich existiert in unserer Gesellschaft die Neigung, Eltern für alles verantwortlich zu machen. Die weit verbreitete Überzeugung, dass problematisches Verhalten bei Kindern auf elterliche Versäumnisse zurückzuführen sei, führt in Fällen von zwanghafter Gewalt zu einer doppelten Anschuldigung: Die Eltern werden sowohl für die Unterdrückung des Kindes verantwortlich gemacht (da das Kind angeblich zuerst Opfer der elterlichen Unterdrückung war) als auch für die Zwangsstörung des Kindes. Oft kommt noch eine weitere Anschuldigung hinzu: dass sie sich der Tyrannei des Kindes unterwerfen. Da darf man sich nicht wundern, dass viele Eltern über dieses Thema lieber schweigen.

Saskia suchte uns auf wegen der Gewalt, die ihr 15-jähriger Sohn Anton gegen sie und seine Zwillingsschwester Dena ausübte. Saskia war verwitwet und arbeitete mehr als 45 Stunden, um die Familie zu ernähren. Anton verlangte ständig von seiner Mutter, dass sie ihm Markenkleidung kaufe. Er behauptete, dass er ohne die Markenkleidung das Haus nicht verlassen könne. Er hatte das Gefühl, dass sein Körper haarig und hässlich sei und dass er gut angezogen sein müsse, um diesen Defekt bis zu einem gewissen Grad zu kompensieren. Der Kauf der Kleider war immer eine lange, umständliche Prozedur, die sich oft über mehrere Stunden hinzog und nicht selten in einem Wutanfall Antons endete.

Es gab viele Gründe für Antons Wutanfälle: Die Kleidung war seiner Meinung nach nicht ordentlich genug gebügelt, das Essen war zur vorgegebenen Zeit nicht fertig, das Brot war nicht ganz frisch, wie er es gefordert hatte. Dann warf Anton mit dem Essen oder der Kleidung umher. Oft leerte er auch den ganzen Kühlschrank aus und warf die Lebensmittel auf den Boden oder bewarf seine Mutter damit. Wenn er der Meinung war, dass seine Mutter noch nicht genügend bestraft sei, konnte er auch in ihr Zimmer stürmen und sie aus ihrem Bett auf den Boden werfen. Die Grausamkeiten gegenüber seiner Schwester Dena waren anderer Art: Er forderte von Dena, sein Zimmer aufzuräumen, seinen Rücken gründlich zu massieren oder ihm einen Imbiss zu holen. Wenn Dena sich weigerte, machte er ihr den Computer aus, störte während der Besuche ihrer Freundinnen oder kitzelte sie, bis sie in Tränen ausbrach oder sich übergab.

Zu Beginn der therapeutischen Arbeit mit Saskia wurde überlegt, dass das Jugendamt eingeschaltet werden müsse, besonders wegen Antons Verhalten gegenüber seiner Schwester. Die Sozialarbeiterin, die die drei Familienmitglieder interviewte, schrieb in ihrem Bericht, dass Antons Verhaltensweise womöglich von einem Missbrauch durch seine Mutter herrühre. Als sie die Schule kontaktierte, wurde ihr mitgeteilt, dass Anton sich dort vorbildlich verhalte. Die Sozialarbeiterin fühlte sich in ihrem Verdacht bestärkt, da ein Kind in der Schule und zu Hause ihrer Erfahrung nach nicht solch unterschiedliche Verhaltensweisen an den Tag legen könne, es sei denn, es würde zu Hause auf schlimme Weise misshandelt. Antons Verhalten im Verlauf des Interviews und während eines weiteren Interviews mit dem Leiter des Jugendamtes bestärkte die Sozialarbeiterin in ihrer Annahme: Antons Augen füllten sich mit Tränen, als er die Ablehnung seiner Mutter ihm gegenüber beschrieb.

Anton war – im Gegensatz zu seiner eigenen Meinung über sich selbst – ein gutaussehender Jugendlicher. Er nahm die Sozialarbeiter für sich ein. Diese sahen es als ihre Pflicht an, Anton und seine Schwester vor ihrer Mutter zu schützen. Saskia fühlte sich nun von zwei Seiten bedroht und stand unter wachsendem Druck. Es wurde eine Sondersitzung anberaumt, in der entschieden werden sollte, ob die Kinder weiterhin bei der Mutter leben sollten. Glücklicherweise stützte die psychologische Untersuchung Denas die Version der Mutter und die des Therapeuten. Dadurch wurde die Gefahr abgewendet, dass die Kinder der Mutter weggenommen wurden.

Allmählich schaffte es die Mutter, systematisch ein Programm des gewaltfreien Widerstands gegen Antons zwanghafte Gewalt umzusetzen. Seine Gewaltausbrüche und die Unterdrückung von Schwester und Mutter nahmen deutlich ab. Schrittweise verbesserte sich auch das Verhältnis zwischen Anton und seiner Mutter. Es traten Zeichen gegenseitiger Zuneigung auf, die über Jahre hinweg durch die zwanghafte Tyrannei unterdrückt worden waren. Nicht nur die Mutter berichtete von dem Erfolg der therapeutischen Unterstützung. Er zeigte sich auch in Antons verbesserter Fähigkeit, seinen Alltag zu meistern. Und auch Dena blühte auf. Selbst wenn Anton weiterhin unter Schwierigkeiten in seinem privaten Leben litt, hatten die Gewalt und die Unterdrückung ein Ende. Die Mutter blieb für einige Jahre bei uns in Nachfolgegesprächen. Als Anton seinen Armeedienst antrat, war seine Lage auch in Bezug auf andere zwanghafte Störungen besser denn je.

Außenstehende sind oft entsetzt angesichts des Ausmaßes der Unterwerfung der Eltern. Wie kann es sein, dass Eltern bereit sind, mit den abwegigsten Verboten und Vorschriften ihres Kindes zu leben? Wie können sie ein Verbot, Fernsehen zu sehen oder laut zu sprechen, hinnehmen und darüber hinaus bereit sein, an Ritualen mitzuwirken, durch die sie systematisch erniedrigt werden? Das Geheimnis eines solchen Terrors liegt in seiner langsamen Entwicklung: Anfangs werden die Eltern nur darum gebeten, leise zu sein, während das Kind Hausaufgaben macht oder ein Instrument spielt. Dann werden sie darum gebeten, auf das Kind Rücksicht zu nehmen und keine Gäste vor Prüfungen einzuladen. Später werden sie aufgefordert, gewisse Gäste überhaupt nicht mehr einzuladen. Nach und nach werden sie in weiteren Lebensbereichen gezwungen, nach den Vorschriften des Kindes zu handeln. Jeder Schritt ist klein im Verhältnis zu den vorherigen Einschränkungen. Deswegen erscheint der notwendige Verzicht zu jedem Zeitpunkt nicht als einschneidende Veränderung. Dagegen verschärfen sich die Reaktionen des Kindes angesichts einer fehlenden Zustimmung immer weiter. Die Unverhältnismäßigkeit zwischen dem scheinbar kleinen Verzicht und dem Ausmaß der Reaktion des Kindes lässt die Eltern immer wieder nachgeben. Im Verlauf dieses Prozesses wird das Nachgeben zu ihrer zweiten Natur. Das Kind fühlt sich indes in seiner Überzeugung bestärkt, dass jede seiner Forderungen erfüllt werden muss, weil es meint, anders nicht leben zu können.

Ein weiterer Grund für die elterliche Unterwerfung liegt in der Überzeugung, dass das Kind nicht aus freiem Willen handelt, sondern durch unbewusste Kräfte gesteuert wird, die sich nicht beeinflussen lassen. Dementsprechend erscheint jeder Widerstand als zwecklos, da das Kind sein Verhalten nicht unter Kontrolle hat. Widerstand verschlimmert nur die Lage. Dieser Glaube wird durch die seltsamen Forderungen des zwanghaften Kindes weiter bestärkt: Anders als andere gewalttätige Kinder, die »normale egoistische« Forderungen stellen, zum Beispiel, dass sie mehr Freizeit, mehr Taschengeld oder anderes mehr wollen, beziehen sich die Forderungen eines zwanghaften Kindes meist auf Vorschriften, die das Kind selbst einengen. Wenn Gewalt angewendet wird, um daraus Lustgewinn zu ziehen, so können wir das nachvollziehen. Demgegenüber ist uns Gewalt unbegreiflich, die im Namen eigens auferlegter Einschränkungen ausgeübt wird.

Angesichts dieser Tatsache fällt es Eltern schwer, eigene Forderungen zu stellen: »Wie kann man ein Kind einschränken, das sich selbst einschränkt? Wie kann man da noch weitere Grenzen setzen, wo doch all seine Erfahrung auf strengen, eigens gesetzten Grenzen basiert?« Es ist nachvollziehbar, Sanktionen über ein Kind zu verhängen, das seinem eigenen Vergnügen nachgeht. Wie wirken sich aber Sanktionen bei einem Kind aus, das sich selbst mit Einschränkungen überschüttet? Es ist viel schwieriger, einen Kampf zu führen, wenn man Mitleid fühlt, als wenn man sich einfach ärgert. Eltern, die sich mit einem gewalttätigen Kind auseinandersetzen müssen, das versucht, aus seinem Verhalten Gewinn zu ziehen, können sich zumindest über das Kind ärgern. Demgegenüber bringen Eltern zwanghafter Kinder dem Kind Verständnis entgegen. Selbst wenn sie wütend sind, fühlen sie sich meist schuldig dafür, dass sie zornig sind.

Der Zwangsterror wird auch durch die Angst und das Schamgefühl der Eltern genährt. Die Angst vor den Reaktionen des Kindes (vor allem davor, was das Kind sich selbst antun könnte) und die Scham über ihre Lebenslage führen dazu, dass viele Eltern stillhalten und die Situation verheimlichen. Hier sind einige Antworten von Eltern, denen wir vorgeschlagen haben, außenstehende Helfer als Unterstützung hinzuzuziehen: »Wenn er erfährt, dass wir das jemandem erzählt haben, ist das unser Ende!«, »Das wird alles nur noch schlimmer machen!«, »Er wird sich bei uns dafür rächen!«, »Es ist doch unangenehm, die eigene Wäsche öffentlich zu waschen!«, »Die sind mit ihren eigenen Problemen beschäftigt. Da haben die keine Zeit, sich auch noch mit unseren Problemen abzugeben!«

Das Weltbild eines zwanghaften Kindes ist von einem Schwarz-Weiß-Denken gekennzeichnet. Das zwanghafte Kind teilt alles in die Kategorien »gut« und »böse« ein. So wird etwas, das man nur mit gewissen Einschränkungen tun darf, oder ein Gegenstand, der leicht verschmutzt ist, in seinen Augen zu einem völligen Verbot oder zu einer gänzlich unreinen Sache. Auch positive Dinge und Erfolge müssen vollkommen rein und fleckenlos sein. Hierher rührt der Perfektionismus zwanghafter Kinder: Etwas, das nur annähernd vollkommen ist, wird von ihnen in die verachtenswerte Welt der defekten Dinge einsortiert. Auch die Menschen in ihrer Umgebung werden in schwarz und weiß aufgeteilt. Einer der Elternteile wird also meistens als vollkommen positiv und der andere als vollkommen negativ kategorisiert. Dieses Schwarz-Weiß-Denken wird auch auf das Verhältnis zu anderen ausgeweitet, zum Beispiel auf das Verhältnis zu den Geschwistern. Zwanghafte Kinder entwickeln oftmals den Glauben, dass ihre Eltern die Geschwisterkinder für perfekt halten, während sie selbst als mangelhaft angesehen und abgelehnt werden.

Im Verlauf unserer Arbeit mit zwanghaften Kindern haben wir viele Kinder getroffen, die sich im Vergleich mit ihren Geschwistern extrem benachteiligt fühlten. Niemals haben wir jedoch ein zwanghaftes Kind angetroffen, das durch die Versuche der Eltern, dieses Gefühl der Benachteiligung zu kompensieren, davon überzeugt wurde, dass sein Gefühl unbegründet war.

Ein zusätzlicher Faktor für die Schwächung der Eltern ist die Neigung des zwanghaften Kindes, die Eltern gegeneinander auszuspielen oder schon existierende Uneinigkeiten zu vertiefen. Mit der Aufteilung der Welt in schwarz und weiß – positiv und negativ – wird der fordernde Elternteil in die negative Kategorie eingeteilt und der beschützende Elternteil in die positive Kategorie. Die Sichtweise des Kindes spiegelt meist die Meinungsverschiedenheiten zwischen den Eltern wider, und seine Reaktionen verschärfen die Zweiteilung der elterlichen Rollen. Wenn das Kind also den fordernden Elternteil der Ablehnung beschuldigt, bestärkt es hierdurch die Überzeugung des beschützenden Elternteils. Dadurch wird der fordernde Elternteil wiederum noch stärker gegen seinen Partner eingenommen. Das Kind wird so zu einem Verstärker, der die elterlichen Reaktionen gegeneinander intensiviert. Mit dem Vergrößerungsglas des Kindes wirkt jeder Tadel, jede Forderung oder Strenge des fordernden Elternteils als weiterer Beweis für dessen Kälte, Feindseligkeit und Ablehnung.

Der Preis des Kindes für seine Kontrollübernahme

Das zwanghafte Kind kann seine Kontrolle nicht auf die ganze Welt ausdehnen. Deswegen wird die Welt wiederum zweigeteilt: der kontrollierbare Teil (das Zuhause) und der unkontrollierbare Teil (außerhalb des Elternhauses).

Zwanghafte Kinder reagieren auf die Außenwelt auf zwei mögliche Weisen: entweder mit vorbildlicher Anpassung oder mit einem systematischen Vermeidungsverhalten. Eine Anpassung bedeutet, dass sie gute und disziplinierte Schüler, verlässliche Freunde und auffallend gute und engagierte Teilnehmer in Sport-, Arbeits- oder Jugendgruppen sind. Die gute Anpassung drückt sich nicht nur dadurch aus, dass das Kind die geforderten Aufgaben mustergültig meistert, sondern auch in den hohen Ansprüchen des Kindes an sich selbst, seinem großen Engagement und dem Streben nach Perfektion. Deswegen fällt es Personen, die das Kind nur außerhalb des Hauses treffen, oft schwer zu glauben, was zu Hause abläuft. Wenn sie von den Problemen hören, reagieren viele ungläubig und behaupten, dass es dem Kind zu Hause sicherlich schlecht gehe, wenn es sich so verhalte. Die außerordentlichen Leistungen außerhalb des Elternhauses verstärken daher die Zurückhaltung der Eltern, um Hilfe zu bitten, um mit den schwerwiegenden Problemen zu Hause fertig zu werden. Sie befürchten, dass ihre Bitte um Hilfe die Leistungen des Kindes beeinträchtigen könnte. Der Terror zu Hause wird jedoch gerade durch die Bereitschaft der Eltern, sich auf die Zweiteilung der Welt des Kindes einzulassen, verstärkt.

Die Möglichkeit, zu Hause die Kontrolle ausüben zu können, verstärkt die Zweiteilung der Welt in das kontrollierbare Elternhaus und die unkontrollierbare Außenwelt, in der entweder Anpassung oder Vermeidungsstrategien zum Tragen kommen. Vermeidungsverhalten bedeutet, dass das Kind beinahe gänzlich auf eine Auseinandersetzung mit der Außenwelt verzichtet, sobald es Gefahr läuft zu versagen. Leider wird mit der Zeit die Neigung des zwanghaften Kindes, eine Auseinandersetzung mit der Außenwelt zu vermeiden, durch seinen hohen Anspruch an sich selbst verstärkt. Angesichts der Gefahr des Scheiterns wird das Kind erst gar nicht versuchen, die Situation zu meistern. Wir müssen verstehen, dass selbst ein kleiner Fehler oder eine unbedeutende Schwäche in den Augen des zwanghaften Kindes als überdimensional groß empfunden wird. Das Streben nach Perfektion kann das zwanghafte Kind daher resignieren lassen. Sobald das Kind also nicht mehr seinem Perfektionismus gerecht werden kann, wird es die Außenwelt vermeiden wollen. Sein vorheriges Anpassungsvermögen schwindet. Der Kontrollbereich, das heißt das Elternhaus, wird dann noch extremere Forderungen und Vorschriften in Kauf nehmen müssen. Die Außenwelt, in der das Kind einen Kontrollverlust erlebt, unterliegt einem Tabu. Von nun an übt sich das Kind in zwei Strategien: seiner Kontrollherrschaft und seinem Vermeidungsverhalten.

Charlie war ein ausgezeichneter Querflötenspieler. Er war in der Musikschule sehr angesehen. Er hatte viele Soloauftritte mit dem Jugendorchester gehabt und war als Schüler mit hohen Ansprüchen bekannt – sowohl in Bezug auf seine künstlerischen Leistungen als auch in Bezug auf sein Gesellschaftsleben. Seine Zwangsstörung drückte sich beinahe ausschließlich zu Hause aus. Er forderte völlige Stille, nicht nur wenn er Querflöte übte, sondern auch während anderer Zeiten. Wenn sein Bruder Krach machte oder laut sprach, schrie Charlie ihn an oder wurde handgreiflich. Manchmal schlich er sich an seinen Bruder heran und brüllte ihm laut ins Ohr. Seinen Eltern war es nur erlaubt, Musik oder Fernsehen über Kopfhörer zu hören. Wenn er Flöte übte oder Hausaufgaben machte, war es den anderen Familienmitgliedern verboten, im Flur an seinem Zimmer vorbeizugehen. Mit der Zeit dehnten sich die Forderungen weiter aus: Als Charlie ein neues Zimmer im zweiten Stock des Hauses bezog, galt das Eintrittsverbot für das ganze zweite Stockwerk. Langsam wurde das Verbot auch auf andere Zeiten ausgedehnt, zum Beispiel auf die zwei Stunden vor dem Schlafengehen, in denen Charlie sich in sein Zimmer einschloss. Seine Eltern waren überzeugt, dass Charlie sich in dieser Zeit mit zwanghaften Ritualen beschäftigte.

Als die Eltern unsere Beratungsstelle aufsuchten, wurde ihnen mitgeteilt, dass sie sich Unterstützung holen müssten. Die Eltern fürchteten, dass die Musikschule oder die Nachbarschaft von Charlies Verhalten erfahren könnten. Sie waren überzeugt, dass das Charlies Leistungen schwer beeinträchtigen würde und ihn vielleicht sogar dazu bringen würde, das Studium an der Musikschule aufzugeben. Charlies Eltern standen tatsächlich vor einem schweren Dilemma. Sie mussten jeden Schritt gut abwägen, damit Charlies Anpassungsvermögen nicht in ein Vermeidungsverhalten umschlüge.

Solange die Kontrollherrschaft zu Hause ausgeübt werden kann, bestehen berechtigte Zweifel daran, dass sich das Kind freiwillig mit der Außenwelt auseinandersetzen wird. Der Alltag zu Hause wird nach den Forderungen des Kindes gestaltet. Das ist natürlich außerhalb des Elternhauses nicht der Fall. Die Kontrollausübung und das Vermeidungsverhalten nähren sich also gegenseitig: Je stärker die Kontrolle zu Hause, desto unattraktiver wird die Außenwelt für das Kind. Und andersherum: Je stärker das Vermeidungsverhalten, desto größer wird das Bedürfnis des Kindes, völlige Kontrolle in dem Bereich auszuüben, der ihm noch bleibt: das Elternhaus. Der Vater eines Kindes, das sich zu Hause abgeschottet hatte, drückte dies so aus: »Wenn er ein absoluter Herrscher zu Hause sein kann, warum sollte er dann einer von vielen Untertanen außerhalb des Hauses sein wollen?«

Wenn wir die Situation belassen, wie sie ist, wächst die Gefahr, dass das Kind eine Auseinandersetzung mit der Außenwelt aufgibt. Mit zunehmendem Alter werden die Anforderungen der Außenwelt größer. Die Bereitschaft der Umwelt, sich an einen Jugendlichen anzupassen, ist geringer als ihre Bereitschaft, sich an ein kleines Kind anzupassen. Kinder, die in der Grundschule gut zurechtgekommen sind, finden es oft schwieriger, auch die Anforderungen der Mittelstufe zu meistern, ganz zu schweigen von der Oberstufe. Dadurch wird die Außenwelt immer frustrierender für das zwanghafte Kind. Es versucht, sich dadurch schadlos zu halten, indem es zu Hause die totale Herrschaft anstrebt. Je größer die Differenzen werden, desto geringer werden jedoch die Chancen, dass das Kind die Frustration in der Außenwelt aushalten wird. Die Unterwerfung zu Hause wird also zu einer Zeitbombe, in der eine zukünftige Kapitulation in der Außenwelt programmiert ist. Oft setzten Eltern alle Hoffnung auf die Außenwelt, um das Kind zur Vernunft zu bringen, zum Beispiel: »Die Armee wird schon einen Mann aus ihm machen!« Diese Erwartungen werden in den meisten Fällen enttäuscht. Deshalb ist es die Pflicht der Eltern, sich der Kontrollherrschaft ihres Kindes zu widersetzen.

Das zwanghafte Kind zahlt einen weiteren Preis dafür, dass die Eltern ihm nachgeben: Es verliert das Gefühl, dass es starke Eltern hat, die es vor seinen Ängsten beschützen können. Deswegen reagieren Kinder, die unter einer Angststörung leiden, oft mit Erleichterung auf die Handlungen der Eltern, die ihre Verankerung wiederherzustellen suchen. Der elterliche Widerstand wirkt in diesem Fall wie ein Beweis für das Kind, dass es sich wieder auf jemanden verlassen kann.

Die positive Bedeutung des elterlichen Widerstandes

Der elterliche Widerstand löst beim Kind häufig heftige Reaktionen aus. Die Einsicht, dass die wesentliche Hoffnung im Widerstand gegen die Zwangsstörung liegt, hilft den Eltern, diesen Reaktionen standzuhalten. Glücklicherweise gibt es neben den negativen Reaktionen gleichzeitig auch positive Zeichen, die jenen Stimmen in der Seele des Kindes Ausdruck verleihen, die den Alltag wieder meistern möchten.

Eine Jugendliche, die sich über einen langen Zeitraum hinweg zu Hause abgeschottet hatte und sich durch das Ausüben zwanghafter Rituale eine scheinbar ruhige Umwelt geschaffen hatte, sagte in Bezug auf die elterlichen Handlungen zu ihrer Tante: »Ich hasse, was meine Eltern mir antun. Aber ich weiß, dass es das Richtige ist!«

Die Eltern eines Jugendlichen, der sich täglich 5 Stunden wusch, begannen systematisch gegen die Waschungen Widerstand zu leisten. Am ersten Tag teilten sie ihm mit, dass sie nach zwei Stunden das Wasser abstellen würden und dass sie jeden Tag eine weitere viertel Stunde von seiner Zeit abziehen würden. Am ersten Abend führten sie ihre Entscheidung unter Protest des Sohnes aus. Am gleichen Abend war der Jugendliche aufgeweckt und gesprächsfreudig wie schon lange nicht mehr. Eine Woche später, als seine Mutter angesichts seines Leides entschied, nicht ganz so streng zu verfahren und ihm einen »Nachlass« zu gönnen, rief er: »Auf welcher Seite stehst du nun? Du bringst mich vollkommen durcheinander!«

Solche positiven Zeichen gibt es in vielen Fällen. Man muss sie jedoch suchen und ausdrücklich erwähnen, damit sie nicht angesichts der lauten Beschwerden des Kindes untergehen. Diese Zeichen verdeutlichen uns, dass das Kind den elterlichen Kampf durchaus auch positiv aufnimmt. Das zeigt sich auch in der Verbesserung seiner Fähigkeit, den Alltag zu meistern. Wenn die Eltern sich nicht länger den Ängsten des Kindes unterordnen, entdecken sie bald, dass das Kind auch ohne ihr Nachgeben sehr gut zurechtkommt. Nicht nur die Eltern sind von dieser neuen Fähigkeit ihres Kindes überrascht. Auch für das Kind ist dies eine überraschende Erfahrung. Einige

Die positive Bedeutung des elterlichen Widerstandes 163

Kinder, deren Eltern zu uns zur Beratung kamen, gaben im Nachhinein zu, dass sie über ihre eigene Standfestigkeit erstaunt waren. Als die Eltern aufhörten, besondere Hilfestellungen zu leisten, konnten die Kinder überraschend schnell und relativ leicht ihre zwanghaften Rituale aufgeben.

Es ist leicht zu verstehen, warum ein Kind zumindest teilweise über die elterliche Initiative froh ist, der Zwangsstörung Widerstand entgegenzusetzen. Das Kind zahlt einen hohen Preis: Die Zwangsstörung bedeutet eine Einschränkung der Lebensbereiche und bringt viel Leid und schwerwiegende Sorgen in Bezug auf die Zukunft mit sich. Oft ist sich das zwanghafte Kind bewusst, welche Folgen mit einer Zwangsstörung einhergehen – dies gilt insbesondere für Jugendliche. Viele zwanghafte Kinder entwickeln infolgedessen eine Depression, während ihr Lebensraum sich immer stärker verengt. Diese Depression ist eine Folge der Einsicht, dass die Chancen gering sind, mit der Zwangsstörung ein erfülltes Leben zu führen. Das zwanghafte Kind empfindet sich als zu schwach, um seine Zwangsstörung selbst in den Griff zu bekommen. Seine Angst vor einer Offenlegung des Problems und der damit verbundenen Bloßstellung lässt es aber auch davor zurückschrecken, Hilfe zu suchen.

Der elterliche Widerstand vermittelt dem Kind das Gefühl, dass es mit der Zwangsstörung nicht allein gelassen wird, selbst wenn die elterliche Initiative ihm Leid zufügt. So erklärt sich die überraschende Aussage des Jugendlichen, die wir zitiert haben: »Auf welcher Seite stehst du?« Mit ihrem Kampf gegen die Zwangsstörung stellen sich die Eltern auf die Seite des Kindes. Die Lockerung des Widerstandes durch die Mutter und die Rückkehr zum beschützenden Verhalten stellten daher im oben genannten Beispiel für den Jugendlichen eine schwere Bedrohung dar, mit seiner Zwangsstörung wieder allein gelassen zu werden.

Eine weitere positive Bedeutung des elterlichen Widerstandes hängt mit dem zwanghaften Zweifel des Kindes zusammen. Wenn die Eltern den ständigen Kontrollen des Kindes nachgeben und seine immer wiederkehrenden Fragen beantworten, ist dies eine sehr unbefriedigende Erfahrung für das Kind: Die Eltern treten dem Zweifel, der ständig an ihm nagt, nicht fest entgegen, sondern lassen sich von der Angst wie ein Blatt im Wind umherwirbeln. Demgegenüber stellt die elterliche Entscheidung, nicht mehr auf die wiederholten Kontrollen und Fragen einzugehen, eine wirkungsvolle Unterstützung für das Kind dar. Die Meinung der Eltern ist nicht mehr wiederholten Einwänden und Abwertungen ausgesetzt. In der beängstigenden und unsicheren Welt des Kindes trifft es jetzt auf sicheren und festen Boden. Anfangs wird das Kind versuchen – von seinen Zweifeln getrieben – an der elterlichen Entschlossenheit zu rütteln. Dies ist ein entscheidender Augenblick für die Eltern. Die Versuchung ist groß, dem Kind »entgegenzukommen« und ihm die Kontrolle wieder zu ermöglichen, die seine Ängste für eine kurze Weile mindert. Solch ein Nachgeben ist jedoch für das Kind eine schwere Enttäuschung, da dann der Zweifel an ihm ungestört weiternagen kann. Eine klare Antwort der Eltern wird dieser Diskussion ein Ende setzen und die Lage allmählich beruhigen: »Wir werden deine Kontrollen nicht mehr hinnehmen und deine wiederholten Fragen nicht mehr beantworten. Wir haben keine andere Wahl!« Diese elterliche Standhaftigkeit bietet dem Kind einen Anker, an dem es sich festhalten kann.

Ein weiterer Gewinn des elterlichen Widerstandes besteht für das Kind darin, dass die Eltern gemeinsam an einem Strang ziehen. Wie schon erwähnt, verstärkt ein Zwiespalt zwischen den Eltern das Gefühl des Kindes, die Kontrolle übernehmen zu müssen, und verschärft damit wiederum die Zwangsstörung. Wir haben gesehen, wie das Kind die bestehenden Differenzen zwischen den Eltern weiter vertieft. Dieser scheinbare »Erfolg« richtet sich letztlich jedoch gegen das Kind. Wie jedes andere Kind auch, leidet das zwanghafte Kind unter den Konflikten der Eltern. Die Tatsache, dass das Kind diesen Konflikt verschärft, vergrößert den Schaden. Nun ist das Kind nicht nur Opfer, sondern auch Auslöser der Konflikte!

Die Eltern sollten das Kind aus der Rolle des Unruhestifters befreien. Das ist nicht einfach. Es reicht nicht aus, dem Kind zu sagen: »Du bist an unserem Streit nicht schuld!« Die Eltern müssen ihre Streitereien wegen des Kindes einschränken. Viele Eltern versuchen, die Konflikte vor dem Kind zu verheimlichen und hinter seinem Rücken zu streiten. Es ist tatsächlich besser, in Abwesenheit des Kindes zu streiten als in seiner Anwesenheit. Eine solche Entscheidung ist jedoch schwer umsetzbar, insbesondere wenn die Eltern keine Einigkeit erzielen über die notwendigen praktischen Schritte, die in Bezug auf das Kind zu unternehmen sind. Schließlich wird angesichts des Versuches des einen Elternteils, die Maßnahmen des anderen Elternteils zu torpedieren, eine Gegenreaktion nicht ausbleiben. Eine wirkliche Verbesserung der Lage kann erst dann eintreten, wenn die Eltern im Kampf gegen die Zwangsstörung zumindest teilweise zusammenarbeiten. Das zwanghafte Kind ist oft von dieser Zusammenarbeit überrascht und wird versuchen sie zu erschüttern. Es wird sich an den beschützenden Elternteil wenden und sich über den fordernden Elternteil beschweren. Oder aber es wird dem beschützenden Elternteil vorwerfen, dass er dem fordernden Elternteil nachgibt und sich damit gegenüber dem Kind illoyal verhalte. Die Eltern müssen dem Kind in solch einer Lage antworten: »Wir hatten viele Meinungsverschiedenheiten. Und es gibt weiterhin viele Dinge, in denen wir nicht übereinstimmen. Wir sind uns jedoch in unserem Widerstand gegen die Zwänge einig!« Diese Mitteilung wirkt für viele Kinder wie eine Wiederherstellung des elterlichen Bündnisses.

Prinzipien des elterlichen Widerstandes gegen die Zwangsstörung

Der elterliche Kampf gegen eine zwanghafte Kontrollherrschaft muss ohne Gewalt geführt werden und darf nicht eskalieren. Trotzdem bleibt es im wahrsten Sinne des Wortes ein Kampf. Eltern und Fachleute missbilligen oft den Gebrauch des Wortes »Kampf«. Sie behaupten, dass eine gute Elternschaft nicht mit einem Kampf gleichgesetzt werden könne. Im Fall einer zwanghaften Kontrollherrschaft führt jedoch der Versuch, der Notwendigkeit eines Kampfes auszuweichen, unvermeidlich zu einer Verschlechterung der Lage. Wenn Eltern ihre Hoffnungen nur auf »weiche Mittel« setzen, zum Beispiel den Dialog mit dem Kind oder eine Psychotherapie, ohne wirklichen Widerstand gegen die Übernahme der Kontrolle durch das Kind zu leisten, geht die Zwangstyrannei weiter und die Frustration und der Zorn der Eltern werden stärker. Letztendlich führt die Vermeidung eines echten Kampfes zu einem schädlichen pendelartigen Schwanken der Eltern zwischen ihrer Unterwerfung und plötzlichen unkontrollierten Wutanfällen.

Der elterliche Kampf richtet sich nicht gegen das Kind, sondern gegen die zwanghafte Kontrollherrschaft. Die Eltern kämpfen gemeinsam mit dem Kind und an seiner Seite gegen die destruktiven Handlungsweisen. Dinge müssen beim Namen benannt werden: »Schläge«, »Erniedrigung«, »Gewalt« dürfen nicht länger beschönigt werden. Die Eltern müssen aufhören, die Kontrollherrschaft des Kindes mit der Behauptung zu rechtfertigen, dass das Kind ein psychisches Problem hat und man Verständnis zeigen müsse. Es stimmt zwar, dass das Kind ein psychisches Problem hat und man ihm Verständnis entgegenbringen muss. Gleichzeitig muss jedoch auch die Unterdrückung bekämpft werden. Tatsächlich verbessert der elterliche Kampf die Chancen, das psychische Problem des Kindes in den Griff zu bekommen.

Grundannahme der Vielstimmigkeit im Kind

Eine grundlegende Annahme des elterlichen Widerstandes besteht in der Überzeugung, dass im Kind viele Stimmen wohnen. Manche von ihnen möchten die Zwangsstörung überwinden. Diese Stimmen sind vielleicht schwach oder nicht hörbar. Mit einem durchdachten Kampf können sie jedoch wachgerufen und gestärkt werden. Um diese positiven Stimmen zu wecken, müssen die Eltern jede Handlung vermeiden, die das Kind angreift, beleidigt oder herausfordert. Die Eltern müssen sich von dem Glauben befreien, dass die Übernahme der Kontrolle im Wesen des Kindes begründet liege. Das Kind ist nicht von seinem Wesen her »übergreifend« oder ein »Manipulator«. Solch eine elterliche Haltung wird das Kind empören und die positiven Stimmen in ihm schwächen. Die Grundannahme der Vielstimmigkeit drückt sich in allen Handlungen der Eltern und der Helfer aus. Helfer, die mit dem Kind Kontakt aufnehmen, sollten ihre Überzeugung äußern, dass das Kind fähig ist, das Problem zu überwinden. Gleichzeitig sollten die Helfer auch deutlich zum Ausdruck bringen, dass sie die Unterdrückung der Familie durch das Kind ablehnen. Auf diese Weise erkennen auch die Helfer die Existenz verschiedener Stimmen an, stärken jedoch unter den vielen Stimmen die positiven.

Widerstand statt Sieg

Das zweite wichtige Prinzip eines konstruktiven Kampfes bezieht sich auf die Zielsetzung: Eltern dürfen in ihrem Kampf nicht darauf abzielen, »gewinnen« zu wollen. Stattdessen müssen sie versuchen, gegen die Kontrollherrschaft Widerstand zu leisten, ohne hierbei Situationen eskalieren zu lassen oder selbst Gewalt anzuwenden. Eltern sollten dem Kind sagen: »Wir wollen und können dich nicht besiegen! Aber wir müssen uns deinem destruktiven Handeln widersetzen!« Wenn das Kind mit Trotz reagiert und den Eltern prophezeit, dass sie mit ihren Maßnahmen keinen Erfolg haben werden, sollten die Eltern antworten: »Es ist unsere Pflicht!«, oder: »Wir haben keine Wahl!« Diese Stellungnahme befreit die Eltern von der Notwendigkeit, dem Kind zeigen zu müssen, wer »Herr im Haus« ist. Die richtige Zielsetzung im Kampf (Widerstand und nicht Sieg) führt zu einer neuen Denkweise, zu anderen Erwartungen, Äußerungen und Handlungsweisen. Oft reagieren Eltern auf unsere Vorschläge zur Vermeidung von Eskalationen mit der Aussage: »Wenn wir das tun, wird unser Kind denken, dass es uns besiegt hat!« Darauf antworten wir: »Sie müssen das Kind nicht besiegen! Sie müssen nur Ausdauer haben!« Hierdurch können sich die Eltern von der Vorstellung befreien, einen Machtkampf führen zu müssen, und ihre Hoffnungen auf ihren langen Atem und ihre Beharrlichkeit setzen.

Verzicht auf das Vergeltungsprinzip

Das dritte Prinzip des einseitigen Handelns bezieht sich auf die Bereitschaft der Eltern, eine Eskalation der Situation zu verhindern. Eltern reagieren auf die Handlungen ihres Kindes so, dass ihr Widerstand deutlich wird, sie aber gleichzeitig den Teufelskreis der gegenseitigen Verletzungen zu durchbrechen suchen. Eltern lernen, sich nicht in Diskussionen ziehen zu lassen, auf Drohungen nicht mit Gegendrohungen zu reagieren, Geschrei nicht mit Geschrei zu begegnen und eine Verletzung nicht mit einer Verletzung zu vergelten. Das elterliche Handeln ist also einseitig: Die Eltern leisten Widerstand und verzichten gleichzeitig auf das Vergeltungsprinzip, welches eine Bestrafung von Fehltritten vorsieht. Wenn das Kind zum Beispiel ihr Eigentum zerstört oder ihre Privatsphäre verletzt, so wird dies keine Sanktionen zur Folge haben, sondern die Eltern werden in Zukunft größere Vorsicht walten lassen und das Kind besser beaufsichtigen. Verletzt das Kind ein Geschwisterkind, so wird es nicht bestraft, sondern es wird Unterstützung und besserer Schutz für die Geschwister organisiert.

Das Sich-Lossagen vom Vergeltungsprinzip beugt der Gefahr einer Eskalation vor und erleichtert es gleichzeitig, mögliche Helfer vom elterlichen Standpunkt zu überzeugen. Die meisten Eltern sind erfreut, Wege kennenzulernen, wie sie der Gefahr einer Eskalation entgegenwirken können. Sie lernen zum Beispiel auf ihr Bedürfnis zu verzichten, das Kind zu bestrafen. Ihre Standhaftigkeit angesichts der Provokationen des Kindes strahlt eine enorme Kraft aus und nicht Schwäche. Ein Vater beschrieb uns sein Gefühl der inneren Kraft, die er empfand, als er es schaffte, von den Provokationen seines Sohnes nicht aufgestachelt zu werden: »Endlich habe ich gelernt, dass der Hund mit dem Schwanz wedelt und nicht der Schwanz mit dem Hund!«

Versöhnungsgesten

Eine vierte Möglichkeit, wie das Prinzip des einseitigen Handelns umgesetzt werden kann, besteht in Versöhnungsgesten. Eine Versöhnungsgeste bedeutet nicht, dass die Eltern den Forderungen des Kindes nachgeben. Vielmehr markiert sie ein freizügiges Geschenk der Eltern. Oft setzen Eltern parallel zu ihrem entschlossenen Kampf gegen die Zwangsherrschaft auch Versöhnungsgesten ein. Sie sind keine Belohnung für gutes Betragen. Ihr Ziel ist vielmehr, die positiven Aspekte der Beziehung zwischen Kind und Eltern zu bewahren und zu fördern. Beispiele für solche Versöhnungsgesten sind Ausdrücke der Wertschätzung, symbolische Geschenke, Vorschläge für gemeinsame Unternehmungen oder das Äußern von Bedauern über vergangene Verletzungen.

Eltern lernen, Versöhnungsgesten einzusetzen, ohne zu erwarten, dass das Kind sie annimmt. Zum Beispiel kann eine Mutter dem Kind seine Lieblingsspeise zubereiten und sagen: »Ich habe dir dein Lieblingsgericht gekocht! Es steht im Kühlschrank!« Das Kind wird vielleicht mit Verachtung reagieren: »Ich will kein Essen und keinen Gefallen von dir!« Die Reaktion der Mutter hierauf kann wie folgt lauten: »Ich habe das Essen gekocht, weil ich dich sehr liebe! Aber ich kann dich natürlich nicht zwingen, es zu essen!« Manchmal wird das Kind das Essen nicht anrühren, um seine Entschlossenheit zu demonstrieren. Die Mutter kann ihrerseits nach einigen Tagen die Lieblingsspeise noch einmal zubereiten. Das Kind mag vielleicht mit ähnlichen Worten reagieren. Die Chancen steigen jedoch, dass es trotz seiner demonstrativen Erklärung die Lieblingsspeise heimlich essen wird. Wir sind sicher, dass das Essen im Bauch des Kindes eine positive Auswirkung auf die Beziehung haben wird, selbst wenn das Kind seine Ablehnung demonstriert. Solche Versöhnungsgesten ohne die Erwartung, dass das Kind sie annimmt, sind eine gute Übung für das Prinzip des einseitigen Handelns.

Einbeziehung der Öffentlichkeit

Das fünfte Prinzip sieht vor, die Öffentlichkeit in den Familienkreis einzubeziehen. Die Eltern werden aufgefordert, das Geheimnis um das Problem des Kindes zu lüften, sich aus ihrer Isolation zu befreien, Unterstützung einzuholen und den Kampf für alle sichtbar zu führen. Man kann eine Kontrollherrschaft nicht bekämpfen, wenn man sie als Geheimnis wahrt. Die Kampfesszene muss aus der intimen und verborgenen Beziehung zwischen Eltern und Kind an die Öffentlichkeit gebracht werden, so dass Helfer und Außenstehende mitwirken können. Eine Kontrollherrschaft baut ihre Macht zum Teil auf der Geheimhaltung auf. Wenn nun das Geheimnis gelüftet wird, schwindet ihr Einfluss. Sich Unterstützung zu holen ist kein Akt, der gegen das Kind gerichtet ist, sondern der zum Wohle der ganzen Familie gegen die Kontrollherrschaft unternommen wird.

Ein Weg, um die Geheimhaltung zu durchbrechen, besteht darin, die Taten des Kindes zu dokumentieren. Die Eltern dokumentieren die Handlungsweisen des Kindes und legen dies den Helfern vor. Die Bereitschaft zur Dokumentation und zur Veröffentlichung der Taten kennzeichnet die Entschlossenheit des elterlichen Kampfes.

Manchmal löst die Dokumentation beim Kind heftige Reaktionen aus. Die Bereitschaft der Eltern, diese Reaktionen aufzufangen, verändert den Kampf jedoch von Grund auf. Die Eltern verdeutlichen hiermit, dass sie keine passiven Opfer der Unterdrückung mehr sind. Der Übergang von der Passivität und aus der Anonymität zur Dokumentation markiert oftmals einen wichtigen Wendepunkt in der konstruktiven Auseinandersetzung mit dem Problem.

Illusion der Kontrolle

Das sechste Prinzip eines konstruktiven Kampfes besagt, dass man das Verhalten des Kindes nicht kontrollieren kann. Wir bezeichnen die Überzeugung, dass eine solche Kontrolle möglich ist, als Illusion der Kontrolle. Eltern können ausschließlich ihr eigenes Verhalten kontrollieren. Die Überzeugung, dass man dem Kind seine Handlungsweisen vorschreiben könne, führt zu vergeblichen Anstrengungen, die die Situation oft eskalieren lassen. Wenn die Eltern die Illusion der Kontrolle aufgeben, verbessern sie dadurch sowohl den gewaltfreien Kampf als auch ihre Beziehung zum Kind. Das Erwachen aus der Illusion der Kontrolle erfolgt meist schrittweise. Anfangs begreifen die Eltern, dass sie ihr Kind nicht wirklich beeinflussen und davon überzeugen können, die elterliche Zielsetzung zu übernehmen. Später erkennen sie, dass sie das Verhalten des Kindes nicht ändern und die Zwangsstörung nicht ein für alle Mal besiegen können. Die Eltern sollten dem Kind explizit mitteilen, dass sie auf ihren Wunsch verzichten, das Verhalten des Kindes zu bestimmen: »Wir können dich nicht unter Kontrolle haben! Wir haben nur über unser eigenes Handeln Kontrolle!« Die elterliche Aufmerksamkeit ist somit nicht mehr auf die negativen und unkontrollierbaren Handlungen des Kindes gerichtet (negative Hypnose), sondern konzentriert sich auf die eigenen Handlungen. Paradoxerweise eröffnet also der Verzicht auf die Illusion der Kontrolle Handlungsfreiräume für die Eltern und liefert ihnen die beste Möglichkeit, ein sicherer Anker für ihr Kind zu sein.

Geduld für den Reifeprozess

Das siebte Prinzip, das Prinzip des Reifeprozesses, soll die Dauer eines konstruktiven Kampfes verdeutlichen. Wenn die elterliche Reaktion zeitlich aufgeschoben werden kann, ist sie meist effektiver als eine sofortige Reaktion (»Schmiede das Eisen, wenn es kalt ist!«). Das Gefühl der Dringlichkeit, sofort reagieren zu müssen, kennzeichnet destruktive Kämpfe. Eltern glauben häufig, dass sie auf die negativen Handlungen ihres Kindes sofort reagieren müssten (»Sonst gewinnt er die Oberhand!«). Wenn man in der Hitze des Gefechtes sofort reagiert, so fällt diese Reaktion meist sehr emotional aus, was leicht zu einer Eskalation der Situation führen kann. Anstatt sogleich Sanktionen zu verhängen, üben sich die Eltern in Geduld und Ausdauer. Sie wissen, dass man die Kontrollherrschaft nicht mit einem Schlag beenden kann. Stattdessen muss man sich im geduldigen und beharrlichen Kampf üben. Schrittweise wird die Herrschaft eingedämmt und der Schutz für die anderen Hausbewohner verbessert. Gleichzeitig wird versucht, die positive Bindung zwischen Eltern und Kind zu festigen.

Warum müssen wir aber von einem »Kampf« sprechen, wenn dies die Leitprinzipien für die Eltern sind? Wenn die Eltern keinen Sieg anstreben, stattdessen die positiven Stimmen im Kind zu stärken suchen, möglichen Eskalationen durch asymmetrisches Handeln entgegenwirken, trotz der Gewalt Versöhnungsgesten einsetzen, die Illusion der Kontrolle aufgeben und einen langen Atem entwickeln, um geduldig auf den positiven Reifeprozess zu warten – wo bleibt da der Kampf? Der konstruktive Kampf ist tatsächlich eine ganz besondere Art von Kampf, der sich speziell für Verhältnisse eignet, in denen Liebe und Fürsorge an erster Stelle stehen. Trotzdem bleibt es ein Kampf. Möglicherweise ist dieser Kampf sogar entschlossener als ein destruktiver Kampf. Die Eltern geben der Kontrollherrschaft nicht nach, geben sich selbst, die Geschwisterkinder, ihr Zuhause und das zwanghafte Kind nicht auf. Sie beteiligen sich nicht mehr an der Geheimhaltung und bleiben so nicht mehr in ihrer Isolation gefangen. Stattdessen schmieden sie Bündnisse gegen die Kontrollherrschaft und leisten standhaft Widerstand. Am Ende wird dank des konstruktiven Kampfes auch beim Kind Ruhe einkehren: Durch die Entschlossenheit und Beharrlichkeit der Eltern findet das Kind einen Anker und erfährt Grenzsetzungen, die gegen seine zwanghaften Forderungen und seine an ihm nagenden Zweifel wirken. Die elterliche Verankerung, die durch den konstruktiven Kampf zum Ausdruck kommt, ist der eigentliche Halt und die wahrhafte Hoffnung des zwanghaften Kindes.

Der 13-jährige Martin war in seiner Familie schon immer als ein außerordentlicher Dickkopf bezeichnet worden. Wenn er etwas wollte, akzeptierte er kein »Nein« als Antwort. Er ersann das Mittel des Hungerstreiks und weigerte sich viele Male zu essen, bis seine Eltern, Resi und Andreas, seinen Wünschen nachgaben. Mit 7 Jahren fing er an, eine tiefe Abneigung gegen jede Art Körperkontakt mit seiner jüngeren Schwester, Lena, an den Tag zu legen. Er fing an, all ihre Gegenstände als infiziert zu behandeln und wusch sich nach jeder direkten oder indirekten Berührung mit ihr gründlich. Er weigerte sich, mit ihr zu sprechen und ihren Namen auszusprechen. Er gewöhnte sich an, sie in seinen Gesprächen mit den Eltern »Blödkopf« zu nennen.

Allmählich wurde auch der Vater auf die Liste derer gesetzt, deren Berührung nicht geduldet werden konnte. Martin verbat seinem Vater, ihn anzufassen, weigerte sich, mit seinem Vater aus demselben Topf zu essen oder auf einem Stuhl zu sitzen, auf dem der Vater gesessen hatte, und hörte schließlich ganz auf mit ihm zu sprechen oder ihn zu beachten.

Die Verbote, die Martin allen im Hause erteilte, dehnten sich immer weiter aus und wurden immer komplizierter. Es war verboten, bestimmte Fernsehkanäle anzusehen, es durften keine Gäste eingeladen werden, seine Mutter durfte nicht mit ihm sprechen, während sie seine Schwester anfasste oder neben ihr saß, und so weiter und so fort. Seine Eltern fürchteten sich vor Martins heftigen Reaktionen. Während seiner Wutanfälle konnte er absichtlich teure Gegenstände anderer Familienmitglieder zerstören. Ihre größte Befürchtung war jedoch, dass Martin in einer emotionalen Krise sich oder seiner Schwester etwas antun könnte. Einige Male hatte er damit gedroht. Einmal hatte er seine Eltern mit einem Küchenmesser bedroht, ein anderes Mal hatte er demonstrativ ein Seil in sein Zimmer mitgenommen.

Die Kommunikation zwischen Martin und seiner Mutter war grauenvoll und beschränkte sich vor allem auf Befehle, die Martin in die Richtung seiner Mutter bellte wie »Mama, Kakao!« »Raus!« und Ähnli-

ches. Zu diesen Befehlen kam eine abendliche Zeremonie hinzu, in der Martin am elterlichen Bett stand und seiner Mutter seine Beschwerden unterbreitete. Seinen Vater ignorierte er völlig: als wäre nicht nur seine Existenz ausgelöscht worden, sondern auch jede Erinnerung an ihn.

In der Schule war sein Verhalten ebenfalls problematisch. Martin weigerte sich, die Hausaufgaben zu erledigen, und blieb der Schule immer häufiger fern. Er weigerte sich morgens aufzustehen. Anfangs benutzte er die Ausrede, dass er krank sei, später weigerte er sich einfach ohne weitere Erklärungen. Die Eltern versuchten einmal, ihn dazu zu zwingen, in die Schule zu gehen. Da rannte Martin weg und streunte den ganzen Tag bis in die Abendstunden in den Straßen umher. Die Eltern sahen hierin einen weiteren Beweis dafür, dass Martin gewillt war, auf jeden Widerstand von ihrer Seite scharf zu reagieren. Die Morgenstunden wurden zu einem Alptraum, besonders für Resi. Sie empfand es als ihre Pflicht, alles zu unternehmen, damit Martin zumindest zwei oder drei Mal im Verlauf einer Woche in die Schule ging. Sie pflegte ihn morgens schon um 6 Uhr zu wecken, weil sie wusste, dass Martin nicht ohne einen langen, zermürbenden Kampf aufstehen würde. Natürlich weigerte er sich aufzustehen. Resi weckte ihn wieder und wieder, während Martin immer ausfallender reagierte. Manchmal willigte Martin am Ende dann ein und ging in die Schule, aber oft ging Resi auch zur Arbeit und überließ es ihrem Mann Andreas, seinen Sohn zu wecken. Der weigerte sich, Teil des endlosen Spiels zu sein. Er wendete physische Kraft an, um Martin zum Aufstehen zu bringen, oder ignorierte ihn und ließ ihn weiterschlafen. So oder so fühlten sich die Eltern hilflos Martin gegenüber.

Martins Zimmer wurde zu einer Festung. Der Eintritt war den anderen Hausbewohnern verboten, ausgenommen Resi, die das Zimmer manchmal und nur nach Absprache betreten durfte, um die Wäsche einzusammeln oder in seinen Schrank zu legen. Martin weigerte sich, die Wäsche in den gemeinsamen Wäschekorb oder in den Waschraum zu legen. Seine Kleider stapelten sich deswegen bei ihm auf dem Boden. Da Resi nur ab und an die Erlaubnis erhielt, das Zimmer zu betreten, war der Zimmerboden immer mit einem Kleiderteppich bedeckt. Martin wechselte seine Kleider mehrere Male am Tag und jede Dusche erforderte zwei oder drei Handtücher, die sofort zum Kleiderstapel hinzukamen. Wann immer Resi sich geweigert hatte, die Kleider aufzusammeln, hatten sich die Kleider immer weiter aufgestapelt, bis sie es aufgegeben hatte und am Ende doch alles aufhob.

Die Eltern brachten Martin zu einem Psychiater. Dieser diagnostizierte bei Martin eine Zwangsstörung. Seine Verhaltensprobleme seien Teil der Zwangsstörung. Martin weigerte sich jedoch, eine Psychotherapie in Anspruch zu nehmen oder Medikamente einzunehmen.

Trotz der grauenvollen Lage empfanden die Eltern weiterhin Liebe für ihren Sohn. Andreas, der vollkommen aus Martins Leben verbannt worden war, gab im Gespräch mit uns seiner Sehnsucht und seinem Schmerz Ausdruck, dass er seinen Sohn verliere. Resi tröstete sich damit, dass es manchmal zwischen ihr und Martin vereinzelte Momente der Nähe gab. Die verflogen aber schnell, wenn es Zeit wurde, eine der vielen Vorschriften zu befolgen, oder wenn Andreas oder Lena sich näherten und ihre Schritte zu hören waren. Manchmal, wenn Martin seine Mutter wieder mit seinen Flüchen überschüttete, schrie Resi in ihrer Verzweiflung: »Ja, ich bin eine dumme Kuh! Deine Mutter ist eine dumme Kuh! Bist du jetzt zufrieden?« Dann brach sie in bittere Tränen aus.

Am Anfang der Therapie versuchten Andreas und Resi, ihre Ziele zu definieren. Es war allen klar, dass nur einseitige Maßnahmen möglich sein würden, da Martin eine Zusammenarbeit ablehnte. Die Eltern verstanden, dass sie durch ihr wiederholtes Nachgeben Martins Zwänge und die Unterdrückung durch ihn verstärkt hatten. Sie fürchten sich jedoch zu sehr, um einen Kampf gegen Martins Kontrollherrschaft zu Hause zu eröffnen. Sie wollten lieber mit Maßnahmen anfangen, die seinem Fehlen in der Schule entgegenwirken würden. Sie erwarteten in diesem Bereich einen schwächeren Widerstand, weil Martin schließlich immer noch manchmal in die Schule ging, wenn auch immer seltener. Die Eltern entschieden sich, die langwierige Weckzeremonie aufzugeben und die Tatsache zu akzeptieren, dass sie Martin nicht würden zwingen können, nach ihren Wünschen zu handeln. Mit Freude willigte Resi ein, Martin nur noch einmal morgens zu einer festen Uhrzeit zu wecken. Sie teilte Martin mit, dass er keinen Zugang zu Computer und Fernsehen haben würde, wenn er nicht aufstünde und in die Schule ginge. Sie betonte, dass es ihre elterliche Pflicht sei, so zu handeln. Dadurch, dass er den Computer nutzen und Fernsehen gucken konnte, während er zu Hause sei, hätten sie sein Fehlen in der Schule unterstützt.

Diese Veränderung war für Resi eine große Erleichterung: Sie fühlte sich von der Last befreit, Martin wecken zu müssen, die sie über Jahre getragen hatte. Sie war davon überzeugt gewesen, dass dies ihre höchste Pflicht sei. Die Eltern erwarteten, dass Martin auf das Abschalten von Computer und Fernsehen ausfallend reagieren würde. Umso überraschter waren sie von der Gleichgültigkeit, die Martin an den Tag legte. Anfangs dachten sie, es würde Martin gar nicht stören, dass er ohne Computer und Fernsehen auskommen musste. Nach einer Woche rief er jedoch Resi um 10 Uhr morgens an und teilte ihr mit, dass er sich auf dem Weg zur Schule befinde. Dies war das erste Mal, dass er seine Mutter über sein Tun informierte. Resi reagierte sachlich und zurückhaltend. Von diesem Zeitpunkt an nahmen die Tage, an denen Martin die Schule besuchte, wieder zu. Er fehlte jedoch weiterhin ein bis zwei Mal die Woche. Die Eltern beharrten an diesen Tagen darauf, Computer und Fernsehen abzuschalten.

Der teilweise Erfolg im Bereich des Schulbesuches machte den Eltern Mut, sich gegen Martins Gewalt ihnen gegenüber und gegenüber seiner Schwester zur Wehr zu setzen. Sie waren besonders besorgt in Bezug auf Lena, deren Bedürfnisse sie angesichts von Martins besonderer Bedürftigkeit stark vernachlässigt hatten. Die Eltern wussten, dass sie diesen Widerstand nicht allein würden angehen können, und entschieden sich, eine Gruppe von Helfern in ihre Bemühungen einzubeziehen. Angesichts der schwerwiegenden Gewalt und der extremen Ängste der Eltern war eine ausgedehnte Unterstützung notwendig: Die Eltern schafften es, 16 Personen zu einem gemeinsamen Treffen mit dem Therapeuten einzuladen, unter ihnen Martins Großeltern, Onkel, Tanten und einige Freunde der Eltern. Die meisten Anwesenden kannten Martin von klein auf und wussten, dass er ein problematischer Junge war. Trotzdem waren sie bestürzt, als sie von Martins Verhaltensauffälligkeiten hörten. Manche der Anwesenden wollten mit eiserner Hand eingreifen, andere betonten Martins Leid und dass die Dinge auch von seinem Standpunkt aus zu betrachten seien. Solche Reaktionen sind typisch für Helfertreffen.

Der Therapeut versuchte zwischen den extremen Sichtweisen zu vermitteln und überzeugte die Helfer davon, dass ein konstruktiver gewaltfreier Kampf für die Familie von größtem Nutzen sein und Schutz bieten würde. Auf diese Weise würden Eskalationen vermieden und Versöhnungsgesten der Eltern ermöglicht. Am Ende des Treffens stand die Helfergruppe den elterlichen Bemühungen sehr positiv gegenüber.

Einige Helfer erklärten sich sogar dazu bereit, ganze Tage zu investieren, sollte dies nötig sein. Andreas und Resi, die ihre Probleme mit Martin das erste Mal vor anderen ausgebreitet hatten, waren tief bewegt von dem Zuspruch, den sie erhielten. Sie schöpften Hoffnung, dass die Situation geändert werden könnte.

Nach diesem Treffen teilten die Eltern Martin in einer gemeinsamen Ankündigung mit, dass sie nicht mehr bereit seien, seine physische Gewaltanwendung und seine Beschimpfungen hinzunehmen. Andreas und Resi saßen nebeneinander im Elternschlafzimmer, als sie Martin die Ankündigung überreichten. Resi las die Ankündigung vor und hielt währenddessen Andreas' Hand. Martin war von diesem Schritt der Eltern überrascht und blieb bis zum Ende der Ankündigung sitzen. Dann stand er jedoch auf, warf demonstrativ seinen Stuhl um und schloss sich in seinem Zimmer ein. Die Eltern waren nicht weniger erstaunt über ihren Schritt als Martin.

Von diesem Zeitpunkt an begannen die Eltern, jeden Ausdruck der Gewalt ausführlich zu dokumentieren. Sie schrieben jeden Vorfall in ein Dokumentationsheft. Einmal filmten sie sogar, wie Martin seine Drohungen und Flüche aussprach. Nach einigen Tagen gaben die Eltern Martin eine Liste der Personen, die eine Kopie der Dokumentation über seine Gewalt erhalten hatten. Einige der Helfer kamen zu Besuch, begrüßten Martin durch die Zimmertür hindurch, hinter der er sich eingeschlossen hatte. Sie sagten ihm, dass sie die Dokumentation der Eltern erhalten hätten, und sprachen ihre Bereitschaft aus, ihm bei der Bewältigung der Probleme zu helfen. Gleichzeitig betonten sie jedoch, dass die Gewalt aufhören müsse. Martin zerbrach daraufhin eine Vase, die Resi sehr liebte. Sie weigerte sich, die Bruchstücke aufzusammeln, bis drei Helfer zu ihr nach Hause gekommen waren, den Schaden gesehen und mit Martin durch die Tür hindurch gesprochen hatten. Die Helfer teilten Martin mit, dass sie den Schaden, den er angerichtet hatte, gesehen hätten. Sie betonten, dass er nicht weiter gewalttätig sein könne und dass sie alle Bemühungen der Eltern unterstützen würden, um in Sicherheit zu leben.

Auch im Kampf gegen Martins Gewalt zu Hause verbesserte sich das Gefühl der Eltern, noch bevor eine tatsächliche Veränderung in Martins Verhalten sichtbar wurde. Anfangs vermied Martin jeden Kontakt zu den Besuchern. Sofort wenn es an der Tür klopfte oder klingelte, schloss Martin sich in sein Zimmer ein und verweigerte jeden

Annäherungsversuch. Andreas und Resi fühlten sich jedoch durch Lenas Reaktion auf die Besuche ermutigt. Sie freute sich über den Besuch und sagte: »Endlich sieht jemand, was Martin uns antut!«

Anfangs hatten die Eltern den Eindruck, dass sich Martins Verhalten sogar verschlechterte. Eines Nachts schüttete er Farben auf Lena, während sie schlief, und versteckte ein Heft aus der Schublade ihres Schreibtisches. Es war das erste Mal, dass Martin Lenas Zimmer betreten hatte, seit er sie mit einem Bann belegt hatte. Natürlich war das Ziel seiner Tat destruktiv gewesen. Trotzdem gab es jedoch seit diesem Vorfall keinen Zweifel mehr daran, dass Martin seine Abscheu gegen seine Schwester überwinden konnte.

Infolge der gewalttätigen Handlungen Martins dehnten die Eltern das Unterstützungsnetzwerk weiter aus. Ein Onkel aus den Staaten, zu dem er in der Vergangenheit eine besondere Beziehung gehabt hatte, schaltete sich ein. Der Onkel rief an, um mit Martin zu sprechen, und schickte ein Fax, das unter Martins Zimmertür hindurchgeschoben wurde. Das war der Zeitpunkt, an dem Martin seine »starke Karte« hervorzog und mit Suizid drohte. Seine Eltern hatten sich auf diese Möglichkeit in der Beratung vorbereitet. Sie teilten Martin mit, dass sie alles tun würden, um einen Suizid zu verhindern, sich aber nicht der Gewalt unterwerfen würden. Angesichts der Drohung kamen Helfer ins Haus, um die Eltern dabei zu unterstützen, Tag und Nacht auf Martin aufzupassen. Nachts nahmen die Eltern, während Martin schlief, den Schlüssel zu seinem Zimmer an sich, damit er sich nicht einschließen konnte. Die Eltern gingen drei Tage lang nicht zur Arbeit. In dieser Zeit waren ständig weitere Personen im Haus. Allmählich hatten die Eltern den Eindruck, dass Martin nicht mehr ganz so aufgebracht war, wie er es anfangs gewesen war. Die ständige Aufsicht konnte beendet werden. Die gewalttätigen Vorfälle wurden weniger. Ähnlich wie bei den Maßnahmen in Bezug auf die Schule passte sich Martin an die neue Sachlage gut an, nachdem er zunächst seine Verhaltensweise verschärft hatte oder Gleichgültigkeit an den Tag zu legen versuchte.

Dann entschied Resi, dass sie nicht mehr auf Martins gebellte Befehle reagieren würde, die meist von Beleidigungen begleitet wurden. Stattdessen notierte sie seine Worte im Dokumentationsheft. Martins Wutanfall war beachtlich, als seine Mutter seine Befehle nicht ausführte. Unter anderem zerbrach er zwei Fenster. Andreas rief die Polizei an und bat um sofortige Hilfe. In dem Augenblick, als der Poli-

zist das Haus betrat, beruhigte sich Martin und schloss sich bis zum nächsten Tag in sein Zimmer ein. Nach einem Gespräch mit den Eltern verlangte der Polizist von Martin, dass er ihm das Zimmer öffne, und dieser tat wie angewiesen. Der Polizist verbrachte eine viertel Stunde mit Martin in dessen Zimmer und verließ dann das Haus. Er teilte den Eltern mit, dass er verpflichtet sei, dem Jugendamt den Vorfall zu melden. Die Eltern wussten um diese Möglichkeit und begrüßten sie sogar. Der Polizist erstattete jedoch keinen Bericht. Trotzdem sank die Gewalt Martins drastisch.

Andreas entschied sich, Martins Weigerung, mit ihm in Kontakt zu treten, nicht länger hinzunehmen. Er wandte sich bei verschiedenen Gelegenheiten an Martin. Seine Bemerkungen oder Vorschläge waren immer positiv. Zum Beispiel wollte er Martin helfen, den Computer zu reparieren, als der nicht funktionierte. Martin nahm diese Angebote nicht an, reagierte aber auch nicht gewalttätig auf sie. Dann teilte Andreas Martin mit, dass die Aufgabenverteilung zu Hause nicht fair sei. Resi sei die Einzige, die für ihn, Martin, Dinge erledigen dürfe. Er, Andreas, werde ihr von nun an helfen. Anfangs versuchte Andreas, einen Teil der Wäsche zu übernehmen. Er hatte das vollkommen aufgegeben, nachdem sich Martin geweigert hatte, Kleidung zu tragen, die durch ihn »beschmutzt« worden war. Andreas versuchte nun, sich wieder an der Wäsche zu beteiligen. Er gab es jedoch auf, nachdem Martin 10 Tage lang immer wieder die gleichen schmutzigen Kleider trug. Andreas weigerte sich außerdem, weiterhin Martins Essen getrennt aufzubewahren. Bisher waren im Kühlschrank getrennte Behälter und Fächer für Martin und den Rest der Familie gewesen. Nachdem Andreas und Resi Martin mitgeteilt hatten, dass diese Trennung des Essens aufhören würde, aß Martin einige Tage lang nur aus geschlossenen Konservendosen. Danach fing er jedoch an, sich wieder Essen aus dem Kühlschrank zu nehmen, auch wenn Andreas von den gleichen Dingen gegessen hatte.

Nach zwei Monaten harter Arbeit hatten die Eltern das Gefühl, dass Martin schon lange nicht mehr so ruhig und ausgeglichen gewesen war. Ein Cousin von Martin, der in seinen Zwanzigern war, schaffte es, mit Martin ein richtiges Gespräch zu führen, in dem Martin all seine Beschwerden über seine Familie anführte. Das war das erste Mal, dass jemand außerhalb der Familie von Martins Gefühlslage erfuhr. Solch ein Erfolg ist charakteristisch für den Eintritt von Helfern in den bisher geschlossenen Familienkreis. Selbst wenn das Kind die meisten Helfer ablehnt, ist es häufig dazu bereit, einen Helfer zu seinem Verbündeten zu machen.

Die Therapie wurde vom öffentlichen Gesundheitsdienst erstattet und war auf 10 Sitzungen beschränkt. Am Ende der 10 Wochen war Martins Lage noch lange nicht zufriedenstellend. Trotzdem fühlten sich die Eltern von dem Zwangsterror befreit, unter dem sie lange Jahre gelebt hatten. Sie waren glücklich, dass sie Lena beschützen konnten und die Drangsalierungen ein Ende hatten. Sie kamen langsam zu der Überzeugung, dass Martins Probleme nicht ihre Schuld waren und dass es keinen Grund gab, seine Gewalt und seine Unterdrückung hinzunehmen. Zum ersten Mal hatten sie das Gefühl, dass sie ihr Verhalten abwägen und selbst bestimmen konnten und dass es nicht von Martins zwanghaften Forderungen oder Launen abhängig war. Sie waren jedoch noch weit von ihrem Ziel entfernt, eine Versöhnung mit Martin zu erreichen und das Verhältnis zu ihm zu verbessern. Trotzdem waren die Eltern angesichts der Tatsache, dass sie nicht mehr Martins Opfer waren, voller Hoffnung, dass eine Versöhnung und eine erneute gegenseitige Annäherung möglich wären.

Selbst bei einem erfolgreichen Therapieverlauf ist die Auseinandersetzung mit einem Kind, das unter einer Zwangsstörung leidet, nicht mit dem Ende der Therapie abgeschlossen. Kinder mit einer Zwangsstörung haben besondere Bedürfnisse und Eltern müssen diese Bedürfnisse über Jahre hinweg berücksichtigen. Ein konstruktiver, gewaltfreier Kampf löst nicht alle Probleme im Leben des Kindes. Dennoch bietet er einen fruchtbaren Boden für neue Möglichkeiten und Lösungen. Selbst wenn gute Bedingungen geschaffen wurden, um sich mit der psychischen Störung auseinanderzusetzen und den Alltag trotz der Schwierigkeiten zu meistern, muss die Familie häufig Rückschläge und Krisen hinnehmen, die eine Fortsetzung des Kampfes nötig machen. Wir werden im folgenden Beispiel sehen, wie eine Familie nach einer ruhigen Phase sich einer neuen Krise stellen und einen weiteren Kampf eröffnen musste.

Allerdings beginnt der neue Kampf nicht wieder ganz von vorne: Sowohl Eltern als auch Kind haben bereits Erfahrungen gesammelt, die es ihnen ermöglichen, schneller gute Ergebnisse zu erzielen und hierbei weniger Leid zu durchleben.

Albert erfand schon als 3-jähriger zwanghafte Rituale. Die Eltern, Hubert und Silke, hielten sich an seine Vorschriften, da sie Mitleid hatten und nicht wussten, wie sie ihm anders helfen könnten. Es gab Regeln, wie seine Spielsachen im Zimmer sortiert sein mussten, wie sein Tisch aufgeräumt werden musste, wie sie ihm Bücher vorlesen sollten und wie das Haus vor dem Schlafengehen abgeschlossen werden musste. Alberts Vorschriften entwickelten sich zu einer schweren Bürde, die vor allem Silke zu schaffen machte. Silke vermied angesichts der vielen Forderungen und Wünsche, das Haus zu verlassen. Sie ging nur wenige Stunden arbeiten.

Außerhalb des Hauses fiel Albert nicht als kontrollbedürftig oder aggressiv auf. Er war zwar in der Schule nicht sehr beliebt, fand jedoch immer ein oder zwei Freunde, mit denen er sich verbündete. Mit Eintritt in die Mittelstufe verschärften sich seine Lernschwierigkeiten und seine sozialen Probleme. Schließlich weigerte Albert sich ein halbes Jahr lang, die Schule zu besuchen. Angesichts dieser Entwicklung entschieden sich die Eltern, Albert in eine Sonderschulklasse zu integrieren, in der ein sehr geringer Leistungsanspruch herrschte. Die Lehrer in der Schule kannten Albert gut und nahmen auf seine Lage Rücksicht.

Die schwerste Krise begann, als Albert 14 Jahre alt war: Er entwickelte zwanghafte Waschungen und hatte extreme Angst, sich mit Krankheiten anzustecken. Er wusch sich stundenlang am Tag, entwickelte eine ganze Reihe von Ritualen zur Vermeidung einer Ansteckung und forderte von seiner Mutter, dass sie ihm auf seine Fragen zur Ansteckungsgefahr viele Male – sogar hunderte Male – am Tag antwortete. Er erschien außerdem mitten in der Nacht im Schlafzimmer der Eltern, weckte seine Mutter und forderte von ihr, auf die von ihm bezeichneten »kritischen Fragen« zu antworten. Dieser Ausdruck »kritische Fragen« wurde zu einer Rechtfertigung, um jederzeit stören zu dürfen. Wenn er nicht sofort eine Antwort erhielt, fing er an zu schreien, Türen zuzuschlagen und Gegenstände herumzuwerfen. Am Ende wurden die Eltern mit seinen Anfällen nicht mehr fertig und entschieden sich, ihn in ein psychiatrisches Krankenhaus einweisen zu lassen. Zwei Monate hielt Albert sich in der geschlossenen Station für Jugendliche auf. Er kam mit der Einsicht nach Hause, dass weitere gewalttätige Anfälle oder nächtlichen Störungen der Eltern zu einem erneuten Krankenhausaufenthalt führen würden.

Nach dieser Krise wandten die Eltern sich an unser Elternbera-

tungszentrum für Eltern von Kindern mit extremen Verhaltensproblemen. Sie bezogen ihren engsten Freundeskreis in die Geschehnisse zu Hause ein und baten sie bei der Umsetzung der Maßnahmen im gewaltfreien Kampf um Hilfe. Nach einem halben Jahr des konstruktiven Kampfes hatten die Eltern das Gefühl, dass sie ihr Leben wieder selbst bestimmten. Hubert, der im Laufe der Jahre zu einer Randperson im Leben Alberts geworden war, konnte Silke unterstützen und seine Präsenz zu Hause vergrößern. Er verbesserte dadurch dramatisch sein Verhältnis zu seinem Sohn. Am Ende der Therapie waren die Eltern entschlossen, keinen Rückfall zuzulassen.

Nach der spürbaren Verbesserung der Atmosphäre zu Hause und der Sicherheit der Eltern in Bezug auf ihre eigenen Fähigkeiten wurde eine therapeutische Arbeit möglich, die Albert sichtlich förderte. Es war eine intensive Arbeit mit einem jungen Therapeuten, der unter den gegebenen Einschränkungen zwei Mal wöchentlich mit Albert zu Hause in seinem natürlichen Lebensumfeld arbeitete. Der Therapeut stand mit dem Elternberatungszentrum in Verbindung, in dem die Eltern die Anleitung zum gewaltfreien Widerstand erhalten hatten. Dies ermöglichte eine gemeinsame Sprache in der breit gefächerten therapeutischen Arbeit mit Albert und seinen Eltern. Nach einem Jahr Therapie waren deutliche Erfolge in vielen Lebensbereichen zu verzeichnen: Albert ging regelmäßig in die Schule, hatte fast gänzlich sein aggressives Verhalten zu Hause abgelegt, überwand das zwanghafte Bedürfnis, sich zu waschen und weitere Maßnahmen zur Vermeidung einer Infektion durchzuführen, dehnte seinen Kontakt zu anderen Familienmitgliedern aus und entwickelte eine große Geschicklichkeit im Kochen, einschließlich dem Einkauf der notwendigen Lebensmittel.

Der Anfang der Krise, mit der wir uns befassen möchten, zeichnete sich dadurch aus, dass Albert wieder »klebrig« wurde – so drückte Silke es aus: Er fing wieder an, sie mit Fragen bezüglich seiner zwanghaften Sorgen zu überschütten (»Bist du sicher, dass ich kein Aids habe?«, »Könnte es sein, dass du oder Papa bald sterben werden?«). Er gewährte seiner Mutter keine Privatsphäre, sprach in scharfem Ton zu seinen Eltern und benutze sogar wieder den Ausdruck der »kritischen Fragen«. Sehr schnell verschlechterte sich auch seine Fähigkeit, andere Lebensbereiche zu meistern. Albert ging nicht mehr in die Schule und vertrieb sich seine Zeit zu Hause, während er die meiste Zeit an seiner Mutter hing. Wann immer Silke nicht zu Hause war, rief er sie ständig an. Es war ihr verboten, selbst für kurze Zeit ihr Handy auszumachen oder für Albert nicht erreichbar zu sein.

Anfangs fiel es den Eltern schwer, sich der neuen Herausforderung zu stellen. Sie sagten, dass die langen Jahre der Auseinandersetzung an ihren Kräften gezehrt hatten. Sie hatten das Gefühl, keine weitere Krise durchstehen zu können. Silke war der Meinung, dass drastische Maßnahmen ergriffen werden müssten und dass Albert das Haus verlassen müsste. Albert reagierte auf diese Bedrohung, die in der Luft lag, aufs Heftigste: Er entwickelte neue morgendliche Rituale und belästigte seine Umgebung mit unendlichen zwanghaften Fragen. Manchmal fragte er dieselbe Frage mehr als 50 Mal. Er fing außerdem an, einige Familienmitglieder mit Telefonaten zu belästigen, in denen er wieder und wieder die gleichen Fragen stellte. Er befand sich in äußerster Unruhe und war unfähig, an einem Ort für einige Minuten still zu sitzen. Seine physischen Gewaltausbrüche tauchten wieder auf, und es schien, als sei der Weg zu einem weiteren Krankenhausaufenthalt für Albert geebnet.

Alberts Therapeut beriet sich mit seinen Kollegen und erhielt Alberts Einverständnis, dessen Eltern zu Hause zu treffen. Er eröffnete die Sitzung mit der Mitteilung, dass er das Anliegen der Eltern verstehe und ihre Erschöpfung nachfühlen könne. Er sprach seine Achtung für ihr langjähriges Engagement für Albert aus. Gleichzeitig betonte er, dass es nicht möglich sei, wie durch ein Wunder eine Verbesserung herbeizuführen. Selbst wenn Albert umziehen sollte, würde dieser Prozess Zeit brauchen und es wäre besser, ihn nicht in einer vergifteten Atmosphäre durchzuführen. Ihre Erschöpfung durch die langjährige Auseinandersetzung mit Alberts Problemen sei vollkommen verständlich. Dieser Erschöpfung nachzugeben würde ihnen jedoch keine Ruhepause gönnen, sondern nur weiteres Leid erzeugen. Ein erneuter konstruktiver Kampf würde keine »Erlösung« bedeuten, aber doch eine Erleichterung ihrer jetzigen Lebenslage ermöglichen.

Die Eltern gaben dem Therapeuten Recht und erklärten sich bereit, sofort die Regeln für eine neue Auseinandersetzung festzulegen. Albert wurde in das Zimmer gebeten und seine Eltern teilten ihm folgende Dinge mit: 1) Sie würden seine zwanghaften Fragen nicht mehr beantworten. Albert protestierte scharf und sagte, es sei sein Recht, zumindest einige Male am Tag eine Antwort zu erhalten. Die Eltern hatten sich im Voraus auf diese Bitte vorbereitet. Sie wiederholten, dass die Beant-

wortung der Fragen seine Zwangsstörung und damit sein und ihr Leid verschärfen würde. Deswegen würden sie die Fragen überhaupt nicht mehr beantworten. 2) Sollte Albert Gewalt anwenden oder versuchen, den anderen seinen Willen durch Brüllen aufzuzwingen oder sich mit seinem Körper an seine Mutter zu klammern, so werde seine Mutter ihr Zimmer aufsuchen und ihn bitten, das Zimmer zu verlassen. Die Mutter werde ihre Bitte nur ein Mal aussprechen. Sollte Albert sich weigern zu gehen, würde seine Mutter das Haus für einige Stunden verlassen, egal, wie die Situation sei; sollte dies nachts passieren, werde die Mutter zum Haus einer Freundin fahren, die ihr einen Schlüssel gegeben habe und die ihr im Notfall ein Zimmer für die Nacht zur Verfügung stellen könnte; 3) Albert dürfe nur drei Telefonate pro Tag führen. Sollte er diese Anzahl überschreiten, würden sie das Telefon sperren.

Nach diesem Gespräch traten umfassende Veränderungen ein. Albert schränkte seine zwanghafte Fragerei ein, bis er sie innerhalb weniger Tage fast ganz einstellte. Sein gewalttätiges Verhalten hörte auf, und er respektierte wieder die Privatsphäre seiner Mutter. Diese wichtigen Veränderungen zeigten sich, obwohl Albert immer noch von zwanghaften Gedanken heimgesucht wurde und entsprechende Handlungen ausführte.

Nachdem diese Krise überstanden war, fing eine Blütezeit in Alberts Leben an. Er bestand die Abiturprüfungen mit annehmbaren Noten. Er nahm eine Arbeit als Angestellter bei einem Telefonservice an und schaffte es, die Arbeitsstelle zu behalten. Den Eltern bereitet sein Aufenthalt zu Hause ein Vergnügen.

Die Krise konnte bewältigt werden, weil die Eltern sich zu einem erneuten konstruktiven Kampf bereiterklärten. Die Geschwindigkeit des Fortschrittes ist der Erfahrung zu verdanken, die die Eltern und Albert in der Vergangenheit im Umgang mit ähnlichen Situationen gesammelt hatten. Sie wussten also, wie sie die Maßnahmen am effektivsten gestalten und die damit einhergehende Belastung minimieren konnten.

Es ist wichtig zu betonen, dass nicht nur die Eltern Erfahrungen mit dem gewaltfreien Kampf sammeln, sondern auch das Kind. Das Kind lernt, wie es sich schnell an die Eltern anpassen kann, wenn diese nicht länger nachgeben, sich aus ihrer Isolation befreien, Eskalationen vermeiden und Entschlossenheit und Standhaftigkeit beweisen.

Sechstes Kapitel
Die Auseinandersetzung mit Angststörungen erwachsener Kinder und deren chronischer Abhängigkeit[1]

Wir haben in den vorigen Kapiteln dargelegt, wie Vermeidungsverhalten zur Kontrollübernahme von Seiten des Kindes führen kann und wie ein Sich-Abschotten des Kindes nicht nur schwierige familiäre Verhältnisse schafft, sondern auch die Entwicklung des Kindes wesentlich beeinträchtigt. Angesichts der Inflexibilität dieser Kinder und der ausgeprägten Hilflosigkeit der Eltern stellt sich die Frage, ob solch eine Kontrollübernahme ohne einen effizienten Eingriff überhaupt behoben werden kann. Im Lauf der Jahre haben sich tatsächlich viele Eltern an uns gewandt, deren erwachsenes Kind unter einer Angststörung leidet. Diese Kinder sind meist in ihren Zwanzigern, manche sogar noch älter, und leben weiterhin abgeschottet zu Hause. Oft sind sie völlig abhängig von ihren Eltern und nicht in der Lage, ihre Ängste in den Griff zu bekommen und ihren Lebensaufgaben nachzukommen. Manche dieser Erwachsenen leiden zusätzlich unter anderen psychischen Störungen (Depression, bipolare affektive Störung, paranoide Psychose und andere). Die meisten (wir schätzen mehr als 70 % der Fälle) leiden jedoch ausschließlich unter einer Angststörung.

Eine Überprüfung der Forschungsliteratur ergab, dass dieses Phänomen recht bekannt und in manchen Ländern weit verbreitet ist. In einigen Ländern werden diese abhängigen Erwachsenen sogar mit einem eigenen Begriff bezeichnet. In Japan zum Beispiel werden zwei verschiedene Gruppen benannt: 1) »Parasitu Singuru« (alleinstehende Parasiten) – diese Bezeichnung bezieht sich auf eine große Gruppe, vor allem Frauen, die sich weigert, aus dem Elternhaus auszuziehen oder arbeiten zu gehen, und die von den Eltern finanzielle (und andere) Hilfe einfordert (Genda, 2006). 2) »Hikikomoru« (Abschotter) – dies sind junge Erwachsene, insbesondere Männer, die

---

[1] Dieses Kapitel wurde in Zusammenarbeit mit Dan Dolberger und Effi Nortov geschrieben.

sich in ihrem Zimmer verbarrikadieren, die Nacht zum Tag machen und ihr Leben mit Hilfe ihres Computers und anderer elektronischer Kommunikationsmittel führen. Oft üben diese jungen Erwachsenen einen wahren Kontrollterror in ihren Familien aus, wie wir es in den vorigen Kapiteln beschrieben haben. Schätzungen haben ergeben, dass es in Japan etwa 3 Millionen dieser »Hikikomoru« gibt (Malagón, 2010; Tran, 2006).

Auch in Italien ist man auf die steigende Abhängigkeit junger Erwachsener von ihren Eltern aufmerksam geworden. Es wurde sogar der Versuch unternommen, gesetzlich zu regeln, dass junge Erwachsene bis zu ihrem 30. Lebensjahr das Elternhaus verlassen müssen! Diese jungen Erwachsenen werden in Italien »Bamboccioni« (große Babys) genannt. Es liegt zwar keine einheitliche Beschreibung der Verhaltensweise dieser Gruppe vor. Wir nehmen jedoch an, dass ein beträchtlicher Anteil dieser Erwachsenen unter einer Angststörung leidet und daher den Schritt in die Unabhängigkeit fürchtet.

Auch in anderen Ländern sind ähnliche Probleme zum Thema einer öffentlichen Diskussion geworden, wie zum Beispiel in England, China, Südkorea, Deutschland, Frankreich, Kanada und Australien (Berrington, Stone und Falkingham, 2009; Settersten, Furstenberg und Rumbaut, 2005). Wir vermuten daher, dass es sich hier um ein weit verbreitetes Phänomen handelt, das in den entwickelten Ländern stark zunimmt.

Es gibt einige Gründe für die Ausbreitung dieses Phänomens:
- Es ist in relativ wohlhabenden Gesellschaften für Familien möglich, einen jungen arbeitslosen Erwachsenen mitzufinanzieren, ohne hierbei in finanzielle Not zu geraten.
- Die Grenze zwischen Kindheit und Erwachsensein ist verwischt. Es ist also nicht mehr klar, ab welchem Alter ein junger Erwachsener für sich selbst sorgen muss.
- Die elterliche Autorität, die den Eltern in der Vergangenheit erlaubte, ihren Kindern vorzuschreiben, wie sie ihr Leben zu führen haben, ist erschüttert.
- Die virtuelle Welt ermöglicht den jungen Erwachsenen, ihr Leben mit Hilfe ihres Computers zu führen, ohne hierbei dem Druck der äußeren Wirklichkeit ausgesetzt zu sein.
- Viele Kinder wachsen mit einem Lebensstandard auf, den sie

nicht beibehalten können, sobald sie das Elternhaus verlassen und unabhängig werden.

Darüber hinaus gehen wir davon aus, dass zu diesen Gründen eine gewisse Familiendynamik hinzukommt, die wir *Abhängigkeitsfalle* nennen. Dieser Begriff bezieht sich auf Familienverhältnisse, die durch drei zentrale Merkmale gekennzeichnet sind:
1) Die betroffene Person ist für ihr Alter unverhältnismäßig stark von den Hilfestellungen, der Wohnmöglichkeit und dem Geld der Eltern abhängig. Die Eltern sehen ihrerseits keine andere Möglichkeit, als diese Unterstützung zu leisten.
2) Die Fähigkeit der betroffenen Person, ihren altersgerechten Lebensaufgaben (Ausbildung, Arbeit, Freundeskreis) nachzukommen, ist unzureichend ausgebildet.
3) Die Eltern, die betroffene Person selbst oder die ganze Familie leben unter einem hohen Leidensdruck oder in großer Sorge.

Meist verstärken die Interaktionen zwischen dem jungen Erwachsenen und seinen Eltern das Gefühl der gegenseitigen Abhängigkeit und Umklammerung. Oft führt ein Versuch der Familie, die Lage zu ändern, zu einer weiteren Verschlechterung. Der Betroffene hat dadurch das Empfinden, dass er keine andere Wahl hat, als bei den Eltern Schutz zu suchen. Nur so scheint er seine Ängste und sein Gefühl des Versagens ertragen zu können, die bei jeder Auseinandersetzung mit der Außenwelt wachgerufen werden. Gerade dieser Schutz in der umsorgenden Atmosphäre des Elternhauses verschärft jedoch das Gefühl der Inkompetenz und verstärkt dadurch den Eindruck, dass die Lage aussichtslos sei. Die Eltern haben ihrerseits Mitleid mit ihrem Kind und fühlen sich verpflichtet, sein Leid zu lindern. Dieser elterliche Schutz, den die Eltern dem erwachsenen Kind gewähren, verstärkt jedoch dessen Abhängigkeit und verringert seine Fähigkeit, sich mit der Alltagswelt auseinanderzusetzen. Im Lauf der Zeit glauben die Eltern, dass sie gar nicht anders handeln können. Die Schlinge zieht sich weiter zu, wenn die Eltern ihrem Drang nachgeben, den Sachverhalt zu verheimlichen – sei es aus Scham oder aus Respekt vor der Privatsphäre des jungen Erwachsenen. Die Geheimhaltung des Problems führt zu einer allmählichen Isolierung der Familie von ihrem Umfeld. Die Abschottung der

Familie schränkt wiederum die äußeren Einflüsse ein, die innerhalb der Familie als Katalysator für Veränderungen wirken könnten. Die Verheimlichung wird dadurch zu einem weiteren Bestandteil der Falle, die das Problem fortbestehen lässt.

Therapieversuche, die sich auf die Arbeit mit diesen jungen Erwachsenen konzentrieren, führen leider meistens nicht zu dem gewünschten Erfolg. Viele der jungen Erwachsenen sind nicht an einer Therapie interessiert. Andere wiederum nehmen eine Therapie wahr, diese scheint jedoch ihre Selbständigkeit nicht zu fördern. In vielen Fällen trägt die Therapie sogar dazu bei, dass das Problem weiter bestehen bleibt, da die Beteiligten der Meinung sind, dass kein Fortschritt erwartet werden kann, solange die schwerwiegenden intrapsychischen Probleme nicht gelöst werden. Die Therapie ermöglicht also einen Aufschub, der die Familie viele Monate lang – manchmal sogar Jahre – in einer abwartenden Passivität verharren lässt. Die Eltern sind manchmal die Einzigen, die den Drang und die Verpflichtung verspüren, etwas zu unternehmen. Dieser Wille kann zu einer treibenden Kraft für eine Veränderung werden, vorausgesetzt, die Eltern erhalten Unterstützung, um sich von ihrer Hilflosigkeit zu befreien.

Die Auseinandersetzung der Eltern mit der Abschottung und der Abhängigkeit ihres erwachsenen Kindes scheint nicht viel anders zu verlaufen als die Auseinandersetzung mit ähnlichen Situationen jüngerer Kinder. Wir leiten Eltern an, eine Ankündigung zu formulieren, Unterstützung einzuholen, sich zusammenzutun, ein Sit-in durchzuführen, Hilfestellungen einzuschränken, die Illusion der Kontrolle aufzugeben, mit Moralpredigten aufzuhören und Eskalationen zu vermeiden. Trotzdem liegt in diesem Fall ein besonderer Sachverhalt vor: Die Lage hat sich schon über einen langen Zeitraum verfestigt. Zudem sind die Reaktionen eines Erwachsenen meist viel beängstigender als die eines Kindes. Zum Beispiel sind Suiziddrohungen, die Androhung von Gewalt gegenüber den Eltern oder anderen Familienmitgliedern oder die Androhung eines völligen Kontaktabbruchs viel mehr Angst einflößend, wenn ein Erwachsener sie ausspricht, als wenn sie von einem Kind kommen. Außerdem sind die Eltern meist viel stärker von einer tief sitzenden Pathologie ihres erwachsenen Kindes überzeugt, und das erwachsene Kind scheint »den Anschluss« schon »verpasst« zu haben.

Diese Besonderheiten lassen uns zwei Schwerpunkte in unserer Arbeit mit Eltern von abhängigen Erwachsenen setzen. Zum einen müssen die Vorbereitungen und die Hilfestellungen viel sorgfältiger geplant und durchgeführt werden: Wir verbringen Wochen (manchmal Monate) damit, mit den Eltern mögliche Szenarien durchzugehen, ihnen dabei zu helfen, die notwendige Unterstützung einzuholen, uns mit ihren verständlichen Ängsten als Eltern auseinanderzusetzen und eine ausreichende Übereinkunft zwischen den Eltern zu erarbeiten. Erst dann können wir zur Tat schreiten und tatsächliche Maßnahmen ergreifen. Zum anderen wird ein Durchbruch meist dann erreicht, sobald die Eltern eine mutige Tat des Widerstandes wagen, die zu einem einschneidenden Ereignis wird und den Höhepunkt unserer Arbeit mit der Familie darstellt. Nach diesem Vorfall bleibt meist immer noch viel zu verbessern. Der Sachverhalt ist jedoch nicht mehr der, der er war. Sowohl den Eltern als auch ihrem erwachsenen Kind wird zu diesem Zeitpunkt bewusst, dass sich hier eine Möglichkeit für eine wirkliche Veränderung auftut. Wir erwähnen in den Beratungsgesprächen dieses »einschneidende Ereignis« so früh wie möglich. Wir weisen darauf hin, dass erhebliche Vorbereitungen für solch ein einschneidendes Ereignis notwendig sind. Diese Vorbereitungen dienen vorerst der Stärkung der Eltern. Meist machen sich in dieser Vorbereitungszeit jedoch schon erste Anzeichen einer Auseinandersetzung mit dem Problem bemerkbar, sowohl bei den Eltern als auch bei ihrem erwachsenen Kind.

Es folgen einige Beispiele für dieses einschneidende Ereignis:
- Der Besuch einer Helfergruppe, die sich an den jungen Erwachsenen wendet und ihm die Nachricht übermittelt, dass sie bereit sind, ihm und seinen Eltern dabei zu helfen, die Situation zu verändern.
- Die Eltern montieren das Türschloss des Zimmers ab, in dem sich ihr erwachsenes Kind verbarrikadiert hat, und betreten mit Unterstützung der Helfer das Zimmer.
- Eine Ankündigung, Hilfestellungen einzustellen und die Nutzung von Internet und Fernsehen einzuschränken.
- Eine ausführliche Dokumentation der gewalttätigen Verhaltensweisen des erwachsenen Kindes. Eine große Helfergruppe erhält diese Dokumentation und teilt dem Erwachsenen mit, dass sie über die Lage Bescheid weiß, und bietet ihre Hilfe an.

- Bei schwerer Gewaltanwendung können die Erstattung einer Anzeige bei der Polizei und die Erwirkung eines gerichtlichen Beschlusses zur Entfernung des erwachsenen Kindes aus dem Elternhaus zu einem einschneidenden Erlebnis werden, das die Verhältnisse von Grund auf ändert.

Solche Ereignisse erfordern gründliche Vorbereitungen. Sonst könnten die elterlichen Maßnahmen scheitern oder sogar zu einer Verschlimmerung der Lage führen. Zum Beispiel kann ein übereiltes Einschalten der Polizei aus einer Notlage heraus ohne die notwendige Vorbereitung schwerwiegende Folgen haben oder nur eine kurzzeitige Erleichterung bewirken, nach der sich die vorige Situation schnell wieder einstellt. Demgegenüber birgt eine geplante Anzeigeerstattung eine wirkliche Chance, dass die Dinge sich zum Positiven verändern. Es folgen zwei Fallbeschreibungen, in denen ein einschneidendes Ereignis durch die vorangehende therapeutische Arbeit gut vorbereitet wurde, so dass die Eltern gestärkt und auf verschiedene mögliche Szenarien vorbereiteten waren.

Eddie und Martina haben drei Kinder: den 18-jährigen Alfred, die 15-jährige Melanie und den 13-jährigen Boris. Die Eltern suchten unsere Beratungsstelle wegen der schweren Verhaltensauffälligkeiten ihres ältesten Sohnes Alfred auf. Sie beschrieben Alfred als einen intelligenten und leistungsorientierten jungen Mann, der eine warme und enge Beziehung zu beiden Eltern gehabt hatte. Immer hatte er Spitzenleistungen in der Schule erzielt und war gesellschaftlich anerkannt gewesen. Etwa ein Jahr vor Beginn der Elternberatung hatte Alfred angefangen, seine Schwester inbrünstig zu hassen. Alfred behauptete, dass Melanie die Ursache für Krankheiten und Infektionen sei. Er vermied jeden Aufenthalt im gleichen Zimmer mit ihr und fasste keine Gegenstände an, die sie vielleicht berührt hatte. Oft brach er in eine Schimpftirade aus und überschüttete seine Schwester mit Beleidigungen und Flüchen.

Allmählich verwandelte sich Alfreds Angst vor einer Ansteckung durch Melanie in ein ganzes System von Vorschriften, die alle Familienmitglieder penibel einzuhalten hatten. Die Eltern mussten Alfreds Kleider getrennt waschen, aus Angst sie könnten Melanies Kleider berühren. Sie durften die zentrale Klimaanlage des Hauses nicht mehr anschalten, da auf diesem Wege Bakterien und Viren von seiner Schwester in

Alfreds Zimmer übertragen werden könnten. Sie gaben sogar Alfreds Forderung nach und kauften ihm einen kleinen Kühlschrank für sein Zimmer, um seine Nahrungsmittel getrennt von denen der Familie zu lagern. Alfred weigerte sich auch vehement, im Auto auf dem Platz zu sitzen, auf dem seine Schwester gesessen hatte. Deswegen durfte Melanie nur noch auf einem bestimmten Platz im Auto sitzen, um für Alfred einen »sterilen« Sitzbereich zu gewährleisten.

Zusätzlich fing Alfred an, seinen Vater zu verfluchen. Er behauptete, Eddie habe schwere Verbrechen begangen, weigerte sich jedoch, diese zu benennen. Er beschuldigte seinen Vater, dass er Alfred im Vergleich mit seinen Geschwistern vernachlässige. Außerdem vermied er jeden Körper- und Augenkontakt mit ihm. Alle Versuche des Vaters, mit Alfred zu sprechen, wurden mit Schweigen quittiert. Es wurde eine weitere Regel eingeführt, dass Alfred sein Zimmer nicht verlassen würde, solange Eddie sich zu Hause aufhalte, und das Haus nicht verlasse, solange der Vater sich irgendwo auf dem Weg von Alfreds Zimmer zur Haustür befinde.

Alfreds Lebensraum verengte sich immer mehr. Er verließ immer seltener das Haus, brach die Schule in der 12. Klasse ab und gab seine Freundschaften auf. Ein halbes Jahr vor Beginn der Elternberatung lebte Alfred in vollkommener Abgeschiedenheit in seinem Zimmer, mit angrenzendem Bad und Toilette, einem kleinen Kühlschrank im Zimmer, Computer und Fernsehen. Seine Mutter Martina wurde zum ausschließlichen Vermittler zwischen Alfred und der Außenwelt. Alfred rief sie auf ihrem Handy an, um besondere Hilfestellungen einzufordern oder um seine Schwester oder den Vater zu beschimpfen. Diese Gespräche konnten eine Stunde oder länger dauern. Martina hatte das Gefühl, dass sie immer erreichbar sein müsse und die Gespräche nicht abbrechen könne, da sie Alfreds einzige Kontaktperson sei. Alfred fand einen weiteren Weg, um seinem Unmut gegenüber den anderen Familienmitgliedern Ausdruck zu verleihen, wenn sie seiner Meinung nach zu laut waren: Er schlug hart gegen die Wände seines Zimmers, bis jedes Geräusch, das ihn störte, eingestellt wurde. Ein Mal am Tag war er bereit, das Haus zu verlassen, um mit seiner Mutter essen zu gehen. Er verließ das Auto jedoch nicht, sondern wartete, bis seine Mutter ihm das Essen auf einem Tablett brachte, und aß dann im Auto. Wegen der großen Belastung gab Martina ihre Arbeit auf und widmete sich mit ganzer Kraft ihrem Sohn.

Eddie hatte im Verlauf seiner vielen Versuche, mit seinem Sohn zu kommunizieren und wieder anerkannt zu werden, die Hoffnung verloren. Der Kontakt zwischen Vater und Sohn brach gänzlich ab. Während der ersten Beratungsstunde brach Eddie in Tränen aus und sagte: »Ich weiß schon gar nicht mehr, wie mein Sohn aussieht. Glauben Sie, dass ich ihn irgendwann wieder sehen werde?«

Alfred lehnte jedes Angebot der Eltern ab, eine Psychotherapie in Anspruch zu nehmen oder einen Psychiater zu besuchen. Er machte seine Eltern und seine Geschwister für seine Lage verantwortlich. Im Verlauf des Jahres nahmen die Kontakte der Eltern mit Freunden und mit der Familie immer mehr ab. Sie schämten sich und hatten das Gefühl, dass sie niemand verstehen könne oder Ihnen helfen würde. Die Tyrannei Alfreds über das Leben der Familie trieb auch zwischen das Ehepaar einen Keil. In ihrer Verzweiflung überlegten sie sogar, ob Martina mit Alfred in eine getrennte Wohnung ziehen sollte, während Eddie bei den jüngeren Kindern bleiben würde.

Schon zu Beginn der Elternberatung wurde den Eltern erklärt, dass Alfred vermutlich unter einer Zwangsstörung leide. Die Tatsache, dass sie Alfreds Forderungen nachgäben, verschärfe sowohl sein Krankheitsbild als auch die familiäre Situation. Den Eltern wurde der Vorschlag unterbreitet, einen Widerstandskampf mit Hilfe des therapeutischen Teams zu eröffnen, um die Zusammenarbeit mit dem Terror und mit der Zwangsstörung Alfreds einzustellen. Den Eltern wurde die Wichtigkeit eines ausgedehnten Unterstützungsnetzwerkes erläutert, um bei der Ausführung von verschiedenen Maßnahmen zu helfen. Außerdem müsse Melanie, die Opfer der systematischen Erniedrigungen ihres Bruders geworden war, vermittelt werden, dass ihr Verständnis und Schutz gebührten. Die Eltern äußerten Zweifel daran, ihre weitere Familie mit einzubeziehen. Nach einigen Beratungsgesprächen berichteten sie jedoch, dass sie mit einzelnen Familienmitgliedern gesprochen hätten und überrascht gewesen seien, wie viel Verständnis und Unterstützung sie erhalten hätten. Einige Wochen später wurde ein Helfertreffen organisiert, bei dem sich 17 Familienmitglieder und Freunde gemeinsam mit dem Elternpaar in das Zimmer drängten. Es war beeindruckend, wie Familie und Freunde ihre Bereitschaft äußerten, den Eltern jederzeit zur Verfügung zu stehen und zu helfen.

Im Verlauf der nächsten Beratungsgespräche verflog jedoch der Optimismus, als das Gespräch im Detail den geplanten Widerstand behandelte, und machte schwerwiegenden Ängsten Platz. Die Mutter äußerte ihre Befürchtung, dass Alfred Suizid begehen könne oder einen nicht rückgängig zu machenden Nervenzusammenbruch erleiden würde, sollten die Eltern sich weigern, die momentane Situation weiter aufrechtzuerhalten. Angesichts von Martinas Ängsten versuchte Eddie anfangs optimistisch zu bleiben. Er wurde jedoch von seiner Frau mitgerissen und sprach von seiner schwerwiegenden Befürchtung, dass mit jedem Versuch, sich der Situation zu widersetzen, Alfred die Abschottung in seinem Zimmer weiter verschärfen würde und es zu guter Letzt zu einer gewalttätigen Auseinandersetzung zwischen Sohn und Vater kommen würde.

Das therapeutische Team (bestehend aus dem Therapeuten und einem Helfer, der für regelmäßige Telefonate zur Verfügung stand) erkannte, dass Martina sich als letzten Zufluchtsort für Alfred verstand. Deswegen fürchtete sie sich so sehr vor jeder Veränderung ihres Verhaltens gegenüber Alfred. Außerdem wurde deutlich, dass Eddie trotz seiner Überzeugung und seines Willens, eine Veränderung herbeizuführen, die volle Unterstützung seiner Frau benötigte, um den geringsten Schritt zu unternehmen. Diese Sackgasse wurde besonders deutlich, als wir Eddie fragten, ob er bereit sei, einseitige Maßnahmen ohne die Zustimmung seiner Frau zu ergreifen. Eddie antwortete daraufhin: »Ich werde nichts ohne die volle Zustimmung Martinas unternehmen!« Martina lächelte daraufhin und sagte: »Und ich werde nichts ohne die volle Zustimmung Alfreds unternehmen!« Diese Aussage Martinas war eine indirekte Einladung an Eddie, die Verantwortung zu übernehmen und dieses restriktive Verhaltensmuster zu ändern. Sie hatte schon oft die Sehnsucht geäußert, Eddie möge die Verantwortung übernehmen und sie nicht mit der schweren Herausforderung allein lassen. Sie sagte: »Du erwartest, dass ich den harten Fels behaue. Ich fühle mich aber wie ein Meißel aus Glas!«

Aussagen dieser Art waren für das therapeutische Team ein Indikator, Eddie zu selbständigen Maßnahmen zu ermutigen, bei denen er unsere Unterstützung erhalten würde. Es schien, dass Martina solch einen Schritt seinerseits benötigte.

Martina und Eddie schlugen die von uns vorgeschlagene Richtung ein und unternahmen Folgendes: Martina plante eine zweiwöchige Auslandsreise, um die Bühne für Eddies Maßnahmen zu räumen. An den Beratungsgesprächen vor der Reise wollte Martina nicht teilneh-

men, damit Eddie ungehindert sprechen konnte. Eddie entschied sich, seine zwei Brüder zu den Beratungsgesprächen mitzubringen, die ihn bei der Durchführung des einschneidenden Ereignisses unterstützen würden. Die geplanten Maßnahmen sollten folgende Schritte beinhalten: Sie würden zusammen Alfreds Zimmer mit Entschiedenheit betreten und das Redeverbot aufheben; sie würden jeglicher Erniedrigung durch Alfred gegenüber seiner Schwester und seinem Vater entschieden Widerstand leisten; sie würden bei den Sauberkeitsregeln nicht länger mitwirken und nicht zulassen, dass Alfred in seinem Zimmer Essen ansammelte und damit sein Zimmer zu einer von der Außenwelt abgeschlossenen Enklave würde.

Nach einigen Sitzungen, die der Vorbereitung gewidmet waren und in denen mögliche Szenarien durchgegangen wurden, fuhr Martina gemeinsam mit den beiden anderen Kindern ins Ausland und ließ Eddie allein mit Alfred zu Hause. Eddie nahm sich eine Woche Urlaub. Am Morgen nach Martinas Abreise kamen seine zwei Brüder ins Haus. Während sie im Nebenzimmer warteten, schob Eddie Alfreds Zimmertür auf. Er musste das Bett wegschieben, das Alfred vor die Tür gestellt hatte, um den Eintritt ins Zimmer zu verhindern. Alfred schlief zu diesem Zeitpunkt und wurde dadurch unsanft geweckt. Er schrie seinen Vater an und verlangte, dass dieser sofort sein Zimmer verlassen solle. Eddie ignorierte das Geschrei und verschaffte sich Eintritt in Alfreds Zimmer. Seine Brüder kamen hinzu, hoben die Tür aus den Angeln und montierten das Schloss ab. Alfreds Weinen und Schreien verstummte allmählich. Die drei Männer verbrachten die längste Zeit des Tages in Alfreds Zimmer und führten viele Gespräche mit ihm. Eddie stellte klar, dass er nicht mehr zulassen würde, dass Alfred sich in seinem Zimmer einschlösse, und dass die früheren Regeln des Hauses wieder hergestellt würden. Alfred reagierte nicht gewalttätig auf dieses Ereignis, sondern führte aufmerksame – wenn auch schwere – Gespräche mit seinem Vater und seinen zwei Onkeln. Sie vereinbarten unter anderem, dass die Tür wieder eingehängt würde – jedoch ohne Schloss – unter der Bedingung, dass Alfred seinen Vater ins Zimmer lassen würde, wenn dieser anklopfe. Zwischen 23 Uhr und 9 Uhr morgens würde niemand das Zimmer betreten. Es wurde auch vereinbart, dass Alfred sein Zimmer putzen würde, da es vollkommen verdreckt war. Eddies Brüder forderten, dass Alfred in Zukunft die Anschuldigungen gegen seinen Vater unterlassen solle, andernfalls würden sie eine Beschwerde bei der Polizei einreichen. Alfred würde dann eine Aussage machen müssen. Eddie und seine Brüder waren erstaunt, als sie entdeckten, dass Alfreds Kühlschrank mit Essen gefüllt war, das Martina ihm vor der Reise ohne Eddies Wissen gebracht hatte. Die Tatsache, dass Martina einerseits ins Ausland gereist war, um Eddie freie Hand zu lassen, andererseits jedoch die Essensvorräte für Alfred aufgestockt hatte, ohne ihren Mann davon zu unterrichten, demonstrierte den Zwiespalt, in dem Martina sich befand.

Dies verdeutlicht einen wichtigen Punkt, den wir im vierten Kapitel betont haben: Oft reicht eine partielle Zusammenarbeit der Eltern aus, um Maßnahmen zu ermöglichen, die eine einschneidende Veränderung bewirken können.

In den darauf folgenden Wochen verbesserte sich Alfreds Lage schnell. Er weigerte sich weiterhin, zu Hause zu essen, fing jedoch an, das Haus selbständig zu verlassen, um sich Essen zu kaufen. Er nahm den Kontakt zu seinen Freunden wieder auf und begann mit ihnen für den Einzug in die Armee zu trainieren. Außerdem nahm er Fahrunterricht und machte innerhalb von zwei Monaten den Führerschein.

Eddie achtete darauf, seinen Sohn täglich in seinem Zimmer aufzusuchen. Er dokumentierte jeden Vorfall, in dem Alfred ihn ignorierte oder eines der Familienmitglieder beschimpfte. Diese Dokumentation wurde dann an die Helfer weitergeleitet, die wiederum Kontakt mit Alfred aufnahmen und ihren Protest gegenüber solchen Verhaltensweisen zum Ausdruck brachten. Diese Art des Widerstandes führte zu einer drastischen Abnahme solcher verletzenden Verhaltensweisen.

Nach ihrer Rückkehr äußerte Martina ihre Anerkennung über die Veränderungen zu Hause. Es fiel ihr jedoch schwer, sich an den Verlust ihrer besonderen Stellung als alleinige Kontaktperson ihres Sohnes zur Außenwelt zu gewöhnen. Dennoch wagte sie es, selbst eigene Maßnahmen des Widerstandes zu leisten. Sie weigerte sich fortan, Alfred das Essen ins Auto zu bringen, selbst wenn sie ihn weiterhin in Restaurants ausführte. Außerdem teilte sie ihm mit, dass Melanie fortan alle Sitze im Auto benutzen dürfe.

Vier Monate nach dem Ende seiner Abschottung wurde Alfred in die Armee eingezogen. Er absolvierte dort erfolgreich die Grundausbildung und fand sich gut in eine Arbeit als Sekretär ein.

Michal und Simon beschrieben ihren 26-jährigen Sohn Enno als feinfühlig, gewissenhaft und ohne besondere Forderungen gegenüber seinen Eltern. Er wohnte zu Hause und arbeitete nur für kurze Zeitperioden, wann immer sich ihm eine Gelegenheit bot, ohne dass er sie gesucht hätte. Er studierte nur sporadisch und hatte keinen Abschluss gemacht, unter anderem wegen seiner Lernschwierigkeiten. Der einzige Lebensbereich, der bewahrt worden war, waren seine Besuche im Fitnessstudio. Enno verbrachte die meiste Zeit zu Hause und gab allmählich seine sozialen Kontakte auf. Er war scheu und litt unter einer sozialen Angststörung, die ihn oft dazu brachte, eine Tätigkeit aufzugeben und sich nicht länger mit ihr auseinanderzusetzen. Er hatte ein eigenes Auto (die Eltern hatten ihm ein altes Auto überlassen, in der Hoffnung, dass ihn das anspornen würde, das Haus zu verlassen), das er jedoch beinahe ausschließlich für die Fahrt zum Fitnessstudio und zurück benutzte. Er aß immer häufiger allein und verbrachte die meisten Stunden des Tages vor seinem Computer oder im Bett. Sobald seine Eltern Forderungen an ihn stellten, reagierte Enno aufbrausend. Einige Male hatte er dabei seinen Vater angebrüllt und ihn aus seinem Zimmer geworfen.

Die Eltern hatten das Gefühl, einen guten, allerdings recht eingeschränkten Kontakt zu ihrem Sohn zu haben. Simon lud Enno einmal in der Woche in ein Restaurant ein, um zumindest minimal Kontakt zu ihm zu haben. Enno nahm die Einladungen jedes Mal an, verweigerte jedoch ein offenes Gespräch. Wenn der Vater ihn über seine Zukunftspläne befragte, antwortete Enno: »Du wirst schon sehen, ich werde euch alle noch überraschen!« »Ich weiß, meine Gelegenheit wird schon noch kommen!« Diese Aussagen zielten darauf ab, das Thema zu beenden. Wenn Simon weiter nachbohrte, schwieg Enno. Die Eltern schlugen vor, dass er ihnen einen »Dienst« erweisen und ihnen die Sandwichs für die Arbeit zubereiten könne. Für diesen Dienst erhielt Enno ein kleines Taschengeld, das seine wenigen Ausgaben deckte.

Die Eltern fürchteten sich vor jeder Handlungsweise, die ihre spärliche Beziehung zu Enno herausfordern könnte. Sie sorgten sich, dass jede entschlossene Stellungnahme ihrerseits zu einem Bruch in der Beziehung führen oder eine weitere Verschlechterung der Lage verursachen könnte. Sie schlugen Enno eine individuelle Therapie vor. Enno willigte jedoch in keine Therapie ein.

Einige Beratungsgespräche dienten dazu, den Eltern zu verdeutlichen, dass sich die momentane Lage nicht ohne einen Eingriff ihrer-

seits verändern würde. Anfangs sahen sie nicht, wie eine Initiative ihrerseits etwas verändern könnte. Als der Therapeut erklärte, dass es sich um reale Maßnahmen handle, wie eine schriftliche Ankündigung des Widerstandes gegen die jetzige Situation, das Einholen von Unterstützung, und dass wahrscheinlich auch die Hilfestellungen eingestellt werden würden (wie zum Beispiel der Zugang zum Computer und Internet), reagierte die Mutter erschüttert: »In meinen Augen ist das ganz fürchterlich!« Die Idee eines entschiedenen Widerstandes war dieser zuvorkommenden und gesitteten Familie sehr fremd. Ihre Befürchtung war, dass solche Maßnahmen eskalieren könnten und den angenehmen Umgang in der Familie erschüttern würden. Der Vater traute Enno außerdem nicht zu, etwas Bedeutenderes in seinem Leben leisten zu können: »Was wird er schon tun? Als Bedienung arbeiten?!« Auf die Frage, wie Enno wohl auf einseitige Maßnahmen des Widerstandes reagieren würde, antwortete der Vater: »Er wird schweigen, sich von uns zurückziehen und sich vollkommen vergraben!«

Langsam, aber sicher überzeugten sich die Eltern davon, dass ein erster Schritt notwendig sei, um die verfahrene Situation zu durchbrechen. Ein Helfertreffen fand statt, an dem die erwachsenen Geschwister Ennos gemeinsam mit ihren Partnern teilnahmen. Während dieses Treffens wurde vereinbart, dass die Eltern Enno eine Ankündigung überreichen würden, in der sie ihm mitteilen sollten, dass sie nicht mehr bereit seien, sein Nichtstun zu dulden, und er sich eine Arbeit suchen müsse. Sie wären bereit, ihm eine Wohnung zu finanzieren und eine Starthilfe zu geben, um außerhalb des Elternhauses zurechtzukommen. Außerdem wurde im Verlauf des Helfertreffens vereinbart, dass die Helfer sich an Enno wenden würden, um ihre Hilfe bei einer Lösungsfindung anzubieten. Eine Schwester bot an, dass Enno für einige Wochen bei ihr wohnen könne.

Als die Eltern sich an Enno wandten und sagten, dass sie ihm eine schriftliche Mitteilung überreichen möchten, warnte Enno sie: »Tut das nicht, ihr werdet unwiderruflichen Schaden anrichten.« Die Eltern ließen sich nicht abschrecken und übergaben ihm die Ankündigung. Enno las die Ankündigung in seinem Zimmer, kam dann in das Wohnzimmer und schrie seine Eltern an: »Ihr habt alles zerstört!« Er zeigte ihnen Banknoten, die er angeblich bei einer Arbeit verdient hatte, von der die Eltern nichts wussten, und zerriss das Geld in kleine Stücke. »Euretwegen werde ich nicht mehr arbeiten! Ich habe euch

doch gesagt, dass ihr mich nicht unter Druck setzen sollt!« Er brach in
Tränen aus und kehrte in sein Zimmer zurück. Während der darauf
folgenden Tage schloss er sich in sein Zimmer ein und vermied jeden
Kontakt mit seinen Eltern.

Nach einer Woche der Zurückgezogenheit begann der Vater, Enno
in seinem Zimmer zu besuchen und mit ihm zu sprechen, auch wenn
Enno nicht antwortete. Der Vater sprach sanft mit ihm, stellte jedoch
klar, dass es so nicht weitergehen könne. Enno hatte keine weiteren
Wutanfälle, zog sich in sich zurück und vermied den Kontakt mit den
Eltern, genau wie es der Vater vorausgesehen hatte. Allmählich begann
er jedoch, mit seinen Eltern zu reden, wenn auch nur das Allernot-
wendigste. Als die Helfer sich mit ihm in Verbindung setzten, mied er
auch jeden Kontakt mit ihnen. Es schien, als wenn die Ankündigung
und die eingeholte Unterstützung lediglich die Vereinsamung und die
Passivität Ennos weiter verschärft hätten. Die Vorhersage des Vaters
schien einzutreffen.

Als Nächstes teilten die Eltern Enno mit, dass sie in Zukunft kein
Taschengeld mehr für das Zubereiten der Sandwichs zahlen würden.
Allmählich reifte in ihnen auch die Entscheidung, den Zugang zum
Computer während der Nacht zu unterbinden. Die Eltern bauten einen
Zeitschalter ein, der es ermöglichte, den Strom zu einer vorgegebenen
Stunde abzuschalten. Um Mitternacht wurde der Strom abgestellt,
so dass Enno dann nicht mehr am Computer oder vor dem Fernseher sitzen konnte. Zum ersten Mal zeigte Enno klare Anzeichen einer
Auseinandersetzung mit seiner neuen Lage: Er verschwand täglich für
einige Stunden. Die Eltern nahmen an, dass er während dieser Stunden arbeitete. Diese Annahme sollte sich bestätigen. Einige Wochen
später kaufte sich Enno einen Laptop und verschaffte sich Zugang zu
der kabellosen Internetverbindung der Nachbarn. Enno überraschte
die Eltern (und sich selbst!) außerdem damit, dass er sich einer Auslandsreise einer Gruppe von Freunden anschloss. Überraschend daran
war, dass Enno sich diese Reise selbst finanzierte und dass er hierfür
seine Flugangst überwand. Dieser Schritt zeigte den Eltern zum ersten
Mal, dass Enno als Folge des elterlichen Widerstandes seine Fähigkeit
verbesserte, verschiedene Lebensbereiche zu meistern.

*Aufgrund dieser positiven Anzeichen nahmen die Eltern eine
abwartende Haltung ein. Sie hofften, dass sich Ennos Auseinandersetzung mit seinen Lebensaufgaben auch ohne zusätzliche elterliche*

Maßnahmen weiter ausdehnen würde. Leider geschah dies nicht. Enno kehrte von seiner Reise zurück, schottete sich wieder ab und versank im Nichtstun. Er vermied weiterhin den Kontakt mit seinen Eltern. Zwar nahm er den Kontakt zu seinen Geschwistern wieder auf, dieser war jedoch nur unverbindlich, und Enno achtete darauf, nicht über sich zu sprechen.

Zu diesem Zeitpunkt waren die Befürchtungen der Eltern schon viel geringer, weitere Maßnahmen zu ergreifen. Sie waren nun überzeugt, dass Enno ihren Widerstand würde aushalten können, ohne daran zu zerbrechen. Sie begriffen außerdem, dass sie vergeblich darauf hofften, die Probleme mit Enno würden aus seiner inneren Motivation heraus gelöst werden. Deswegen teilten sie ihm mit, dass er von nun an zu Hause keinen Computer und keinen Fernseher mehr zur Verfügung haben würde. Er müsse diese außerhalb des Hauses nutzen. Zusätzlich informierten sie ihn darüber, dass sie eine Wohnung für ihn anmieten würden und nicht mehr bereit seien, ihn weiterhin untätig zu Hause wohnen zu lassen. Anfangs reagierte Enno auf diese Mitteilung, indem er sich weiter zurückzog. Eines Morgens fanden die Eltern jedoch einen Zettel an ihrer Schlafzimmertür: »Folgende Bedingungen für eine Kapitulation: Ihr müsst einen Brief an alle Helfer schreiben und Euch für die unberechtigte Beschmutzung meines guten Namens entschuldigen. Außerdem müsst Ihr 500 Euro an das ›Institut für Demokratie‹ spenden als Entschädigung für die ungerechtfertigte Verletzung meines Rechtes auf meinen freien Handlungsspielraum. Sobald Ihr mir die Quittung der Spende und den Brief vorlegt, werde ich das Haus verlassen!«

Die Eltern erbaten daraufhin eine Sondersitzung, um die Bedeutung dieser Forderungen zu verstehen. Sie neigten dazu, Ennos Bedingungen abzulehnen. Während der Diskussion mit dem therapeutischen Team wurde jedoch deutlich, dass Enno eine Lösung des Problems benötigte, bei der er sein Gesicht wahren konnte. Die Kapitulationsbedingungen wurden als Wegweiser Ennos für solch eine Lösung verstanden – es wurde betont, dass Enno »Bedingungen für <u>eine</u> Kapitulation« und nicht für <u>meine</u> Kapitulation geschrieben hatte: Diese Ambivalenz konnte auf eine Weise verstanden werden, dass die Eltern diejenigen waren, die durch die Zahlung und den Entschuldigungsbrief kapitulierten. Infolge dieser Besprechung entschlossen sich die Eltern, die Bedingungen anzunehmen: Sie schrieben einen Entschuldigungsbrief an alle Helfer, die Enno mitteilten, dass sie den Brief erhalten hatten, *und sie spendeten die geforderte Summe an das Institut für Demokratie. Die Eltern boten Enno an, die Wohnung gemeinsam zu besichtigen, die sie für ihn zu mieten beabsichtigten. Er lehnte jedoch ab und sagte, sie sollten anmieten, was sie wollten, er würde schon ausziehen. Die Eltern waren unschlüssig, ob sie einen Mietvertrag unterschreiben sollten, obwohl sie sich nicht sicher sein konnten, dass Enno wirklich die Wohnung beziehen würde. Der Therapeut unterstützte diesen Vertragsabschluss. Nachdem die Eltern Enno den Schlüssel ausgehändigt hatten, dauerte es noch zwei weitere Wochen, bevor er umzog. Am Ende wagte er jedoch diesen Schritt.*

Die Eltern stellten ihre finanzielle Unterstützung für Enno ein, abgesehen von der Miete für die Wohnung. Schnell wurde klar, dass Enno zumindest teilweise arbeitete. Er fing an, sein Auto zu benutzen, um Freunde zu besuchen, die weiter entfernt wohnten. Er finanzierte das Fitnessstudio und übernahm sämtliche Lebenshaltungskosten. Die Eltern wussten nichts über seine Arbeit. Mehrere Monate lang sprach Enno kein Wort mit ihnen. Trotzdem erhielt er auf seine eigene Art und Weise den Kontakt zu seinen Eltern aufrecht. Er kam fast jeden Tag ins Elternhaus, während seine Eltern bei der Arbeit waren. Er aß eine Kleinigkeit, einen Joghurt oder eine Suppe, und hinterließ Spuren seines Besuches. Nie nahm er Lebensmittel mit oder aß eine richtige Mahlzeit. Die Eltern standen mit zweien seiner Freunde in Kontakt. Von ihnen erfuhren sie, dass Enno gesellschaftlich aktiv geworden war. Er ging in Kneipen, was er früher vermieden hatte, und besuchte regelmäßig seine Freunde. Ein halbes Jahr, nachdem er das Elternhaus verlassen hatte, nahm Enno an einer Familienfeier seiner Schwester teil. Zwei Monate später saß er bei einer Hochzeit mit seinen Eltern am gleichen Tisch. Er war entspannt und sprach mit seinen Eltern, gab aber nichts über seine Lebensführung preis.

Die Eltern begannen, Enno Zettel auf dem Küchentisch zu hinterlassen, in denen sie betonten, dass sie seine Entscheidung respektierten, sie nicht an seinem Leben teilhaben zu lassen. Sie schrieben, dass sie ihn vermissten und ihn sehr schätzten. Sie verstünden jedoch, dass er die Dinge ihm gemäß und in seinem Tempo angehen müsse. Es dauerte noch ein ganzes Jahr, bis Enno eine normalere Beziehung zu seinen Eltern wieder aufnahm. Bezeichnenderweise konnte er diesen Schritt erst wagen, als er schon einen festen und guten Job hatte, der ihm die Selbstsicherheit gab, um den Eltern in die Augen schauen zu können.

Wenn wir nun die Arbeit mit Eltern eines erwachsenen Kindes vergleichen mit der Arbeit mit Eltern eines jüngeren Kindes, sehen wir zwei wesentliche Unterschiede: Zum einen müssen sich die Eltern erwachsener Kinder auf viel beängstigendere und schwierigere Szenarien vorbereiten und Verhaltensweisen überwinden, die sich über Jahre hinweg festgefahren haben. Zum anderen zielt die elterliche Verankerung nicht notwendigerweise darauf ab, die elterliche Präsenz und Unterstützung zu verstärken. Stattdessen muss dem Kind ein Loslösungsprozess vom elterlichen Anker ermöglicht werden. Die Eltern nehmen einen klaren und festen Standpunkt ein und schaffen dadurch einen neuen Sachverhalt, der es ihrem erwachsenen Kind erleichtert, seinen eigenen Weg einzuschlagen. Der Umzug in eine eigene Wohnung versinnbildlicht mehr als alles andere diesen Aspekt der Trennung und Loslösung.

In manchen Fällen bleibt das erwachsene Kind im Elternhaus wohnen. Dann muss die Trennung auf einem anderen Weg erreicht werden: Die Eltern können zum Beispiel fortan von »unserem Haus« (das heißt dem Haus der Eltern) sprechen und Bedingungen für ein Zusammenleben stellen. Solche Maßnahmen ermöglichen dem abhängigen Erwachsenen, den elterlichen Anker als Hilfestellung zu nutzen: Die Standfestigkeit der Eltern in ihrem Haus liefert dem erwachsenen Kind die Grundbedingung für seine eigene Stabilisierung.

Bei jüngeren Kindern gibt es eindeutige Forschungsergebnisse, die zeigen, dass die *Verringerung* einer elterlichen Anpassung mit der Erleichterung der Symptome und einer verbesserten Fähigkeit des Kindes einhergeht, sich mit seinen alltäglichen Aufgaben auseinanderzusetzen (Garcia et al., 2010). Das heißt, die freiwillige oder erzwungene Anpassung der Eltern an die Forderungen des ängstlichen Kindes muss so gut wie möglich eingeschränkt werden. Es gibt jedoch keine Literatur zu diesem Thema in Bezug auf erwachsene Kinder. Wir sind wahrscheinlich die Ersten, die einen detaillierten Therapieplan zur Auseinandersetzung mit Problemen dieser Art vorstellen. Deswegen ist es uns wichtig, die Daten dieses therapeutischen Eingriffs vorzustellen, die wir bei der Arbeit der letzten zwei Jahre mit insgesamt 27 Familien gesammelt haben (für die statistische Analyse und die vollständigen Angaben siehe Lebowitz et al., im Druck). Alle vorliegenden Evaluierungen wurden von den Therapeuten vorgenommen, sie liegen jedoch den Berichterstattungen der Eltern zugrunde. Die Therapeuten wurden dazu aufgefordert, ihre Evaluierungen zu prüfen und im Zweifelsfall (vor allem wegen der Neigung, über Erfolge zu berichten) die Eltern anzurufen und sie zu befragen, ob die Evaluierung der Erfahrung der Eltern entspricht. Bei den meisten Faktoren handelt es sich hierbei um handfeste Tatsachen (das Wohnen im Elternhaus oder in einer getrennten Wohnung, die Arbeitsverhältnisse, die Rückkehr zum Studium), die nicht von der subjektiven Wahrnehmung des Therapeuten beeinflusst werden können.

Tabelle 1: Erwachsene, die bei ihren Eltern wohnen und deren berufliche Tätigkeit zu Beginn und zum Ende der Therapie

	Therapiebeginn (n)	Therapieabschluss (n)
Erwachsene, die bei ihren Eltern wohnen	20	15
Berufliche Tätigkeit der erwachsenen Kinder		
Vollzeitarbeit	1	4
Teilzeitarbeit	3	8
arbeitslos	23	15

Anmerkung: n bezeichnet die Anzahl der Fälle (von insgesamt N = 27), die der angegebenen Beschreibung entsprechen.

Tabelle 2: Therapeutische Zielsetzungen

	gewünschte Ziele (n)	erreichte Ziele (n)
Auf die Eltern ausgerichtete Ziele		
Entwicklung der Fähigkeit des elterlichen Widerstandes	20	20
Einschränkung der finanziellen Unterstützung des Kindes	17	15
Abnahme der Eltern-Kind-Konflikte	16	16
Wiederaufnahme der Freizeitbeschäftigungen und des Ehelebens des Elternpaares	6	6
Verbesserung der Standhaftigkeit gegenüber Forderungen des Kindes	22	19
Wiederherstellung der Eltern-Kind-Kommunikation	11	8

Auf das erwachsene Kind ausgerichtete Ziele	gewünschte Ziele (n)	erreichte Ziele (n)
Verbesserung der Fähigkeit, den Lebensalltag zu meistern	22	17
Verlassen des Elternhauses	9	5
Einschränkung der Abgeschiedenheit und Vereinsamung	15	10
Wiederaufnahme des Studiums	13	5
Verbesserung der sozialen Einbindung	11	4
Vergrößerung der finanziellen Unabhängigkeit	14	10
Verringerung der Gewaltanwendung	12	10
Übernahme von Aufgaben im Haushalt	9	6
Eindämmung der Depression und der Ängste	12	8

Anmerkung: n bezeichnet die Anzahl der Fälle (insgesamt N = 27), die der angegebenen Beschreibung entsprechen.

Tabelle 3: Hilfestellungen, die die Eltern für das erwachsene Kind erbringen am Anfang und am Ende der Therapie

Geleistete Hilfestellungen	Therapiebeginn (n)	Therapieabschluss (n)
Kochen	14	4
Auto	12	6
Wäsche	15	5
Chauffieren	10	4

Anmerkung: n bezeichnet die Anzahl der Fälle (insgesamt N = 27), in denen die angegebene Hilfestellung erbracht wurde.

Außerdem möchten wir betonen, dass es keinen Nervenzusammenbruch oder andere extreme Reaktionen bei den erwachsenen Kindern gab, mit Ausnahme von zwei Fällen: In einem Fall wurde der Sohn seinem Vater gegenüber handgreiflich und in die Psychiatrie eingewiesen (er hatte schon vorher unter einer Psychose gelitten), in einem anderen Fall trat eine Depression ein (dieser junge Erwachsene hatte schon zuvor unter ähnlichen Seelenzuständen gelitten). Besonders wichtig ist uns hervorzuheben, dass es keinen einzigen Suizidversuch gab.

Wie wir in Tabelle 1 sehen, verbesserten sich die Arbeits- und

Wohnsituation in mehreren Fällen. Außerdem konnten sich die Eltern viel besser vor Gewalt, Drohungen und Erniedrigungen schützen und sich diesen besser widersetzen. Auch das Ausmaß an Eskalationen verringerte sich, und die Atmosphäre zu Hause verbesserte sich in vielen Fällen (Tabelle 2). Ein weiterer Befund ist, dass Eltern ihre Hilfestellungen wesentlich einschränken konnten (Tabelle 3).

Trotz dieser vielversprechenden Auswertung möchten wir einen Vorbehalt aussprechen: Wenn keine deutliche Verbesserung bei mindestens einem von drei zentralen Faktoren erreicht werden konnte, war die Gefahr eines Rückschlags groß. Diese drei kritischen Faktoren sind: 1) Der Umzug in eine eigene Wohnung, 2) die Wiederaufnahme einer regelmäßigen Arbeit oder eines Studiums und 3) die Einschränkung der Nutzung des Computers.

Einige Eltern entschieden sich, die Beratung zu beenden, nachdem eine wesentliche Verbesserung in der häuslichen Atmosphäre oder in der Bereitschaft des erwachsenen Kindes, mit den Eltern zusammenzuarbeiten, erreicht worden war, obwohl der junge Erwachsene nicht das Elternhaus verlassen hatte, nicht arbeiten oder studieren ging und die Nutzung des Computers nicht begrenzt worden war. Erfahrungsgemäß ist solch eine Konstellation nicht von Dauer. Nach einer ruhigeren Phase, in der weniger Auseinandersetzungen vorkommen, verschlechtert sich die Lage meist wieder.

Infolgedessen haben wir eine neue Vorgehensweise eingeführt: Wir senden zum Abschluss der Therapie allen Eltern einen Brief, in dem wir die kritischen Aspekte beleuchten, die einen zukünftigen Rückschlag einleiten könnten. Wir betonen in diesem Brief die Leistungen der Eltern, die Schlussfolgerungen, die in Bezug auf ihre Stärken und die Fähigkeit des Kindes, sich mit seinen Ängsten auseinanderzusetzen, zu ziehen sind, und machen die Eltern auf mögliche Warnzeichen aufmerksam. Sollten die Eltern in Zukunft solche Warnzeichen beobachten, empfehlen wir ihnen, erneut den gewaltfreien Widerstand zu eröffnen. Es folgt die Formulierung eines solchen Briefes, der an Alfreds Eltern, Eddie und Martina, am Ende der Elternberatung geschickt wurde:

Lieber Eddie, liebe Martina,
Wir schreiben Ihnen unter anderem deshalb, weil unsere Beratungsgespräche ein Ende nahmen, ohne dass wir ein Abschlussgespräch

führen konnten. Wir denken, Ihre Entscheidung, die Elternberatung zu beenden, war richtig, da zum damaligen Zeitpunkt keine Notwendigkeit mehr für weitere Beratungsgespräche bestand. Sie haben den gewaltfreien Kampf angesichts von Alfreds Einzug in die Armee auf bestmögliche Weise geführt. Wir möchten einige der herausragenden Leistungen und der daraus zu ziehenden Schlussfolgerungen zusammenfassen:

- *Sie haben es trotz der schwierigen Situation geschafft, Ihre Elternschaft neu zu gründen. Sie haben dies mit Verantwortungsgefühl und Liebe getan. Sie haben gezeigt, dass Sie als Eltern nicht zur Seite gestoßen werden können. Dies gilt für Sie beide. Martina, Sie haben aufgehört, ein »Meißel aus Glas« zu sein. Ihre Mitteilung an Alfred, dass es fortan keinen sterilen Sitz mehr im Auto geben wird, war eine verantwortungsvolle und entschlossene Handlung. Das gilt auch für die Auslandsreise, die Sie unternommen haben, damit die Auseinandersetzung mit Alfred effektiver sein kann. Auch Ihr Entschluss, Alfred nicht mehr zu seinen Bedingungen zum Essen auszuführen, spiegelt Ihre Entschiedenheit in Ihrer neuen Elternrolle wider. Sie, Eddie, haben Ihre innere Stärke und Ihre elterliche Fürsorge nach außen getragen, als Sie es wagten, einseitige Maßnahmen zu ergreifen, ohne vorher Martinas Zustimmung für die unternommenen Schritte zu erhalten.*
- *Sie haben entdeckt, dass Alfred unempfindlicher ist, als Sie dachten. Er hat keinen Nervenzusammenbruch erlitten, sondern ganz im Gegenteil: Er hat auf die veränderten Regeln zu Hause positiv reagiert. Die entschlossene Stellungnahme Ihrerseits hat Alfreds Fähigkeit, den Alltag zu meistern, wesentlich verbessert. Sie haben auch bemerkt, dass jeder Fortschritt weitere Fortschritte mit sich bringt. Außerdem haben Sie gelernt, dass die Konfrontation mit der Angst eine Abnahme der Ängste ermöglicht. Diese Einsichten sind wichtig für Alfreds zukünftige Entwicklung.*
- *Sie haben feststellen können, dass Sie viel Unterstützung von Ihrer fürsorglichen Familie erhalten. Dies hat Ihnen ermöglicht, die Vereinsamung und die Lähmung, in der Sie zuvor gefangen waren, zu durchbrechen.*

Wir möchten Sie auch auf mögliche zukünftige Herausforderungen aufmerksam machen. Wir haben im Verlauf unserer Arbeit die Erfahrung gemacht, dass in der Zukunft erneute Auseinandersetzungen mit ähnlichen oder anderen Schwierigkeiten zu erwarten sind. Warnzeichen hierfür sind: neue Regeln, die Alfred zu Hause einführen möchte; eine erneute Abschottung Alfreds; eine Verschärfung der Boykotte oder eine Verschlechterung seiner Fähigkeit, den Alltag zu meistern.

Es ist wichtig, dass Sie im Gedächtnis behalten, dass Passivität oder gar eine Unterwerfung Ihrerseits eine solche aufkommende Krise verschlimmern wird. Sollten also Warnzeichen auftreten, wie wir sie benannt haben, ist es wichtig, dass Sie sich als Eltern standfest erweisen und erneut die Verhaltensregeln in Ihrem Hause bestimmen. Sie können hierfür unsere Hilfe erbitten oder aber allein handeln. Natürlich können Sie auch die Hilfe Ihres Unterstützungsnetzes einholen. Entscheidend ist, dass Sie versuchen, die Lage einzuschätzen und zu handeln, um eine weitere Abschottung, Kontrollübernahme oder Regelsetzung von Seiten Alfreds zu unterbinden.

Wir stehen Ihnen gern zur Verfügung, wenn Sie das Gefühl haben, unsere Hilfe zu benötigen. Sie wissen, dass Sie bei uns nicht auf den »Anklagestuhl« gesetzt werden. Im Gegenteil: Wir respektieren Sie als Eltern und schätzen die Qualitäten Ihrer Familie.

Ziel eines solchen Briefes besteht darin, möglichen Rückschlägen vorzubeugen. Ohne eine solche Vorbereitung könnten die Eltern falsche Schlussfolgerungen ziehen, wie zum Beispiel, dass auch dieser Versuch fehlgeschlagen ist. Die Erkenntnis, dass der abhängige Erwachsene eine Neigung zu Ängsten und zu Vermeidungsverhalten hat, die unter bestimmten Bedingungen wieder auftreten können, ist ein wichtiges Fazit der Therapie. Die Eltern sollten nicht im Glauben gelassen werden, dass eine einmalige Anstrengung eine bleibende Veränderung bewirken kann, ganz besonders nicht, wenn keine wesentliche Besserung der kritischen Faktoren erreicht werden konnte. Falls erforderlich, müssen die Eltern einen weiteren Prozess durchlaufen und sich erneut verankern, bis ihr erwachsenes Kind reif dafür ist, den Anker zu lichten und seine eigene Reise anzutreten.

Literatur

Austin, D. W., Richards, J. C. (2001). The catastrophic misinterpretation model of panic disorders. Behavior Research and Therapy, 39 (11), 1277–1291.

Berrington, A., Stone, J., Falkingham, J. (2009). The changing living arrangements of young adults in the UK. A National Statistics Publication, 27.

Craske, M. G., Barlow, D. H. (2007). Mastery of your anxiety and panic. Workbook for primary care settings. Oxford: Oxford University Press.

Garcia, A. M., Sapyta, J. J., Moore, P. S., Freeman, J. B., Franklin, M. E., March, J. S., Foa, E. B. (2010). Predictors and moderators of treatment outcome in the Pediatric Obsessive Compulsive Treatment Study (POTS I). Journal of the American Academy of Child and Adolescent Psychiatry, 49 (10), 1024–1033.

Genda, Y. (2000). Youth employment and parasite singles. Japan Labor Bulletin, 39 (3).

James, A., Soler, A., Weatherall, R. (2005). Cognitive behavioural therapy for anxiety disorders in children and adolescents. Cochrane Database of Systematic Reviews (4), CD004690.

Lebowitz, E., Dolberger, D., Nortov, E., Omer, H. (in press). Entitled dependence and family accommodation in young adults and its treatment by parent-training in non violent resistance. Family Process.

Malagón, A., Alvaro, P., Córcoles, D., Martín-López, L. M., Bulbena, A. (2010). »Hikikomori«: A new diagnosis or a syndrome associated with a psychiatric diagnosis? International Journal of Social Psychiatry, 56 (5), 558–559.

Ollefs, B., Schlippe, A. von, Omer, H., Kriz, J. (2009). Jugendliche mit externalen Problemverhalten. Effekte von Elterncoaching. Familiendynamik 34 (3), 256–265.

Omer, H., Alon, N. (1994). The principle of continuity: Unifying treatment and management in disaster and trauma. American Journal of Community Psychology, 22, 273–287.

Omer, H., Schlippe, A. von (2002). Autorität ohne Gewalt. Coaching für Eltern von Kindern mit Verhaltensproblemen. »Elterliche Präsenz« als systemisches Konzept. Göttingen: Vandenhoeck & Ruprecht.

Omer, H., Schlippe, A. von (2004). Autorität durch Beziehung. Gewaltloser Widerstand in Beratung und Therapie. Göttingen: Vandenhoeck & Ruprecht.

Omer, H., Schlippe, A. von (2010). Stärke statt Macht. Neue Autorität in Familie, Schule und Gemeinde. Göttingen: Vandenhoeck & Ruprecht.

Omer, H., Schlippe, A. von (2011). Die Ankerfunktion: Elterliche Autorität und Bindung. In H. Schindler, W. Loth, J. von Schlippe (Hrsg.), Systemische Horizonte (S. 119–130). Göttingen: Vandenhoeck & Ruprecht.

Omer, H., Alon, N., Schlippe, A. von (2007). Feindbilder – Psychologie der Dämonisierung. Göttingen: Vandenhoeck & Ruprecht.

Patterson, G. R. (1980): Mothers: The unacknowledged victims. Monograph of the Society for Research in Child Development 186, Vol. 45, N. 5, pp. 1–47.

Settersten Jr, R. A., Furstenberg Jr, F. F., Rumbaut, R. G. (2005). On the frontier of adulthood: Theory, research, and public policy. Chicago: University Of Chicago Press.

Taylor, S., Thordarson, D. S., Maxfield, L., Fedoroff, I. C., Lovell, K., Ogrodniczuk, J. (2003). Comparative efficacy, speed, and adverse effects of three PTSD treatments: exposure therapy, EMDR, and relaxation training. Journal of Consulting and Clinical Psychology, 71 (2), 330–338.

Tran, M. (2006). Unable or unwilling to leave the nest? An Analysis and Evaluation of Japanese Parasite Single Theories. Electronic Journal of Contemporary Japanese studies.

van Emmerik, A. A. P., Kamphuis, J. H., Hulsbosch, A. M., Emmelkamp, P. M. G. (2002). Single session debriefing after psychological trauma: A meta-analysis. The Lancet, 360 (9335), 766–771.

Weinblatt, U., Omer, H. (2008). Non-violent resistance: A tretment for parents of children with acute behavior problems. Journal of Marital and Family therapy, 34, 75–92.

Haim Omer bei V&R

Haim Omer / Arist von Schlippe
Stärke statt Macht
Neue Autorität in Familie, Schule und Gemeinde
2010. 360 Seiten, kartoniert
ISBN 978-3-525-40203-0

»Die beiden Autoren vertreten mit ihrem inzwischen in Deutschland positiv evaluierten Ansatz eines gewaltlosen Widerstands in schwierigen Erziehungssituationen eine äußerst bemerkenswerte Position im Bereich des Eltern-Coachings. Dieses Buch vermittelt einen vorzüglichen Einblick in die Philosophie und die Bedeutung dieses Ansatzes.« *Klaus A. Schneewind*

Haim Omer / Arist von Schlippe
Autorität durch Beziehung
Die Praxis des gewaltlosen Widerstands in der Erziehung
Mit einem Vorwort von Wilhelm Rotthaus.
5. Auflage 2010. 262 Seiten
mit 5 Abb., kartoniert
ISBN 978-3-525-49077-8

»Dieses Buch ist eine sehr anschauliche, verständliche und alle Beteiligten achtende Darstellung des gewaltlosen Widerstandes zur Wiedererlangung elterlicher Präsenz.«
Detlef Rüsch, Sozialmagazin

»Anspruchsvolle Lektüre, aber empfehlenswert – auch zur Prävention.«
kreuzer – Das Leipzig Magazin

Arist von Schlippe / Haim Omer
Autorität ohne Gewalt
Coaching für Eltern von Kindern mit Verhaltensproblemen. »Elterliche Präsenz« als systemisches Konzept
Mit einem Vorwort von Reinmar du Bois.
8. Auflage 2011. 214 Seiten, kartoniert
ISBN 978-3-525-01470-7

Sanfte Überzeugungskraft benötigen Eltern in der Erziehung. Vor allem aber müssen sie da sein – elterliche Präsenz, das neue Konzept in der Erziehungsberatung.

»Das Buch bietet eine Fülle von Ideen, wie Eltern in verfahrenen Situationen neue Lösungen suchen können, und ist auch für Pflegeeltern sehr anregend.« *Netz*

Haim Omer / Nahi Alon / Arist von Schlippe
Feindbilder – Psychologie der Dämonisierung
Mit einem Vorwort des Dalai Lama.
2. Auflage 2010. 230 Seiten, kartoniert
ISBN 978-3-525-49100-3

»So beeindruckend die theoretischen Hintergründe und ideengeschichtlichen Wurzeln beider beschriebenen Sichtweisen sind, so bestechend konsequent und klar sind die therapeutischen Konsequenzen der Autoren ... Ich habe das Buch mit sehr viel Gewinn gelesen und empfehle es uneingeschränkt.« *Cornelia Tsirigotis, Systeme*

Vandenhoeck & Ruprecht